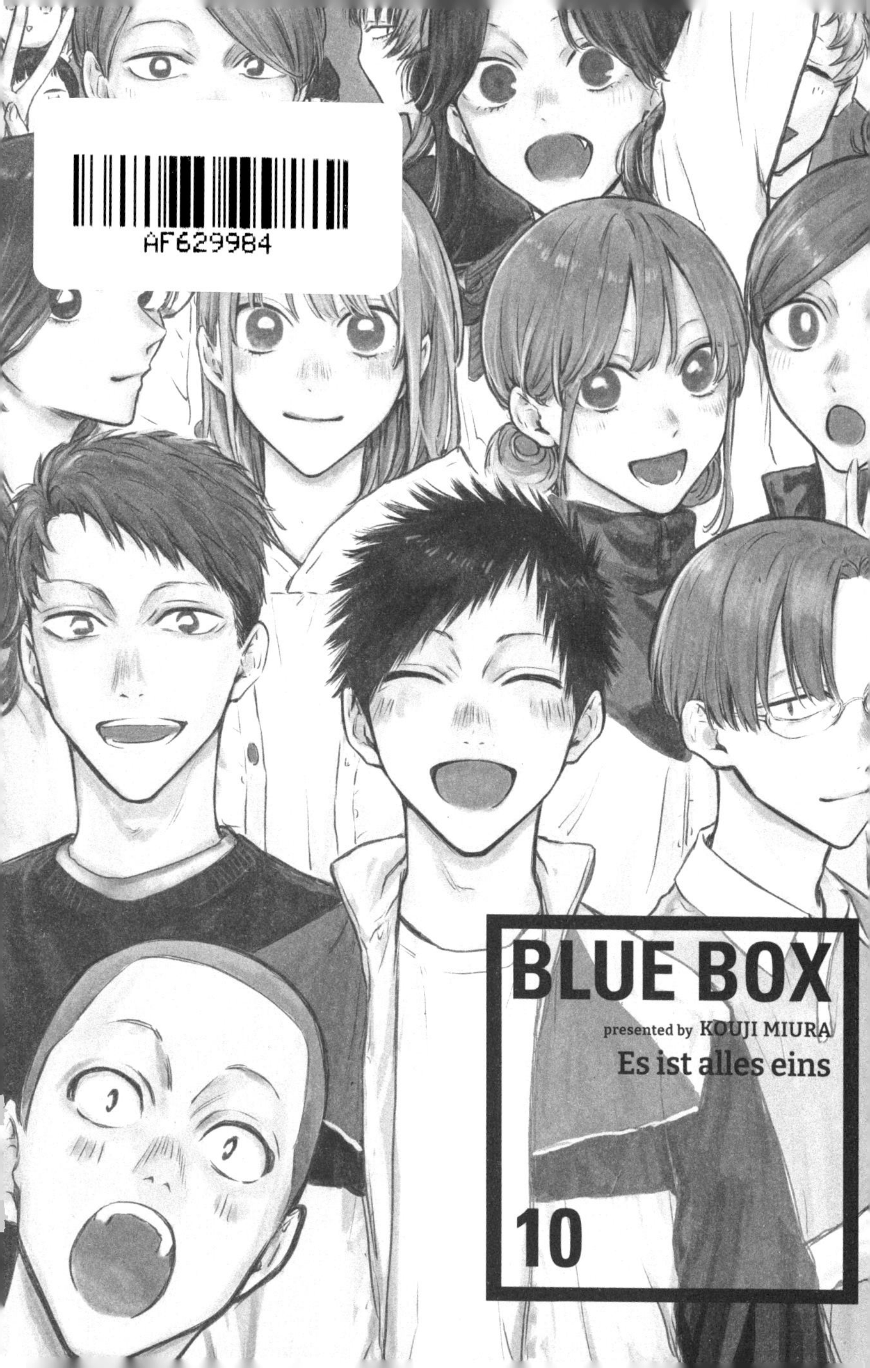
BLUE BOX
presented by KOUJI MIURA
Es ist alles eins
10

Blue Box

Charaktere

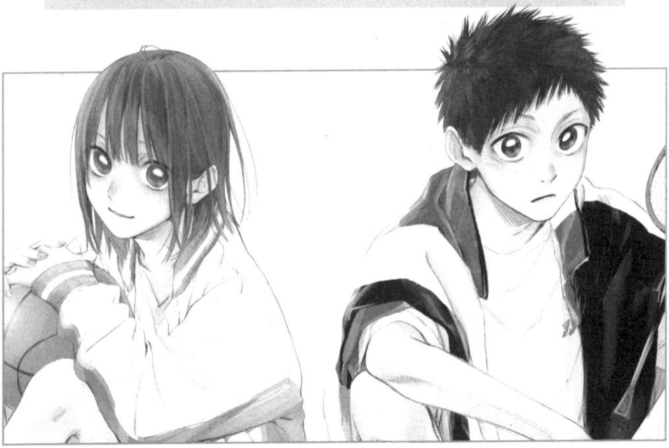

Chinatsu Kano

Ass des Mädchen-Basketballteams. Da ihr Vater ins Ausland versetzt wurde, wohnt sie zurzeit bei den Inomatas.

Taiki Inomata

Mitglied des Badminton-Clubs. Verliebt in Chinatsu.

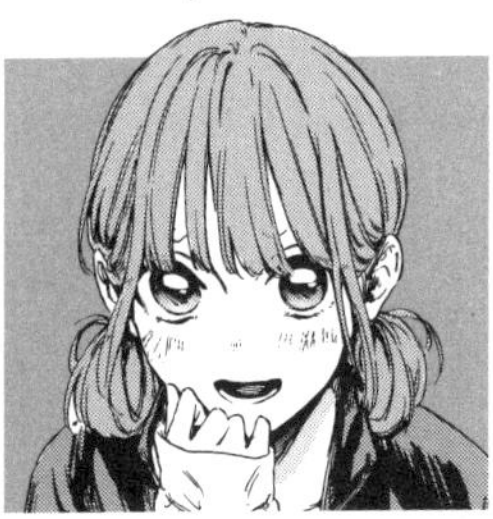

Hina Chono

Hoffnungsvoller Neuling im Rhythmische-Sportgymnastik-Club. Verliebt in Taiki.

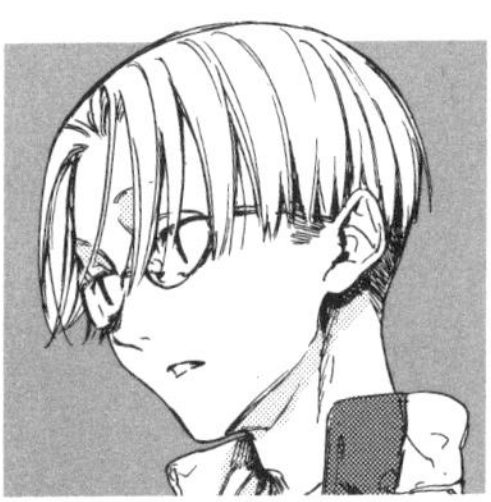

Kyo Kasahara

Taikis Freund aus dem Badminton-Club. Ruhiger und gelassener Typ, der Taiki oft mit Ratschlägen zur Seite steht.

Characters

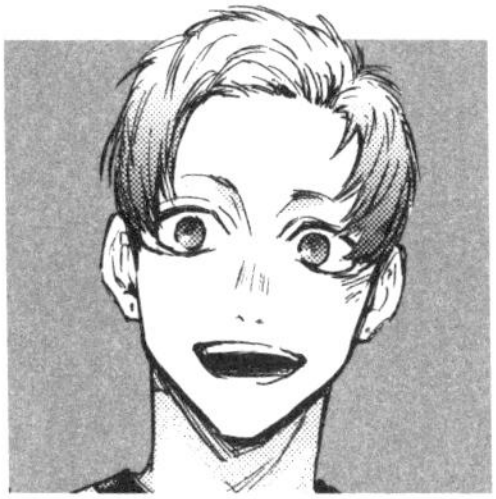

Kazuma Matusoka

Zweitklässler im Jungen-Basketballteam. Ist gerade von einem Amerika-Aufenthalt in seine Heimat zurückgekehrt.

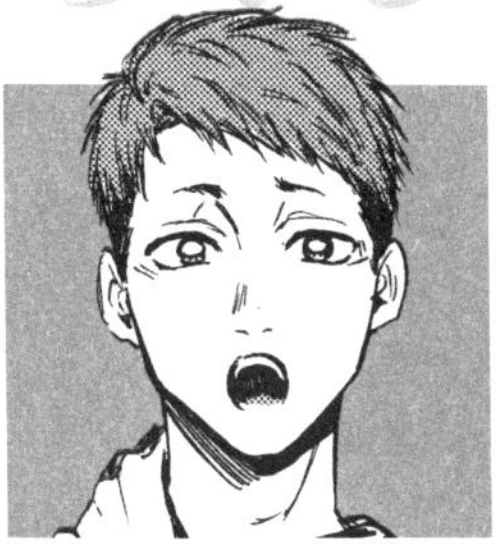

Haryu-Senpai

Senpai im Badminton-Club. Er ist manchmal ziemlich streng, hält aber große Stücke auf Taiki.

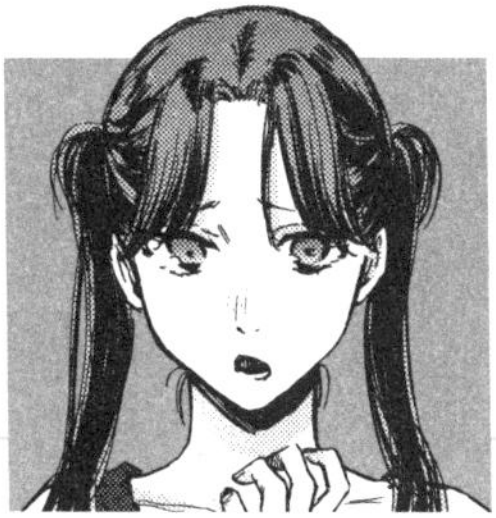

Ayame Moriya

Die Betreuerin des Badminton-Clubs hat schon viel Erfahrung mit Beziehungen. Karens kleine Schwester.

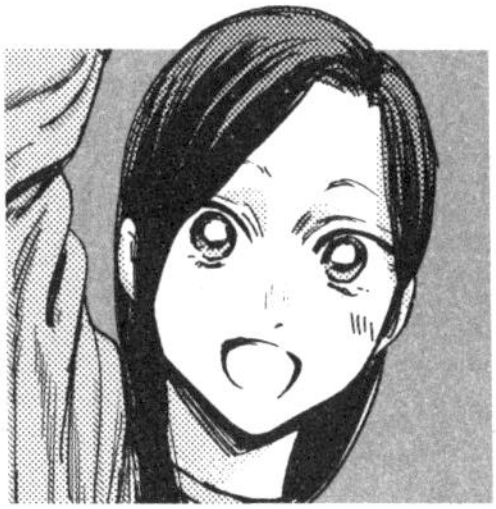

Karen Moriya

Chinatsus beste Freundin. Ist mit Haryu zusammen und arbeitet im Showbusiness.

Was bisher geschah

Taiki Inomata ist Mitglied im Badminton-Club. Als er beim Morgentraining zufällig seine Senpai Chinatsu Kano aus dem Mädchen-Basketballteam trifft, verliebt er sich in sie. Eines Tages erfährt Taiki, dass Chinatsus Eltern ins Ausland ziehen werden. Er rennt Hals über Kopf zu ihr, doch zu seiner Erleichterung erzählt sie ihm, dass sie in Japan bleiben wird, um am Inter-High-Turnier teilnehmen zu können. Allerdings wartet noch ein Schock auf Taiki: Chinatsu soll für diese Zeit bei der Familie Inomata wohnen!! Und so beginnt das Leben unter einem Dach...

Das Herbst-Camp der Sportclubs hat begonnen. Das Training ist noch härter als sonst, und obwohl Taiki sich wacker hält, grübelt er die ganze Zeit über Chinatsu und Hina nach. Auf der einen Seite ist da Chinatsu-Senpai, sein großer Schwarm, auf der anderen seine beste Freundin Hina, die ihm ihre Gefühle gestanden hat. Taiki ist seine halbherzigen Gefühle selbst leid und teilt Hina mit, dass sich seine Gefühle für Chinatsu nicht ändern werden. Auf dem Nachhauseweg vom Camp nimmt er allen Mut zusammen und bittet Chinatsu um ein Date...

Story

10

Inhalt

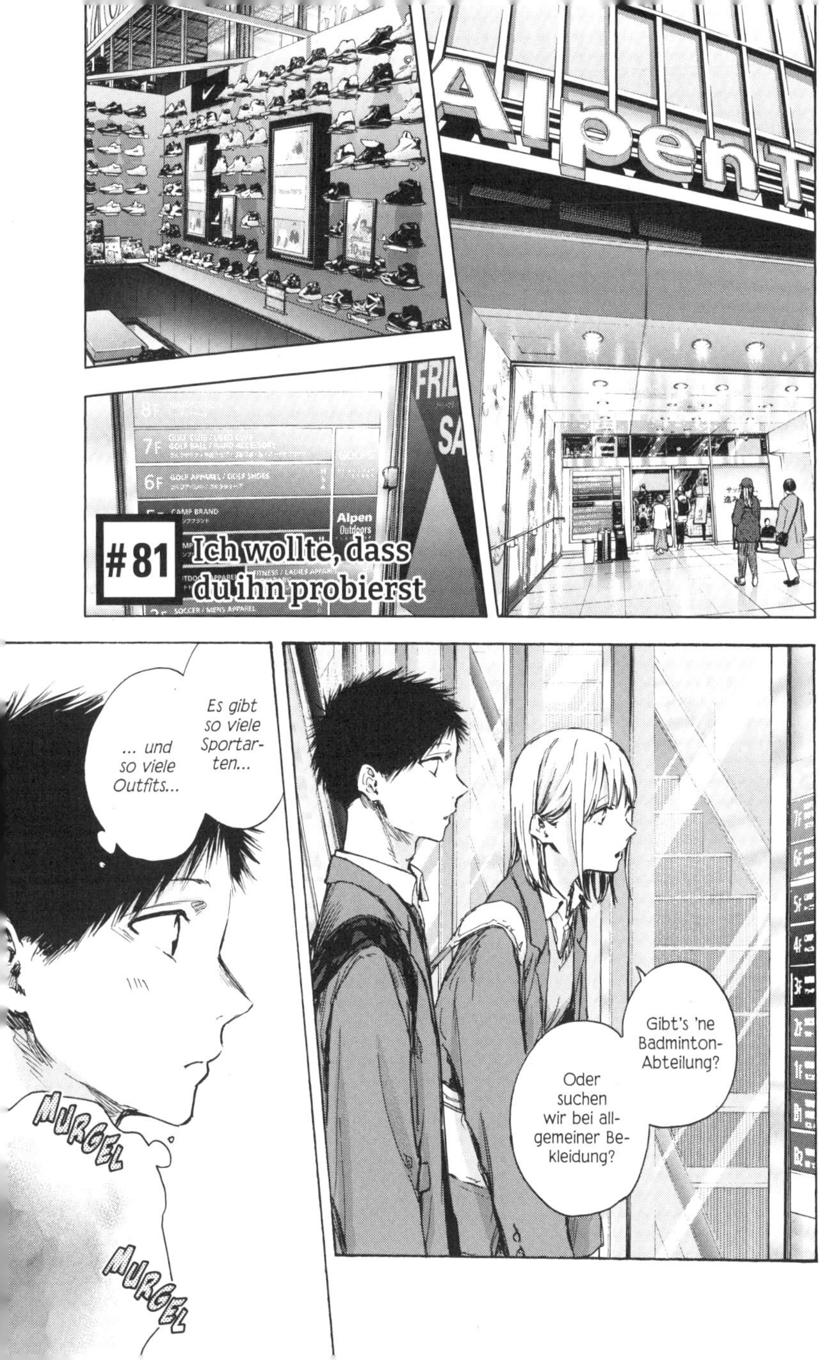
AlpenT
GOLF APPAREL / GOLF SHOES
CAMP BRAND
Alpen Outdoors
SOCCER / MENS APPAREL
#81 Ich wollte, dass du ihn probierst
Gibt's 'ne Badminton-Abteilung?
Oder suchen wir bei allgemeiner Bekleidung?
Es gibt so viele Sportarten...
... und so viele Outfits...
MURGEL
MURGEL

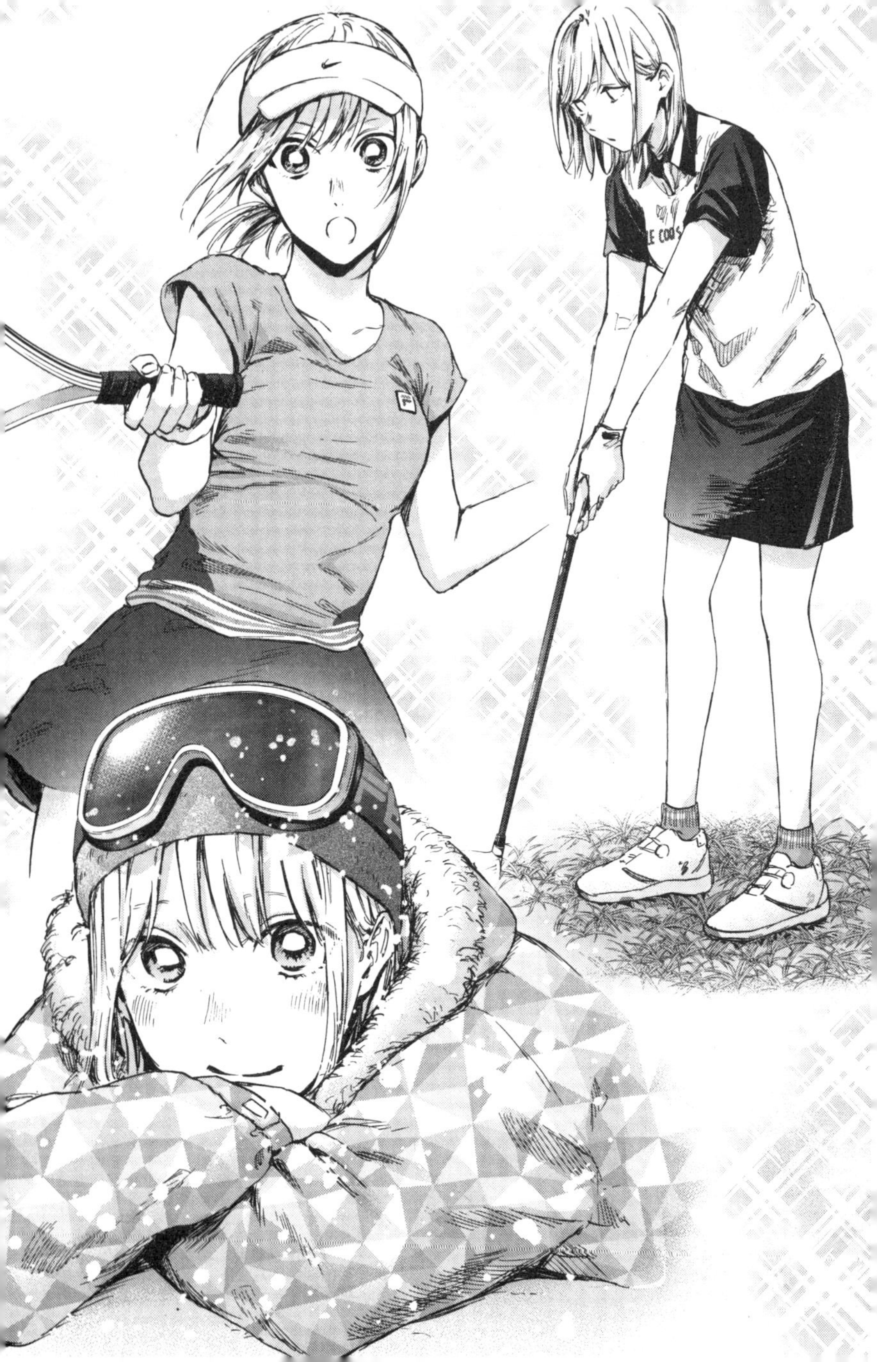

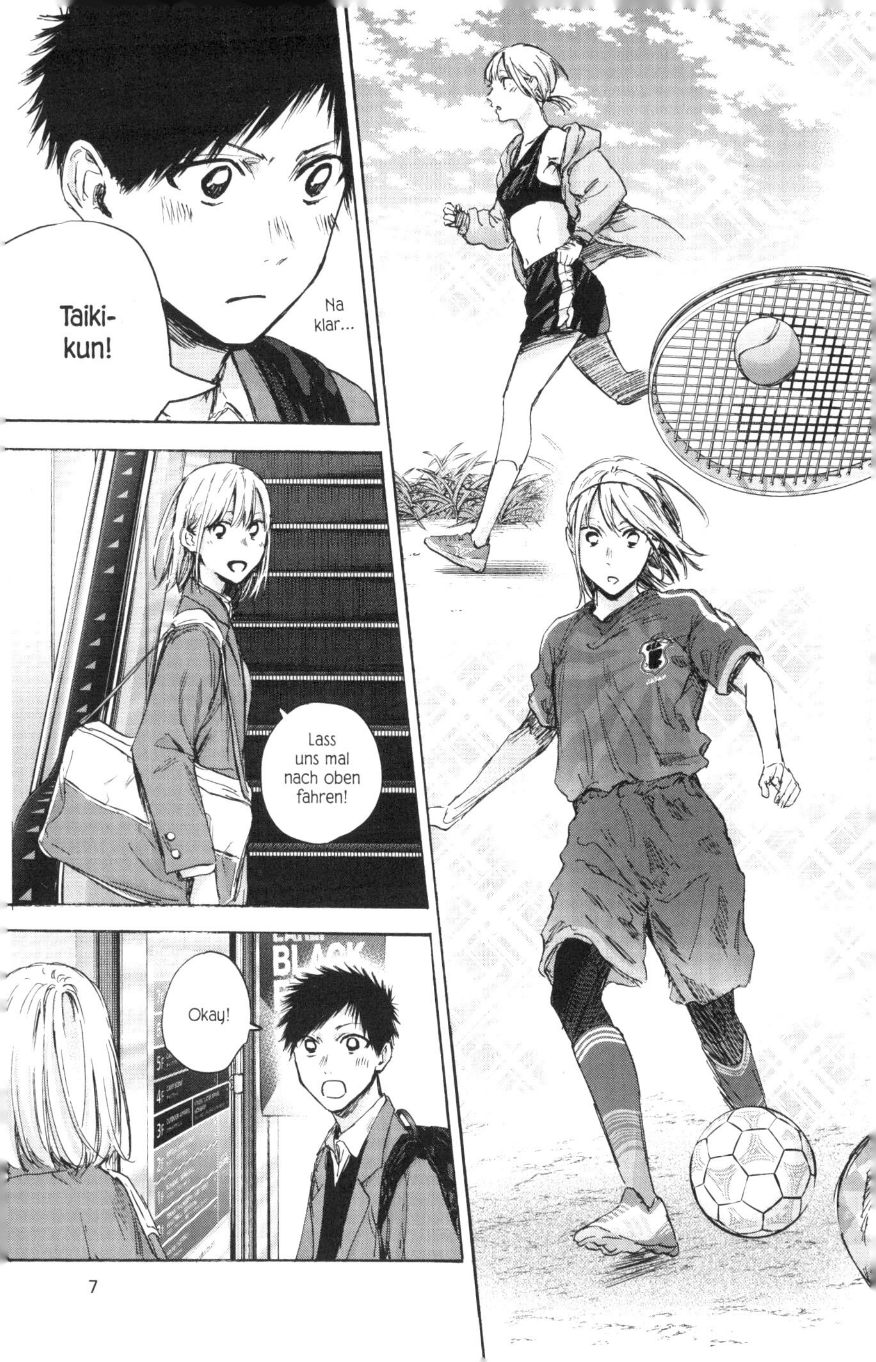
Na klar...
Taiki-kun!
Lass uns mal nach oben fahren!
Okay!

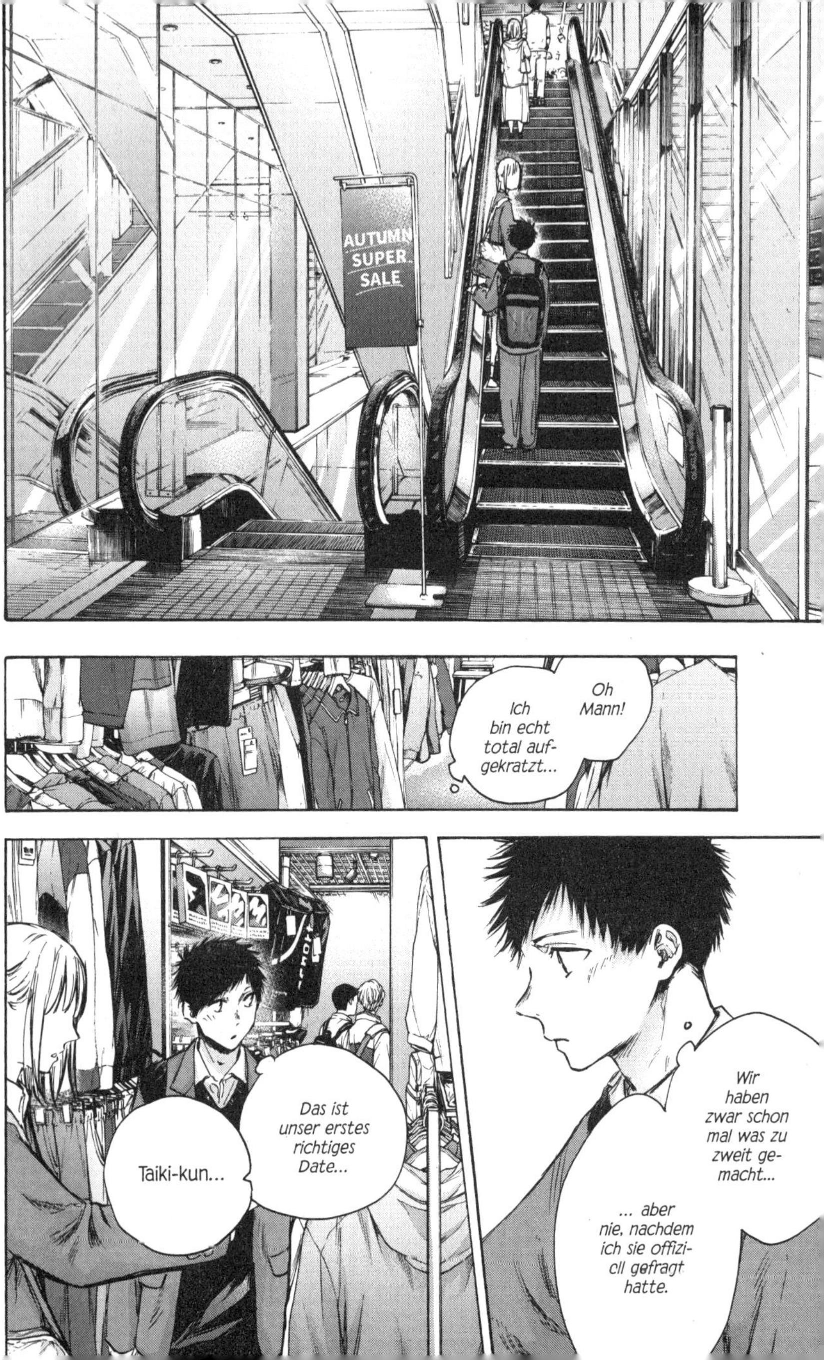
AUTUMN SUPER SALE
Oh Mann!
Ich bin echt total aufgekratzt...
Wir haben zwar schon mal was zu zweit gemacht...
... aber nie, nachdem ich sie offiziell gefragt hatte.
Das ist unser erstes richtiges Date...
Taiki-kun...

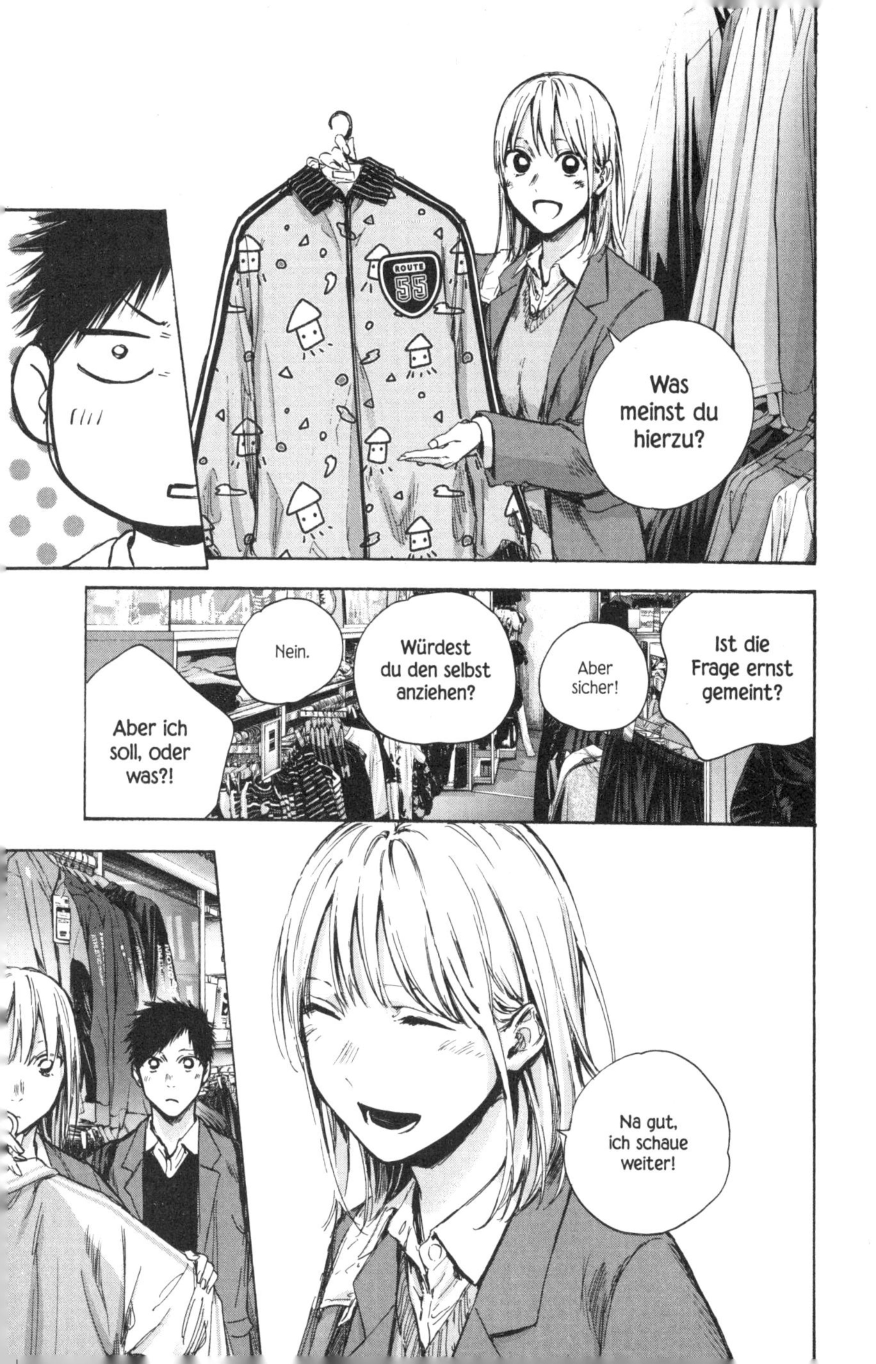
Was meinst du hierzu?
Ist die Frage ernst gemeint?
Aber sicher!
Würdest du den selbst anziehen?
Nein.
Aber ich soll, oder was?!
Na gut, ich schaue weiter!

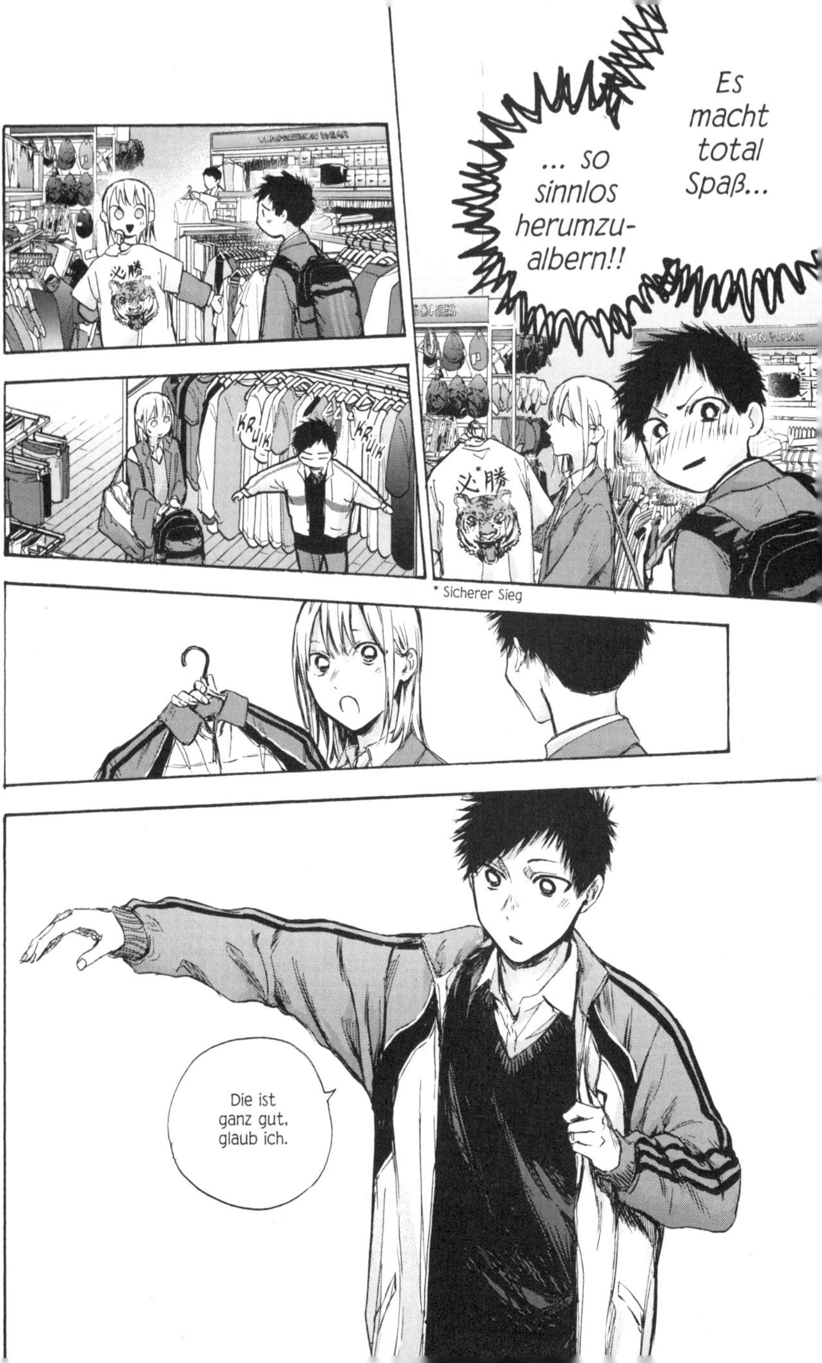

* Sicherer Sieg

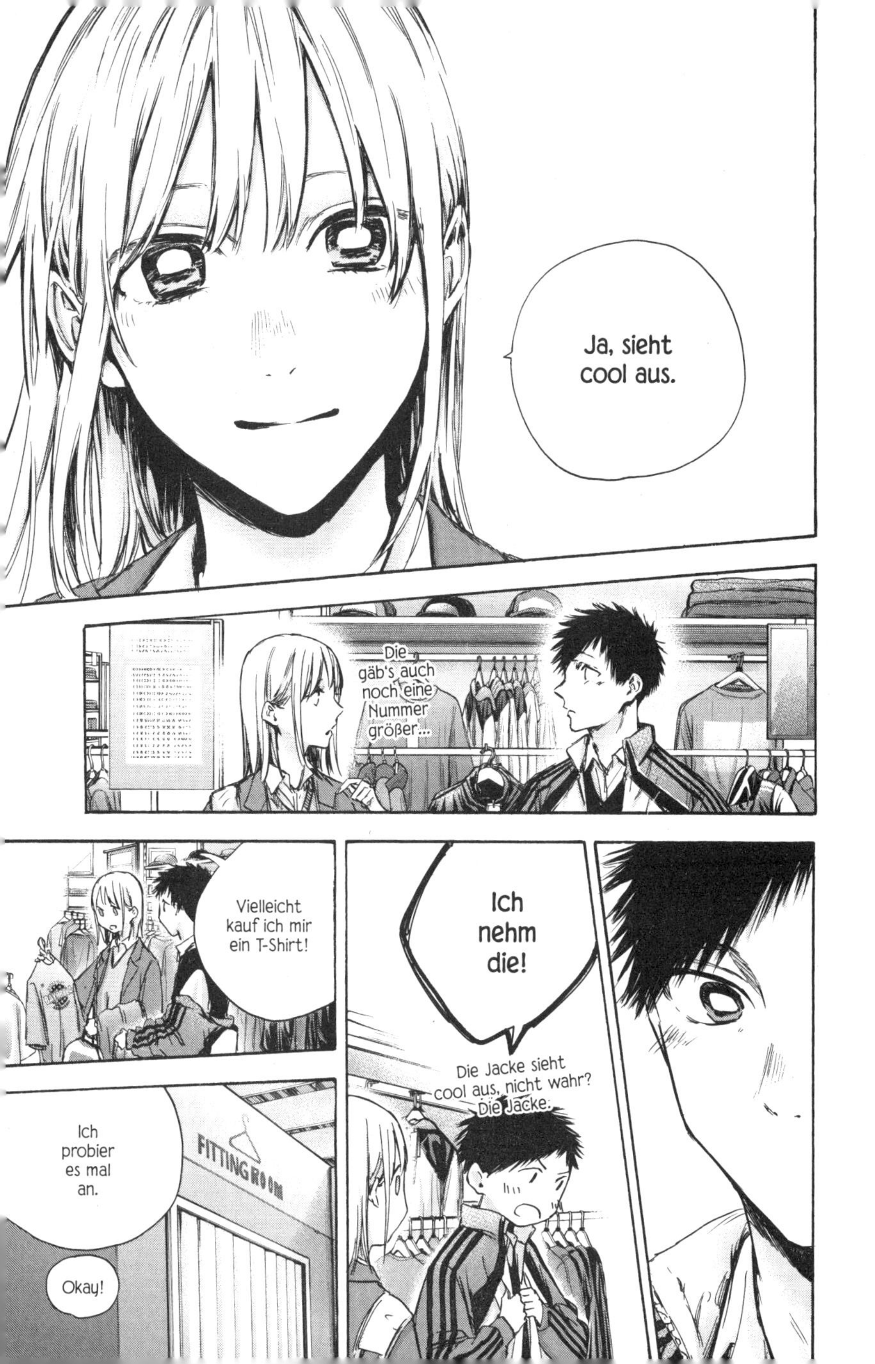
Ja, sieht cool aus.
Die gäb's auch noch eine Nummer größer...
Ich nehm die!
Vielleicht kauf ich mir ein T-Shirt!
Die Jacke sieht cool aus, nicht wahr? Die Jacke.
Ich probier es mal an.
FITTING ROOM
Okay!

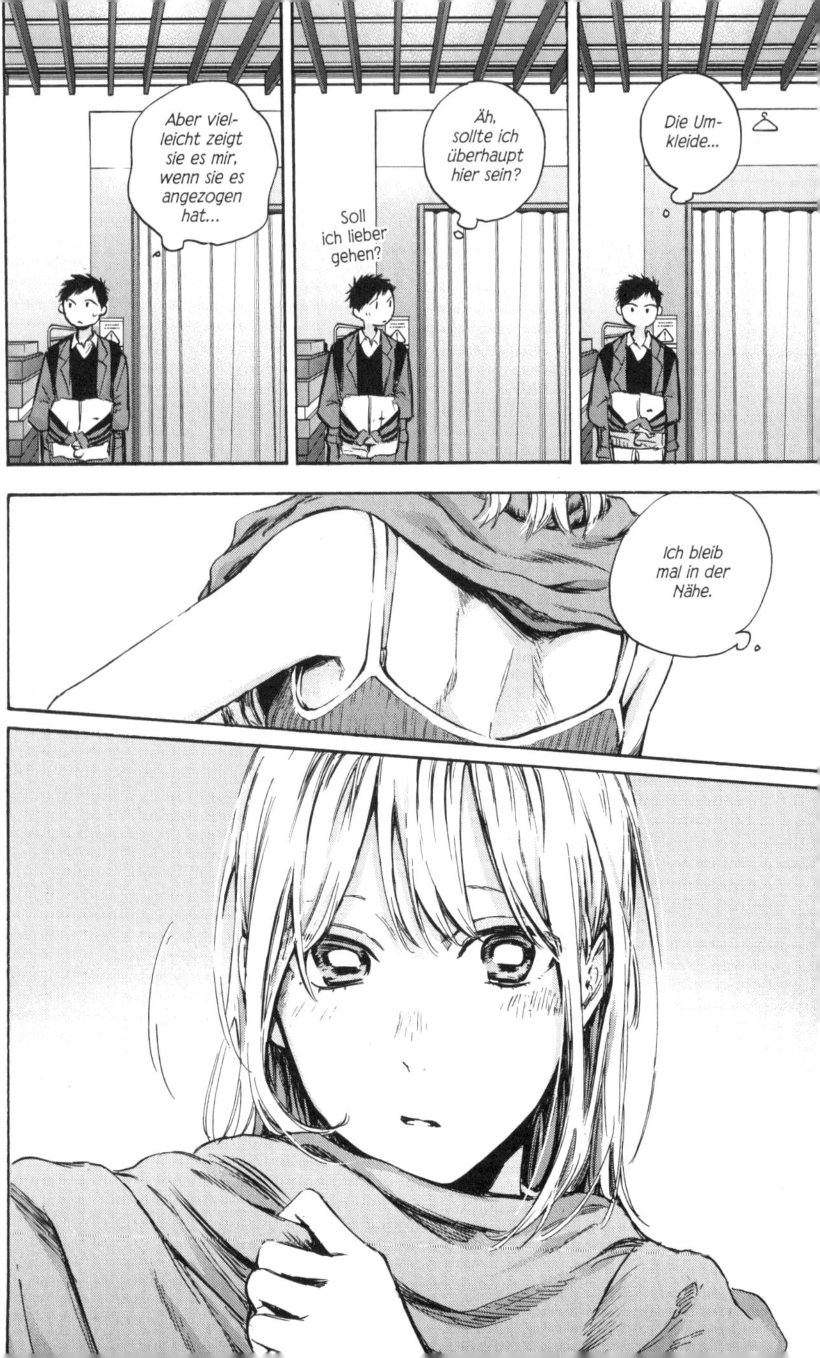
Die Umkleide…
Äh, sollte ich überhaupt hier sein?
Soll ich lieber gehen?
Aber vielleicht zeigt sie es mir, wenn sie es angezogen hat…
Ich bleib mal in der Nähe.

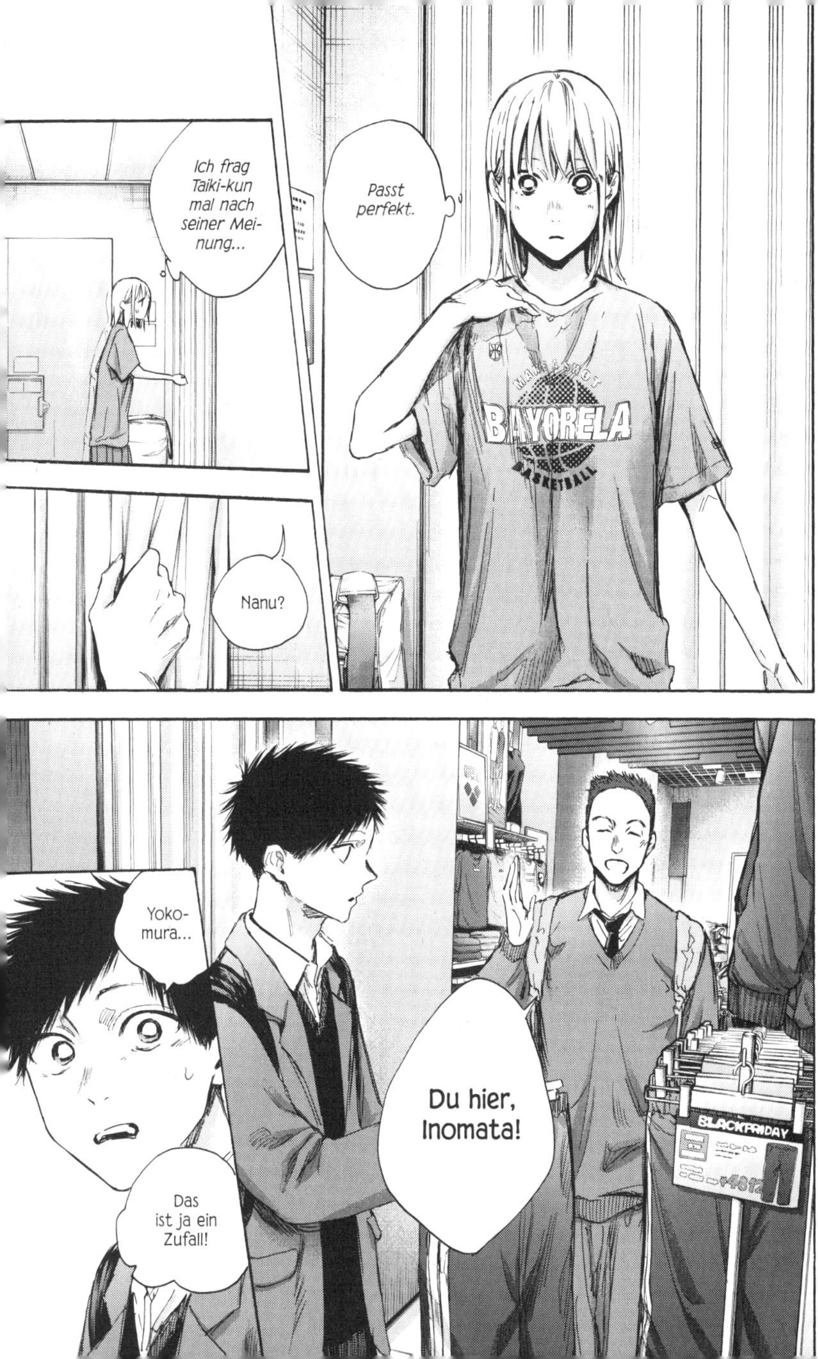
Passt perfekt.
BAYORELA
BASKETBALL
Ich frag Taiki-kun mal nach seiner Meinung...
Nanu?
Du hier, Inomata!
Das ist ja ein Zufall!
Yoko-mura...
BLACKFRIDAY

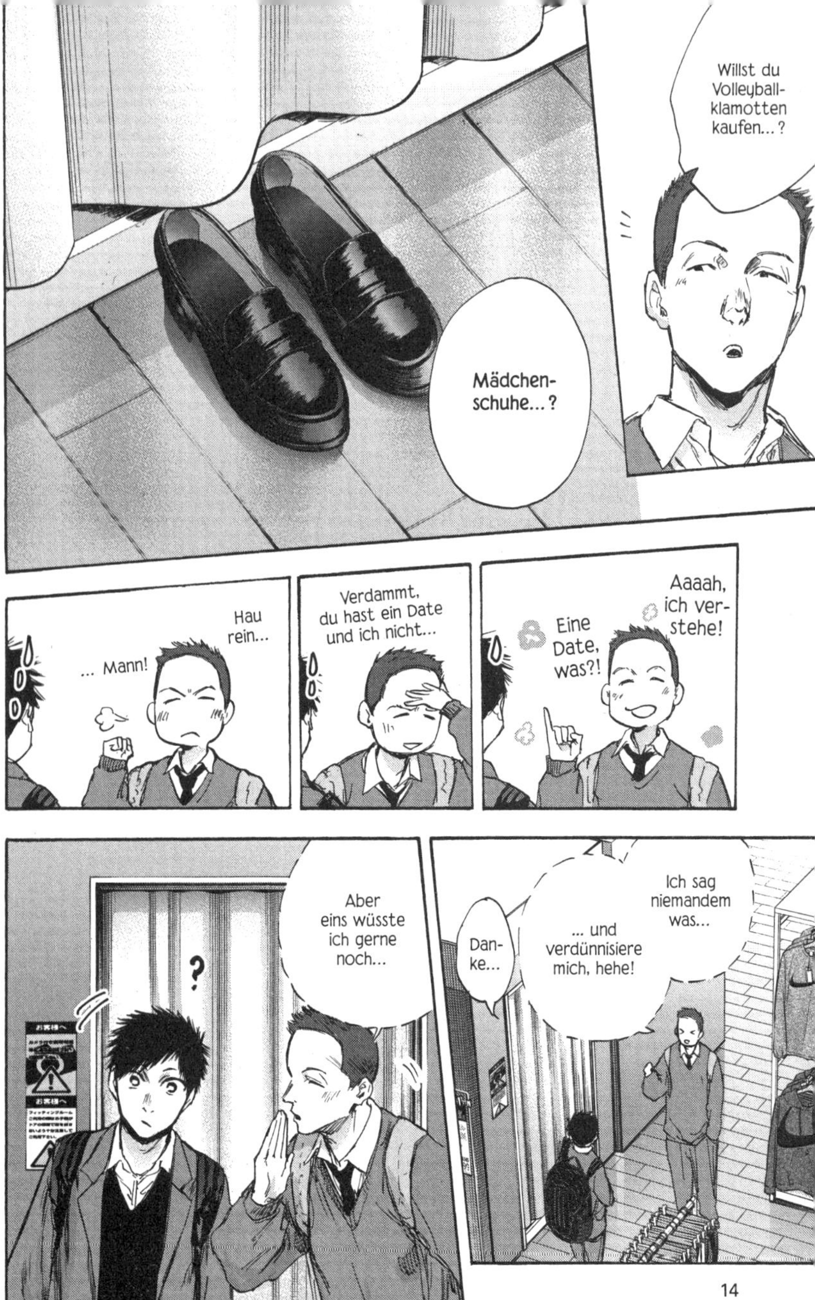

Willst du Volleyball-klamotten kaufen...?
Mädchen-schuhe...?
Aaaah, ich ver-stehe!
Eine Date, was?!
Verdammt, du hast ein Date und ich nicht...
Hau rein...
... Mann!
Ich sag niemandem was...
... und verdünnisiere mich, hehe!
Dan-ke...
Aber eins wüsste ich gerne noch...
?

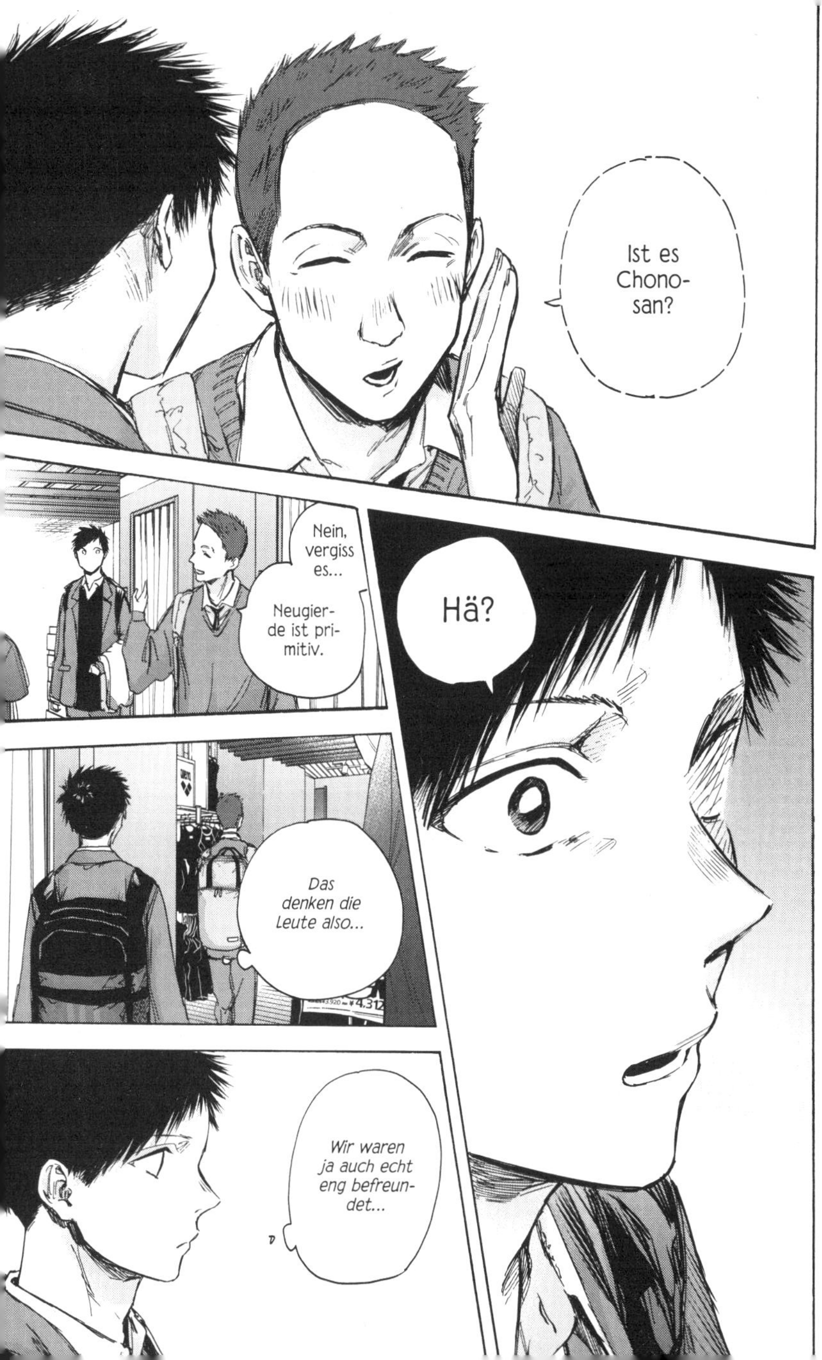
Ist es Chono-san?
Hä?
Nein, vergiss es...
Neugierde ist primitiv.
Das denken die Leute also...
Wir waren ja auch echt eng befreundet...

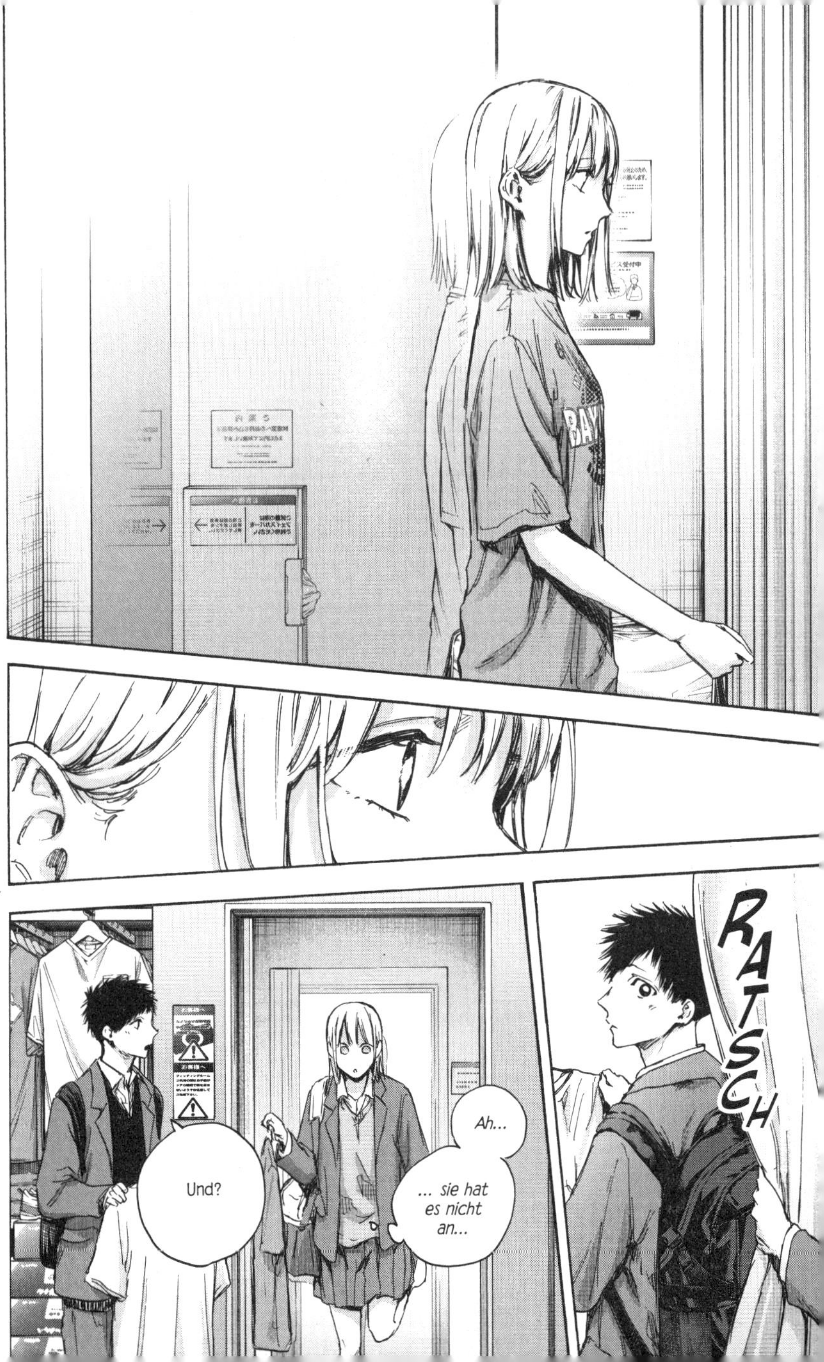
RATSCH
Ah...
... sie hat es nicht an...
Und?

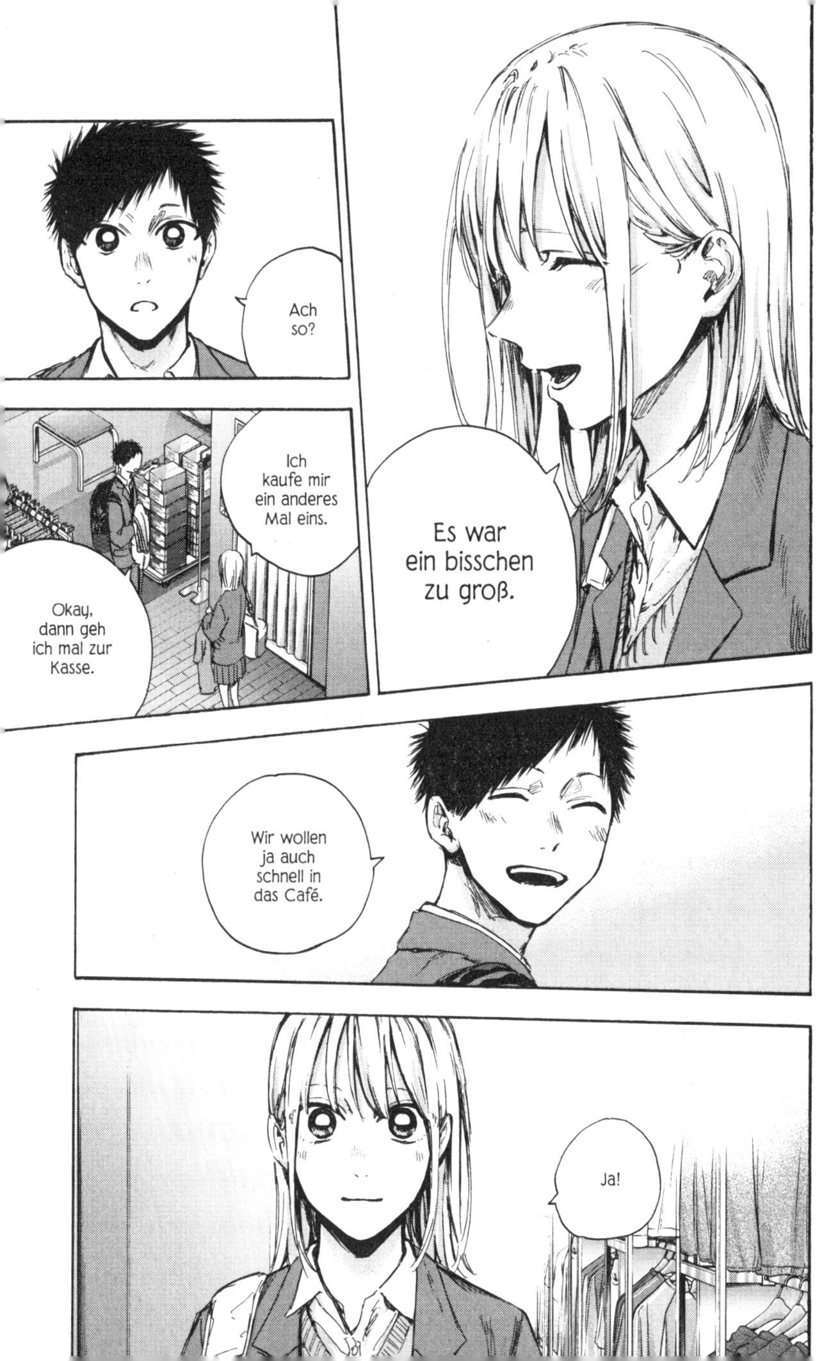
Es war ein bisschen zu groß.
Ach so?
Ich kaufe mir ein anderes Mal eins.
Okay, dann geh ich mal zur Kasse.
Wir wollen ja auch schnell in das Café.
Ja!

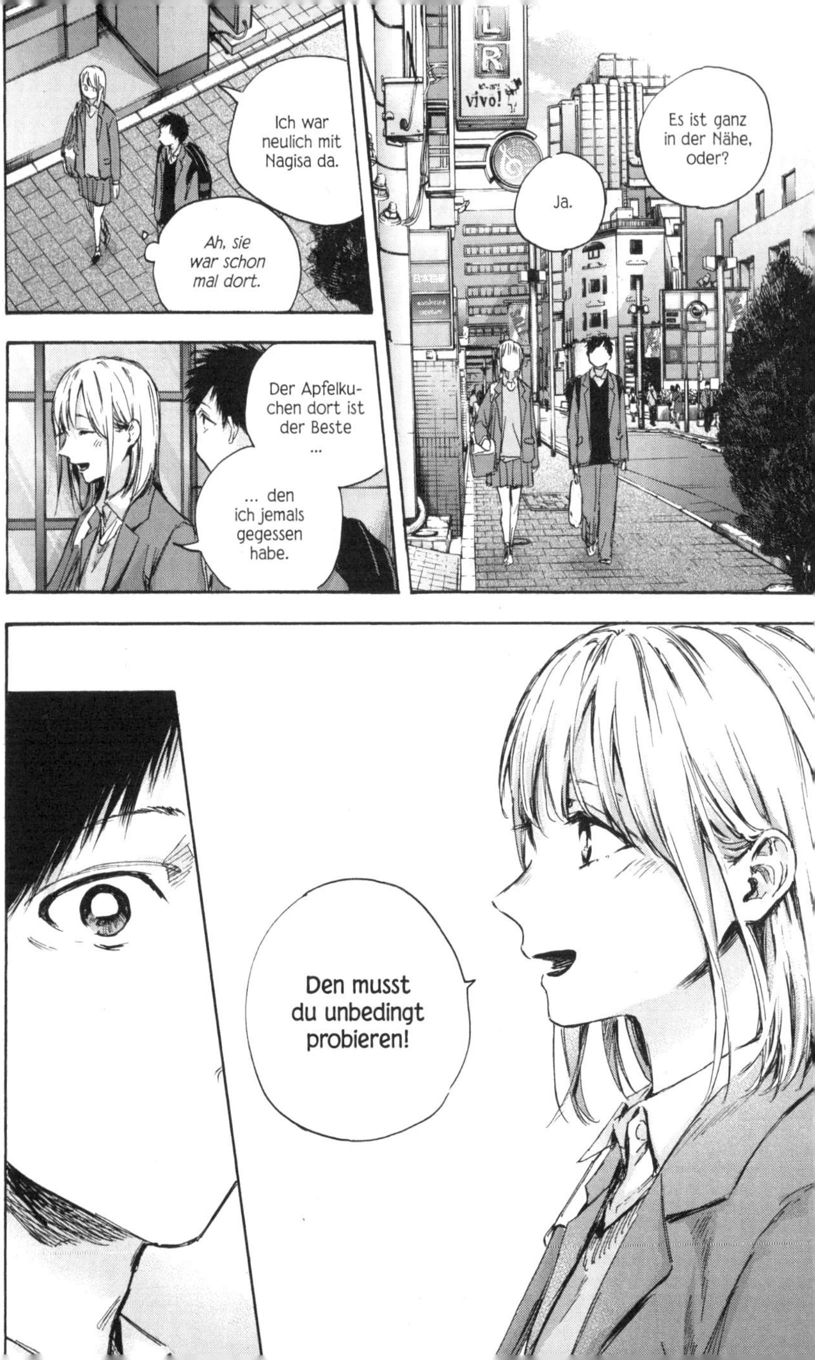
Es ist ganz in der Nähe, oder?
Ja.
Ich war neulich mit Nagisa da.
Ah, sie war schon mal dort.
Der Apfelkuchen dort ist der Beste ...
... den ich jemals gegessen habe.
Den musst du unbedingt probieren!

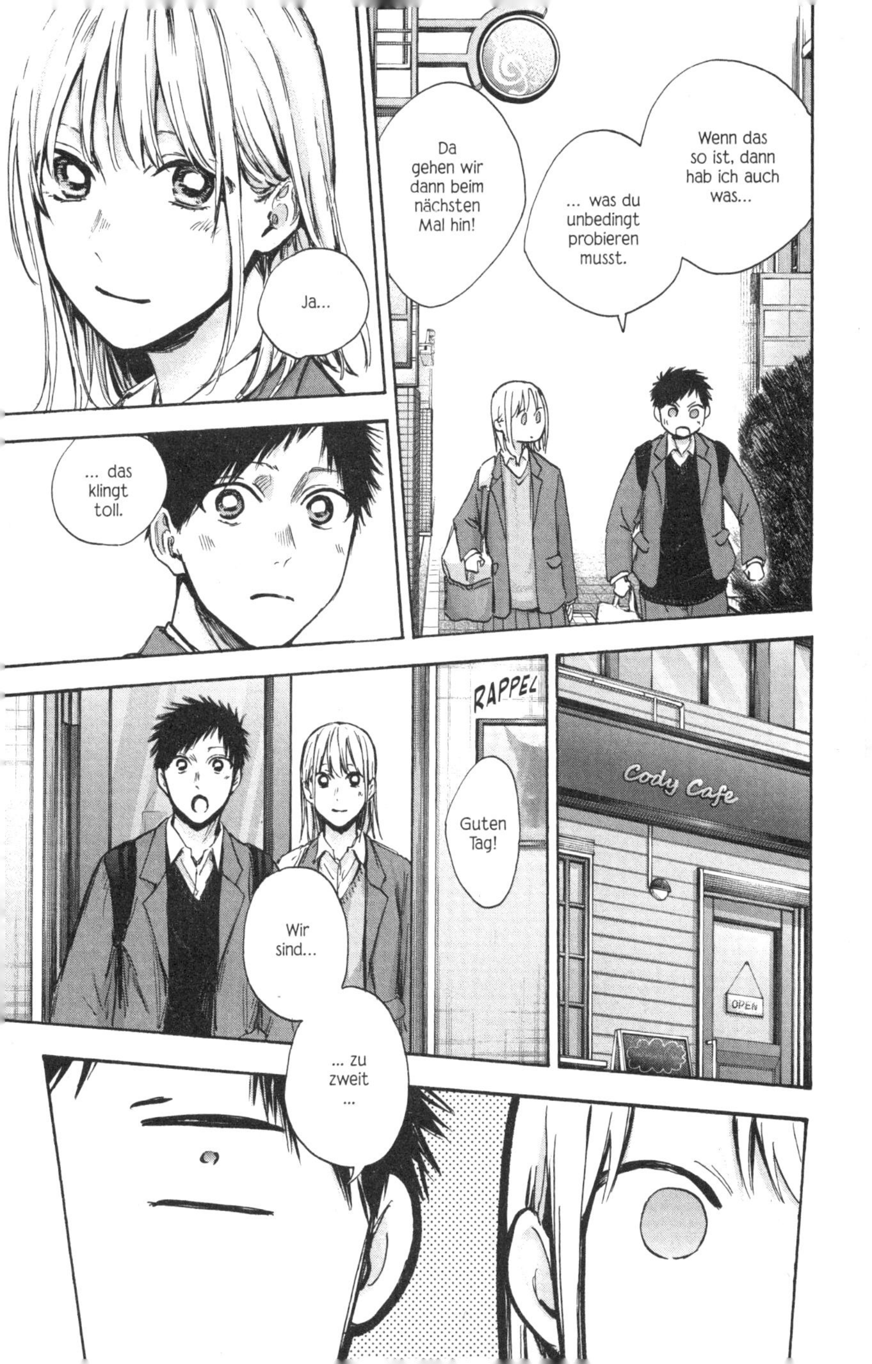
Wenn das so ist, dann hab ich auch was...
... was du unbedingt probieren musst.
Da gehen wir dann beim nächsten Mal hin!
Ja...
... das klingt toll.
Cody Cafe
OPEN
RAPPEL
Guten Tag!
Wir sind...
... zu zweit ...

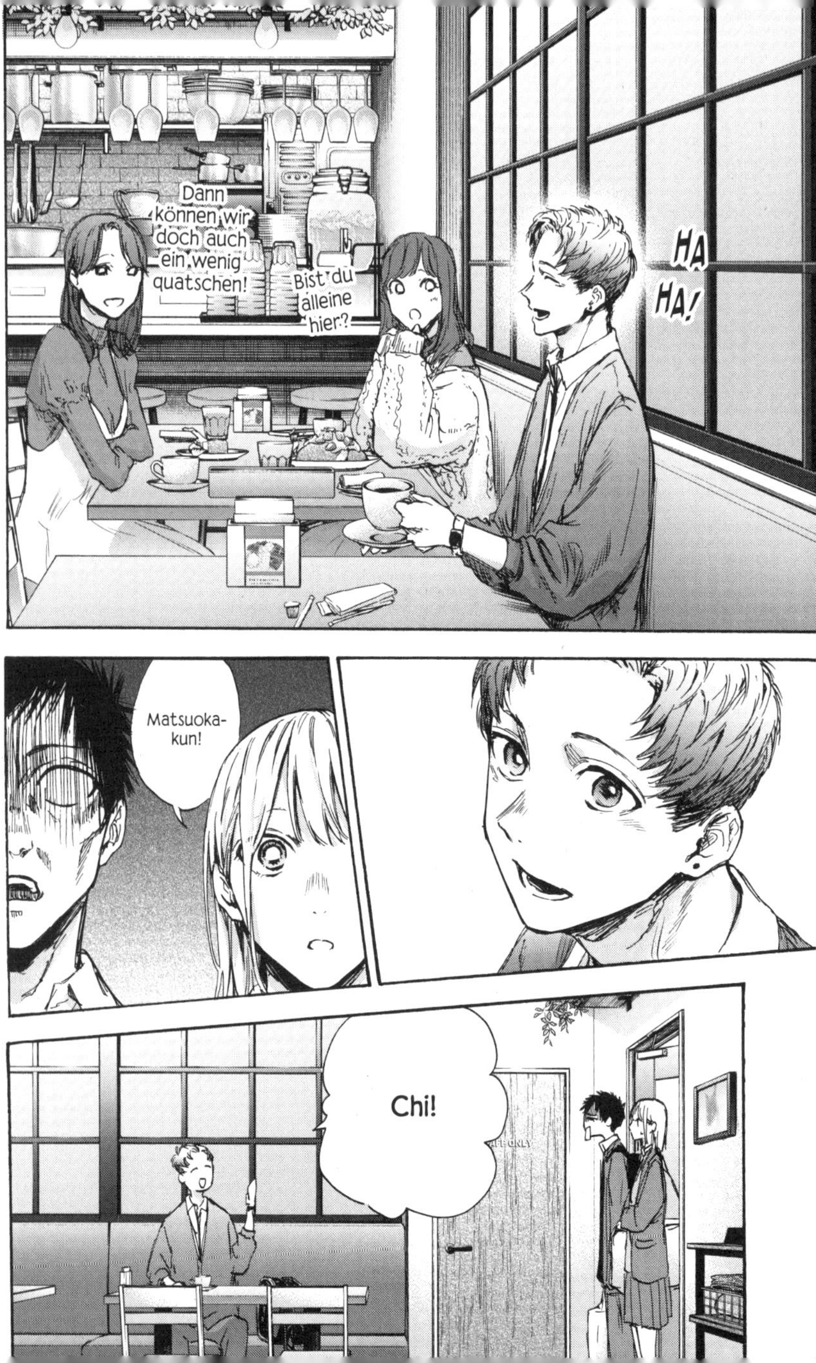
HA HA!
Bist du alleine hier?
Dann können wir doch auch ein wenig quatschen!
Matsuoka-kun!
Chi!

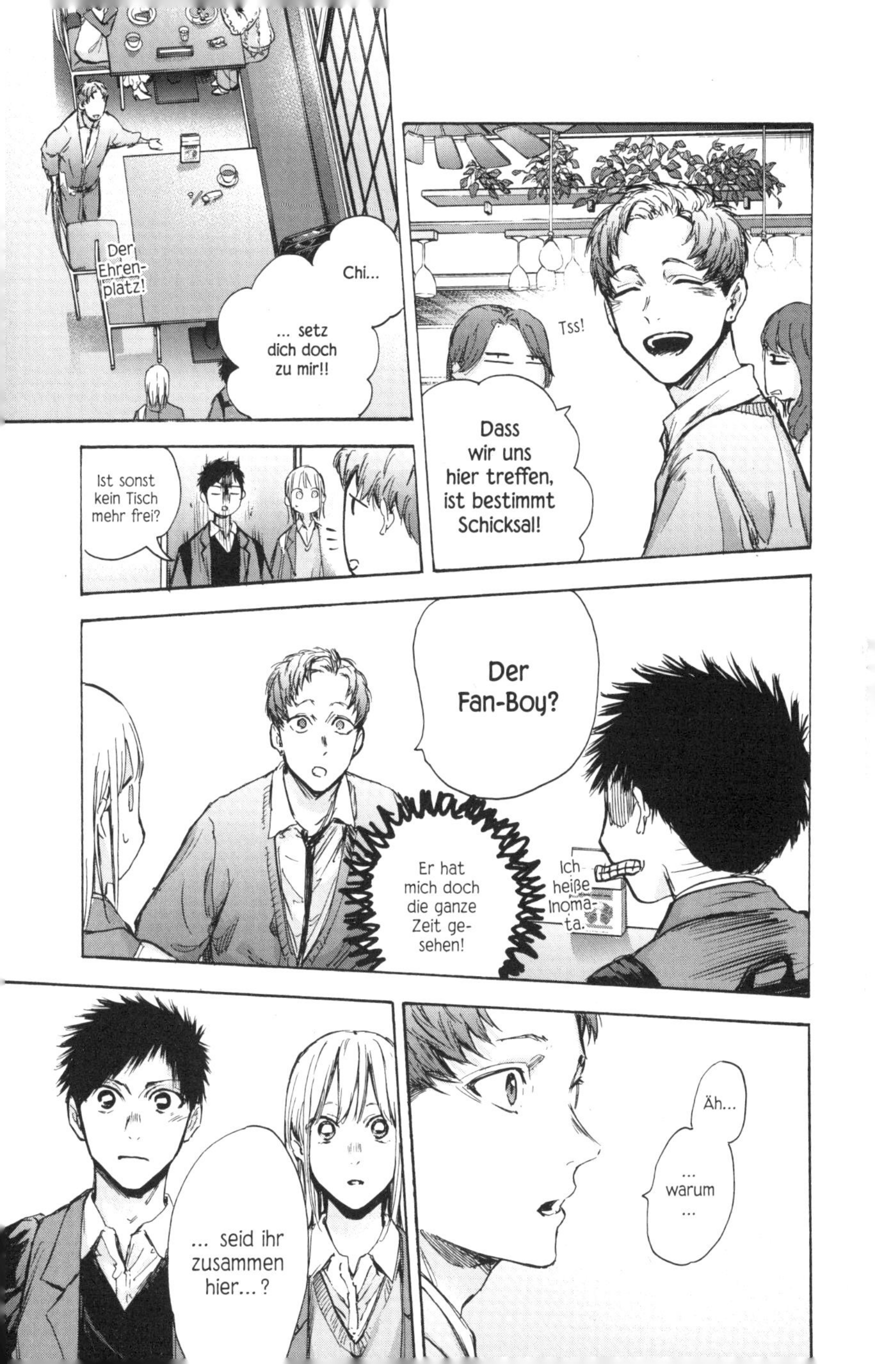
Dass wir uns hier treffen, ist bestimmt Schicksal!
Tss!
Chi...
... setz dich doch zu mir!!
Der Ehrenplatz!
Ist sonst kein Tisch mehr frei?
Der Fan-Boy?
Ich heiße Inomata.
Er hat mich doch die ganze Zeit gesehen!
Äh...
... warum ...
... seid ihr zusammen hier...?

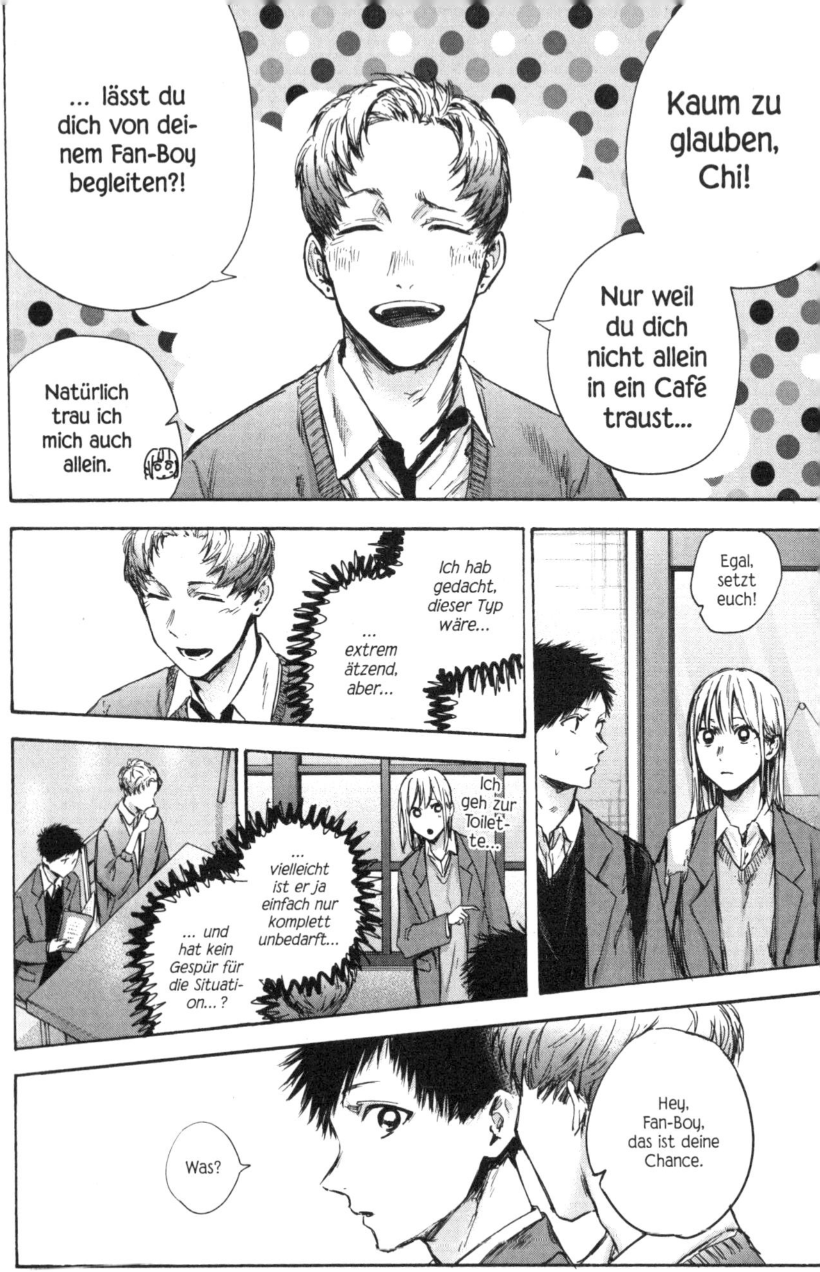
Kaum zu glauben, Chi!
... lässt du dich von deinem Fan-Boy begleiten?!
Nur weil du dich nicht allein in ein Café traust...
Natürlich trau ich mich auch allein.
Egal, setzt euch!
Ich hab gedacht, dieser Typ wäre...
... extrem ätzend, aber...
Ich geh zur Toilette...
... vielleicht ist er ja einfach nur komplett unbedarft...
... und hat kein Gespür für die Situation...?
Hey, Fan-Boy, das ist deine Chance.
Was?

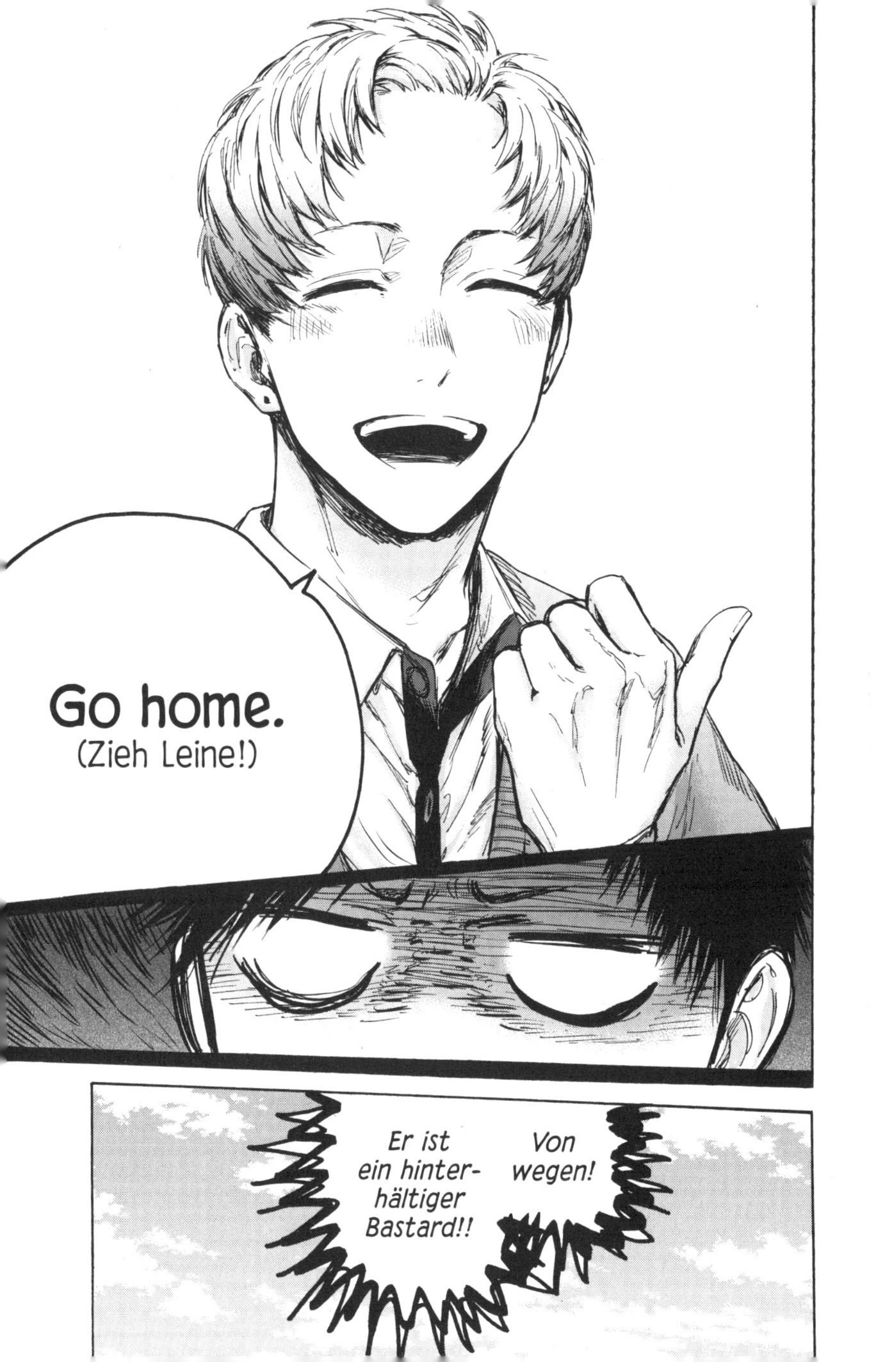
Go home.
(Zieh Leine!)
Von wegen!
Er ist ein hinter-hältiger Bastard!!

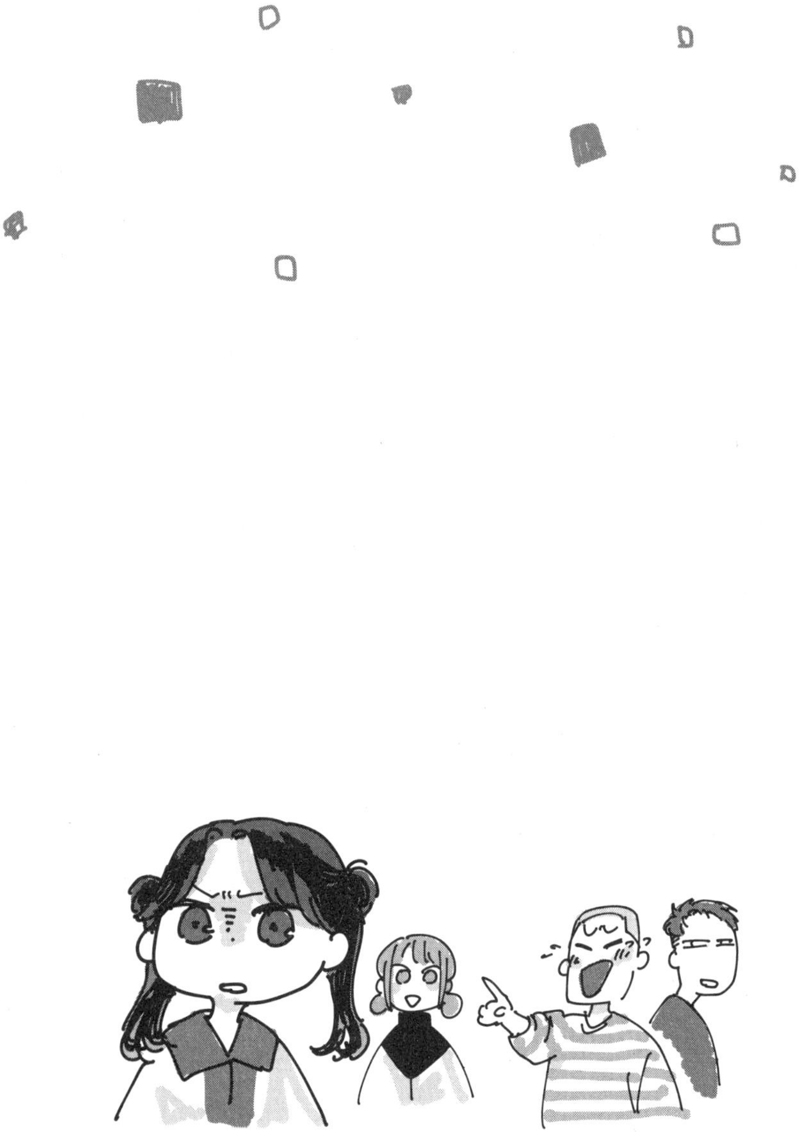

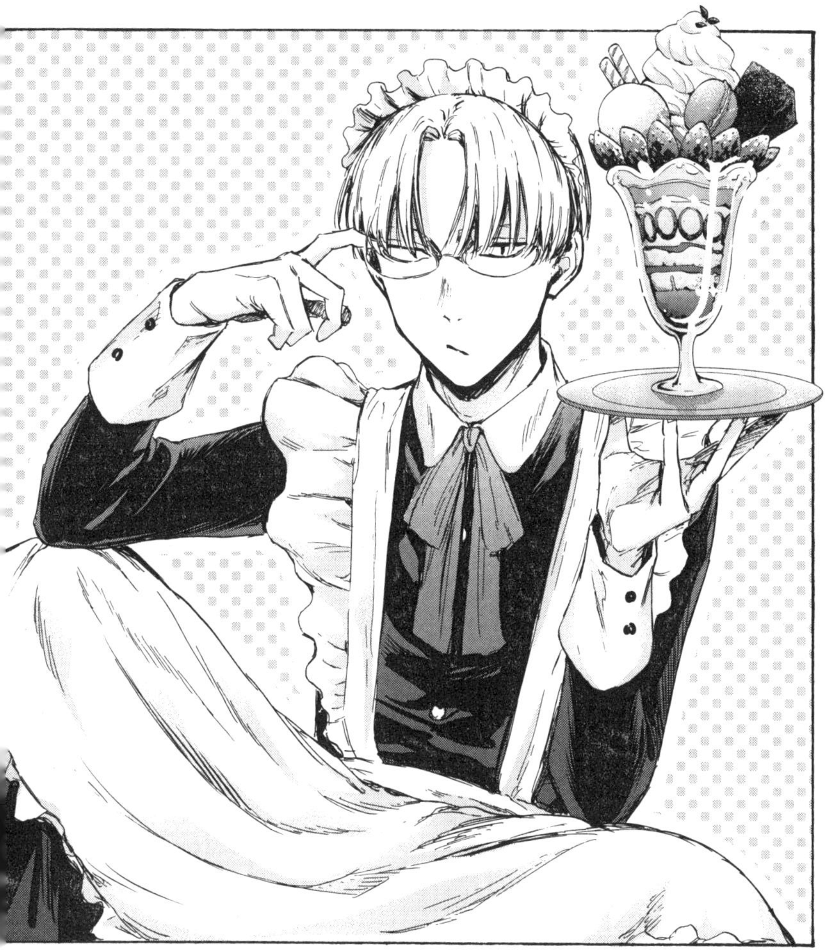

#82

Wo es wehtut

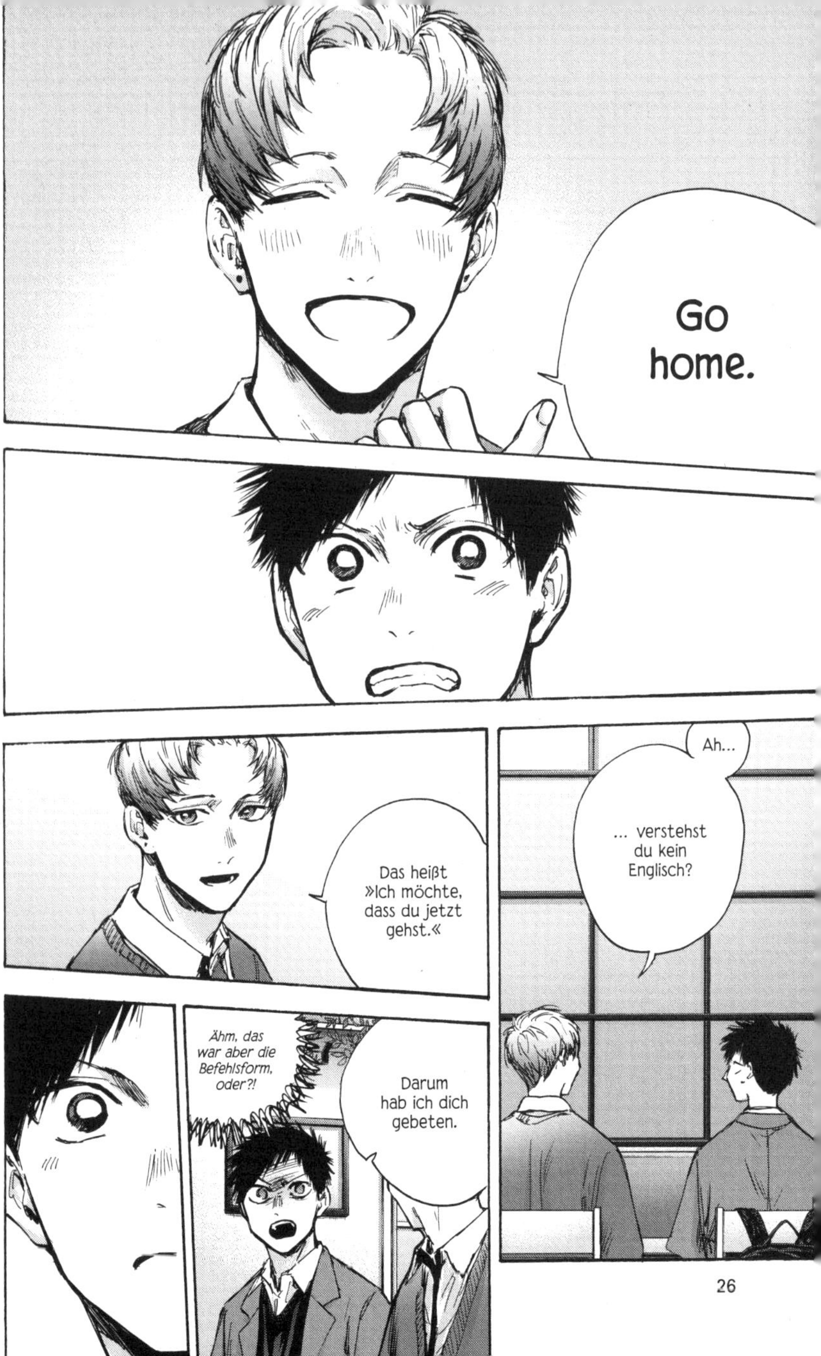
Go home.
Ah...
... verstehst du kein Englisch?
Das heißt »Ich möchte, dass du jetzt gehst.«
Darum hab ich dich gebeten.
Ähm, das war aber die Befehlsform, oder?!

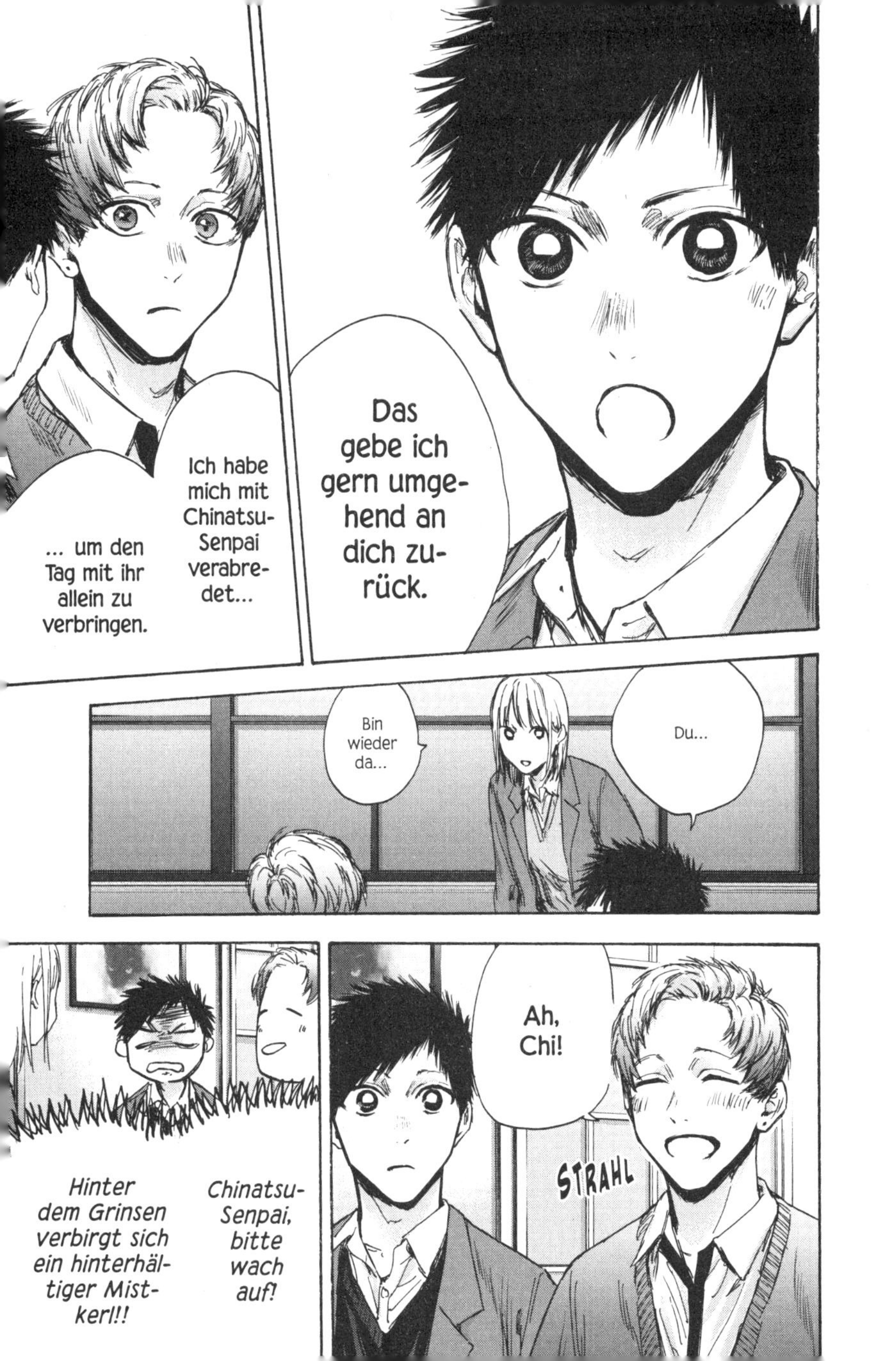

Das gebe ich gern umgehend an dich zurück.
Ich habe mich mit Chinatsu-Senpai verabredet...
... um den Tag mit ihr allein zu verbringen.
Du...
Bin wieder da...
Ah, Chi!
STRAHL
Chinatsu-Senpai, bitte wach auf!
Hinter dem Grinsen verbirgt sich ein hinterhältiger Mistkerl!!

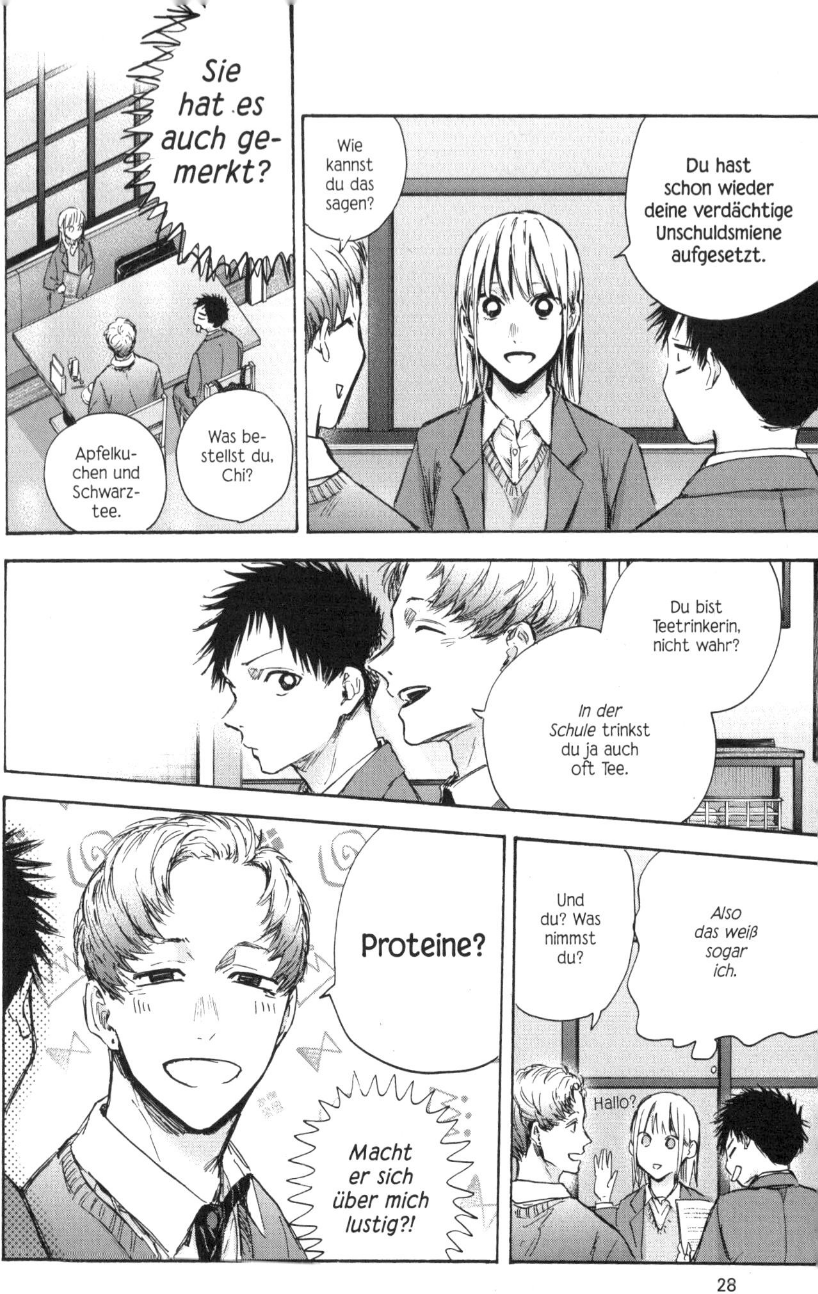

Du hast schon wieder deine verdächtige Unschuldsmiene aufgesetzt.
Wie kannst du das sagen?
Sie hat es auch gemerkt?
Was bestellst du, Chi?
Apfelkuchen und Schwarztee.
Du bist Teetrinkerin, nicht wahr?
In der Schule trinkst du ja auch oft Tee.
Also das weiß sogar ich.
Und du? Was nimmst du?
Hallo?
Proteine?
Macht er sich über mich lustig?!

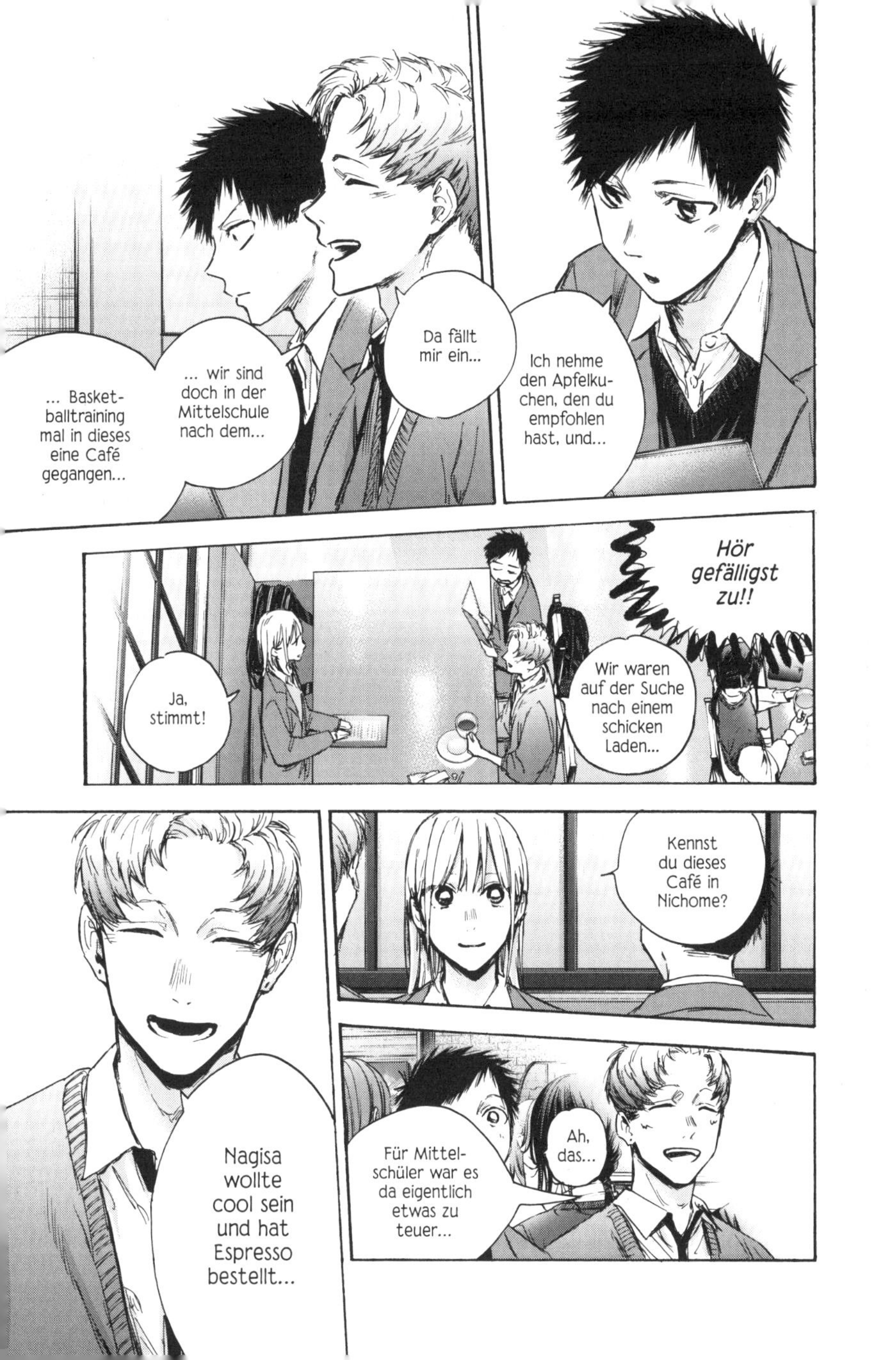
Ich nehme den Apfelkuchen, den du empfohlen hast, und...
Da fällt mir ein...
... wir sind doch in der Mittelschule nach dem...
... Basketballtraining mal in dieses eine Café gegangen...
Hör gefälligst zu!!
Wir waren auf der Suche nach einem schicken Laden...
Ja, stimmt!
Kennst du dieses Café in Nichome?
Ah, das...
Für Mittelschüler war es da eigentlich etwas zu teuer...
Nagisa wollte cool sein und hat Espresso bestellt...

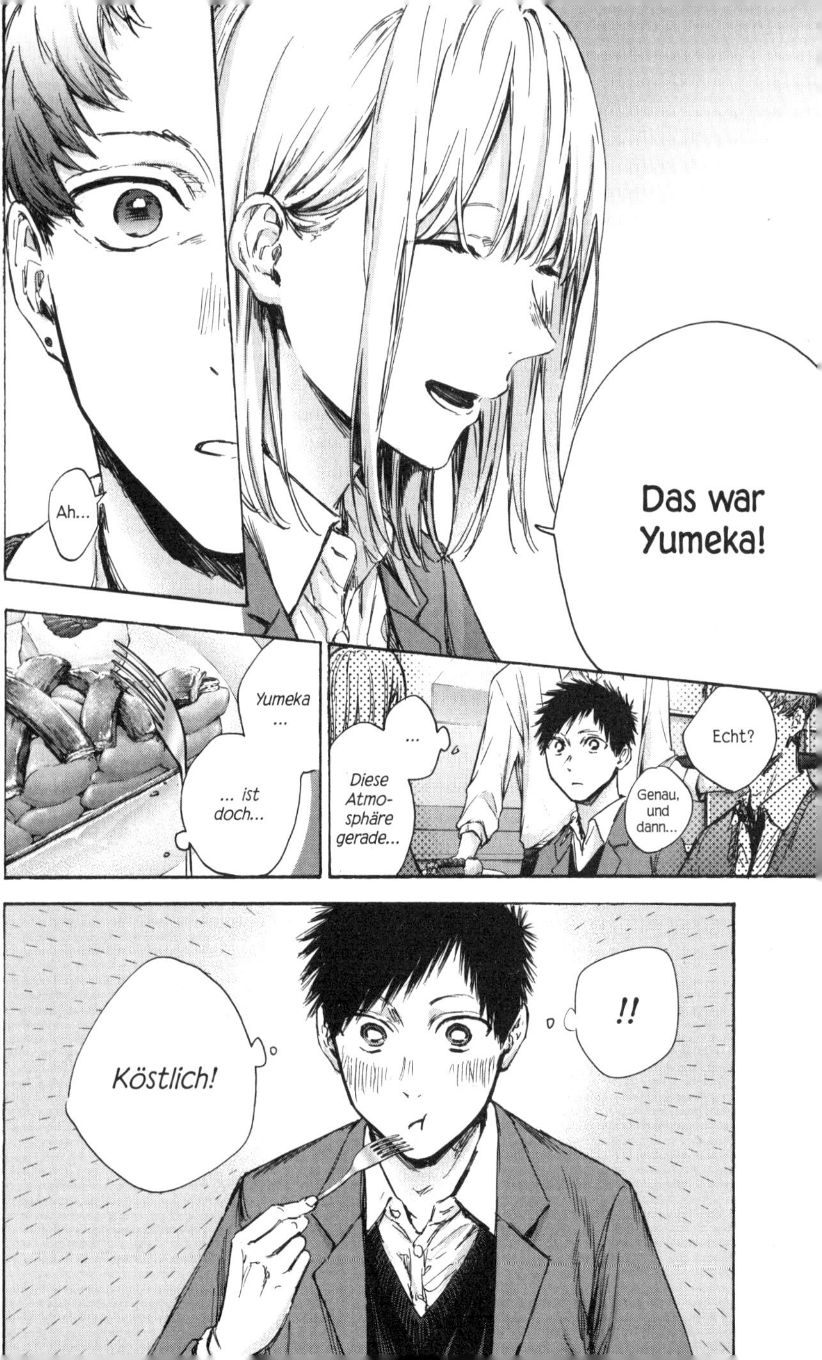
Das war Yumeka!
Ah...
Echt?
Genau, und dann...
...
Diese Atmosphäre gerade...
Yumeka ...
... ist doch...
!!
Köstlich!

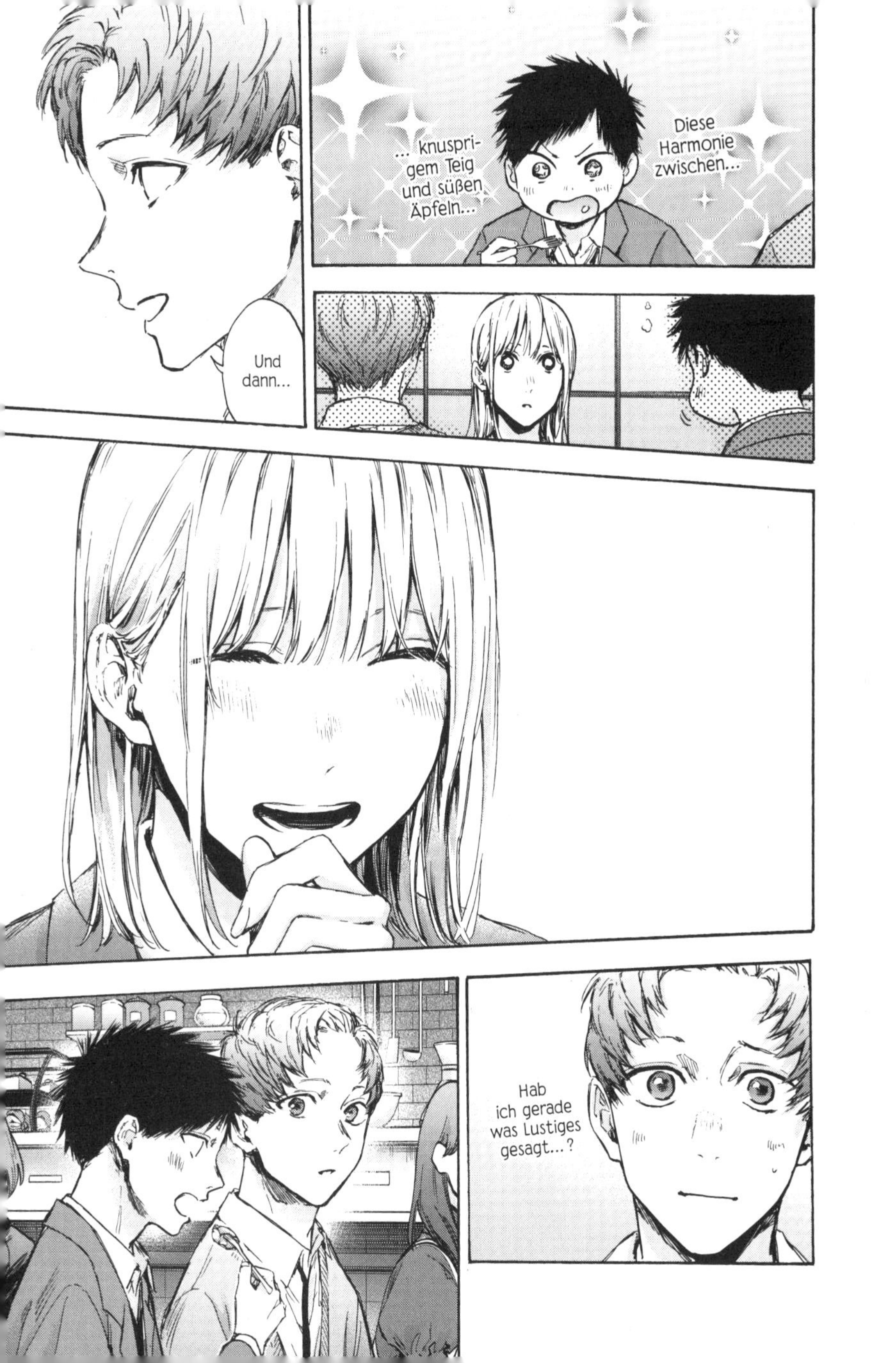
Diese Harmonie zwischen...
... knuspri- gem Teig und süßen Äpfeln...
Und dann...
Hab ich gerade was Lustiges gesagt...?

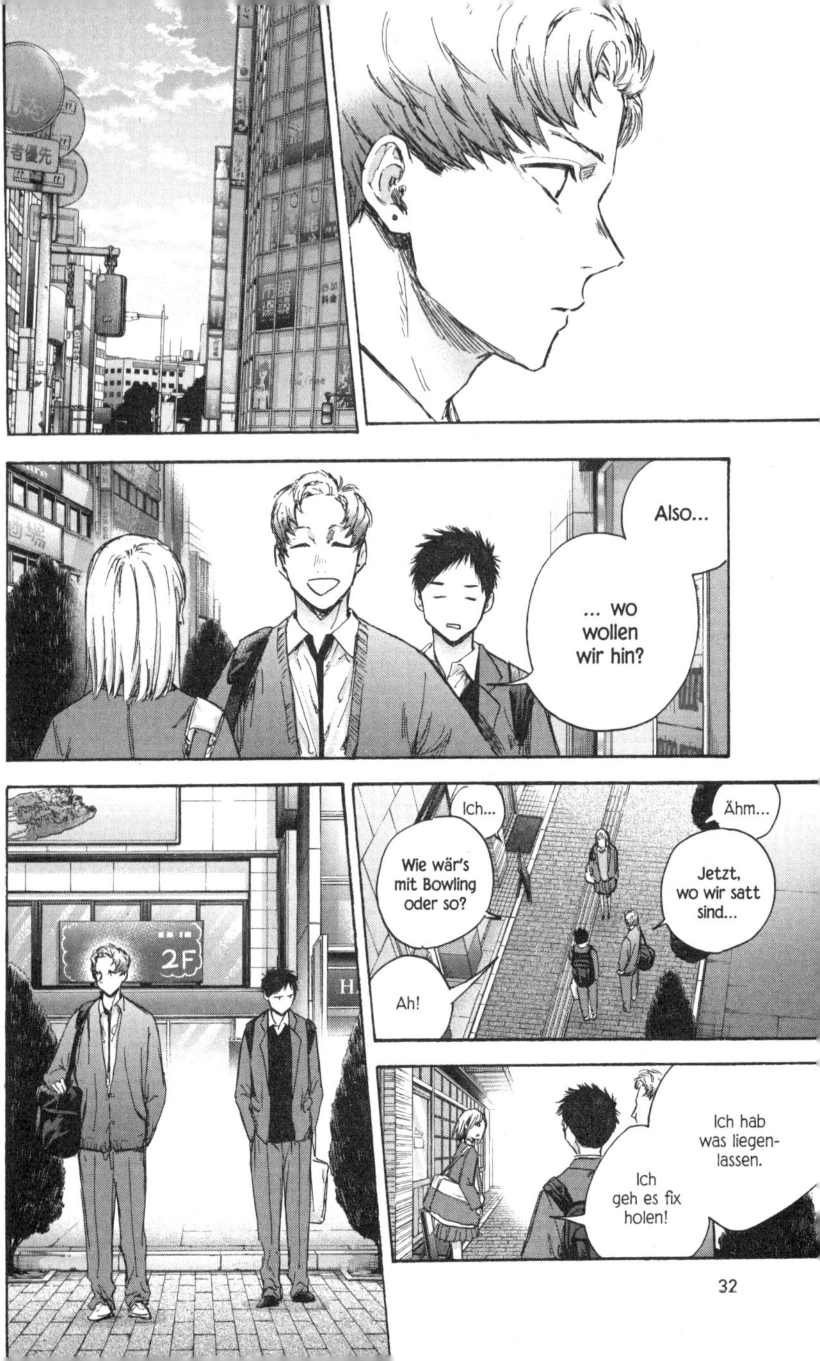
Also...
... wo wollen wir hin?
Ähm...
Jetzt, wo wir satt sind...
Ich...
Wie wär's mit Bowling oder so?
Ah!
Ich hab was liegen-lassen.
Ich geh es fix holen!

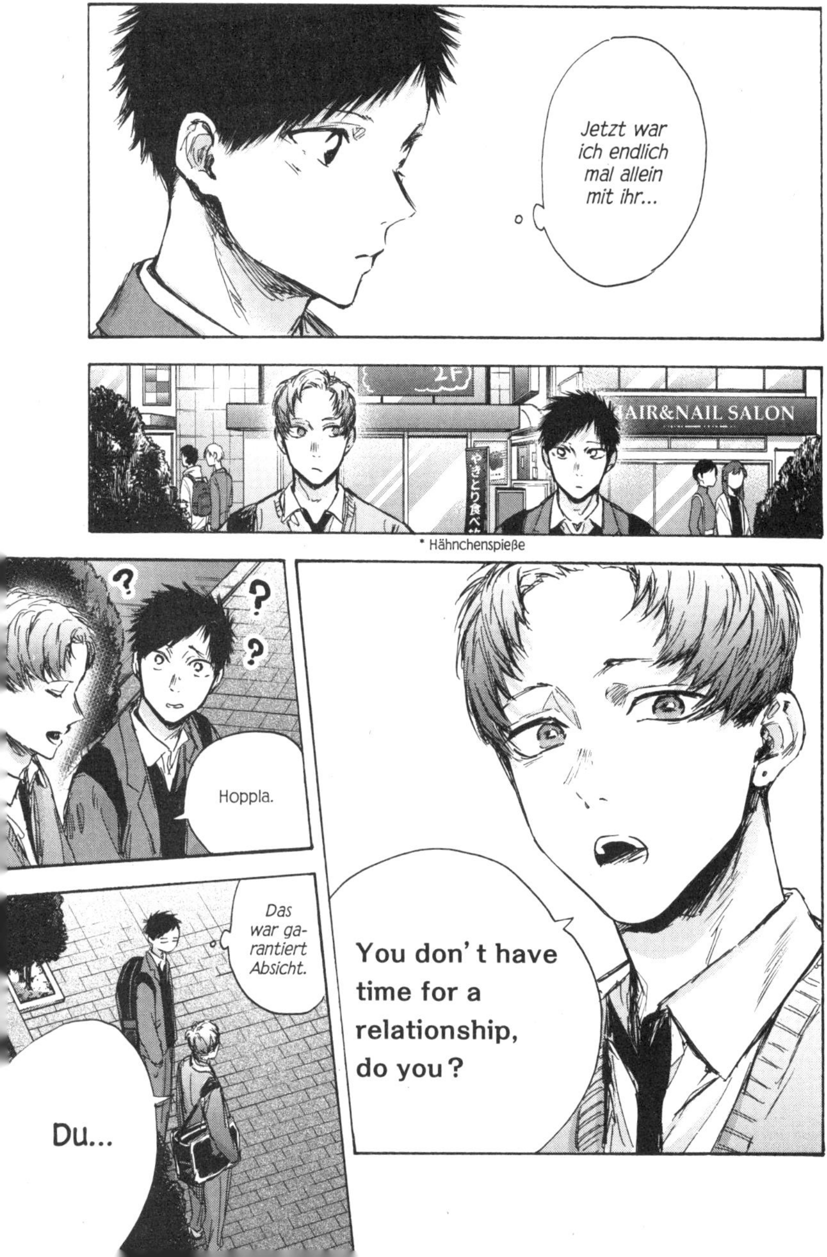

* Hähnchenspieße

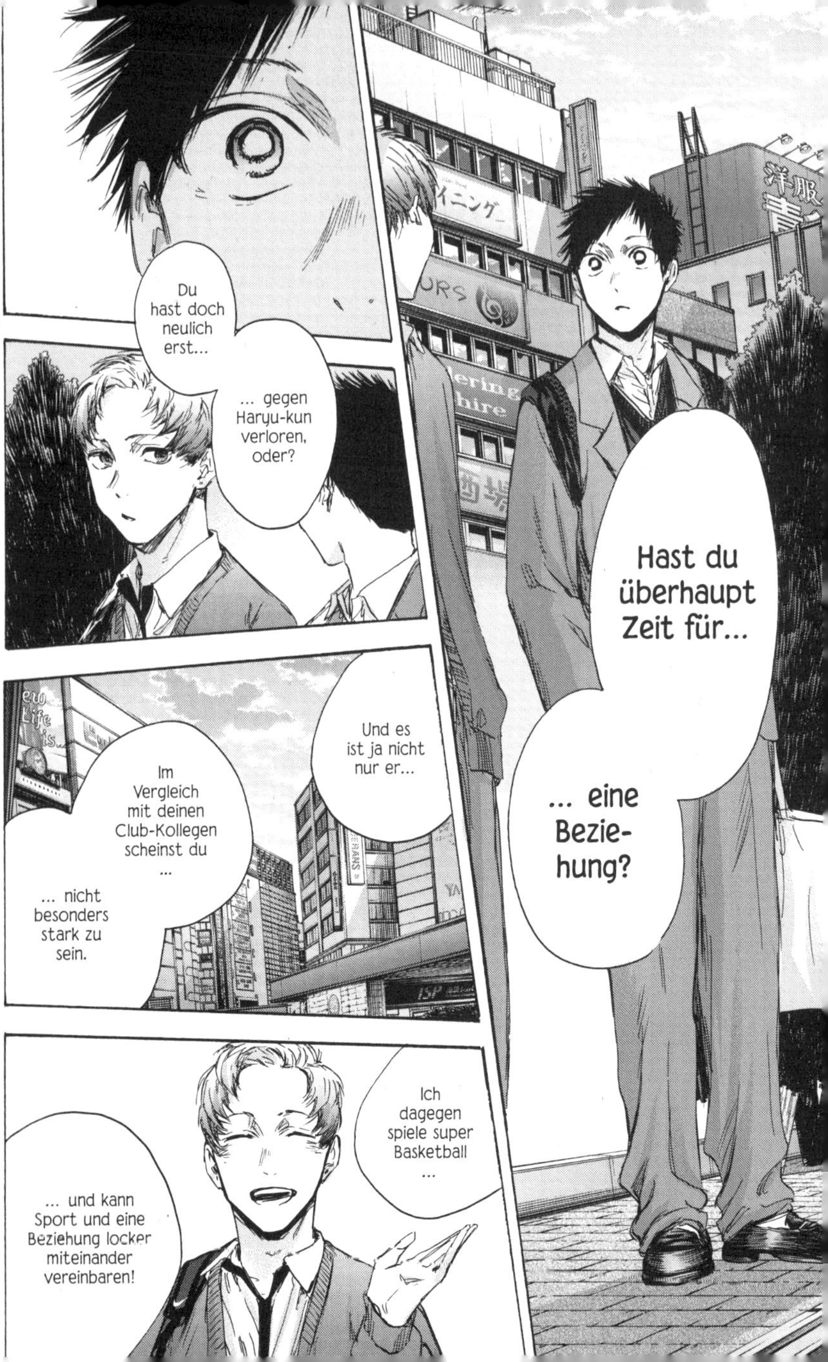
Hast du überhaupt Zeit für...
... eine Beziehung?
Du hast doch neulich erst...
... gegen Haryu-kun verloren, oder?
Und es ist ja nicht nur er...
Im Vergleich mit deinen Club-Kollegen scheinst du ...
... nicht besonders stark zu sein.
Ich dagegen spiele super Basketball ...
... und kann Sport und eine Beziehung locker miteinander vereinbaren!

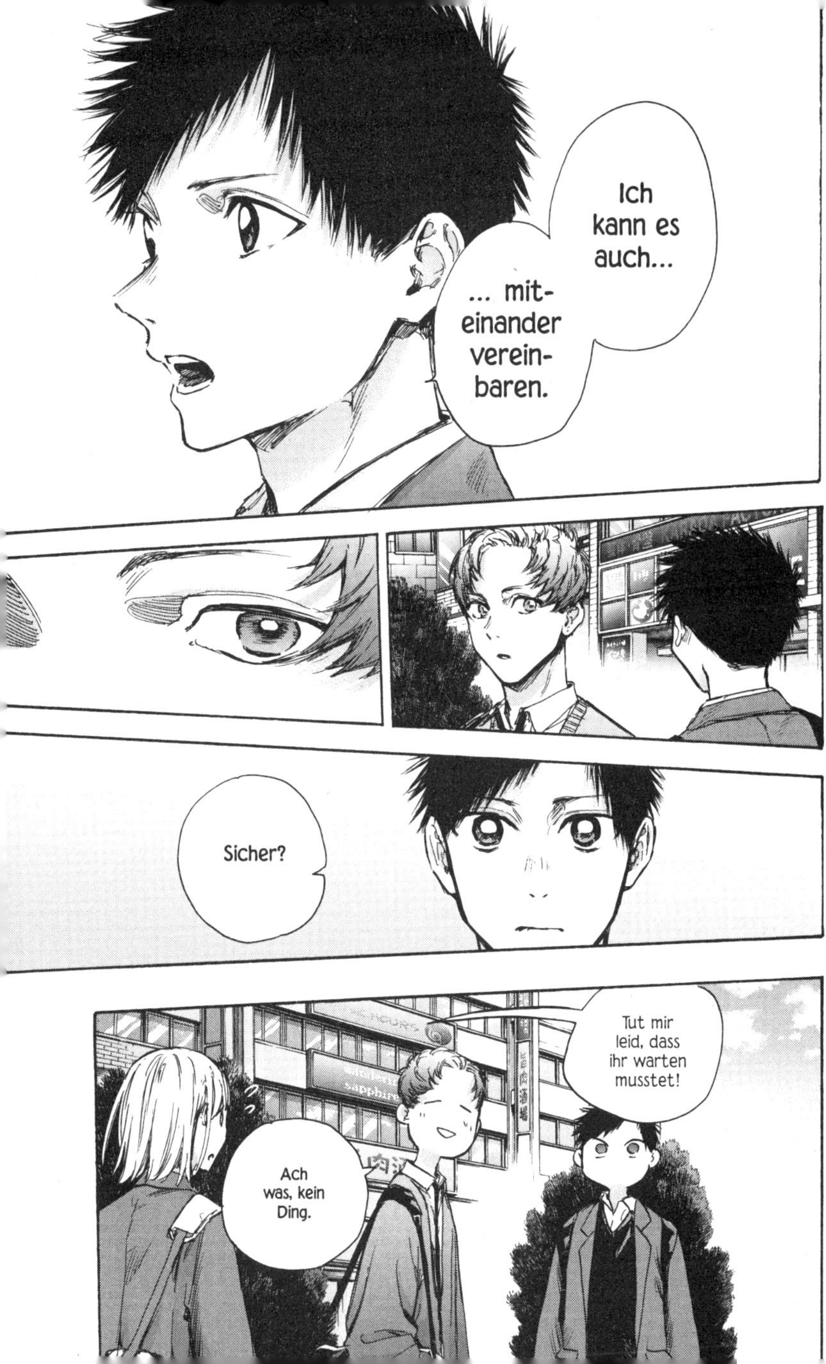
Ich kann es auch...
... miteinander vereinbaren.
Sicher?
Tut mir leid, dass ihr warten musstet!
Ach was, kein Ding.

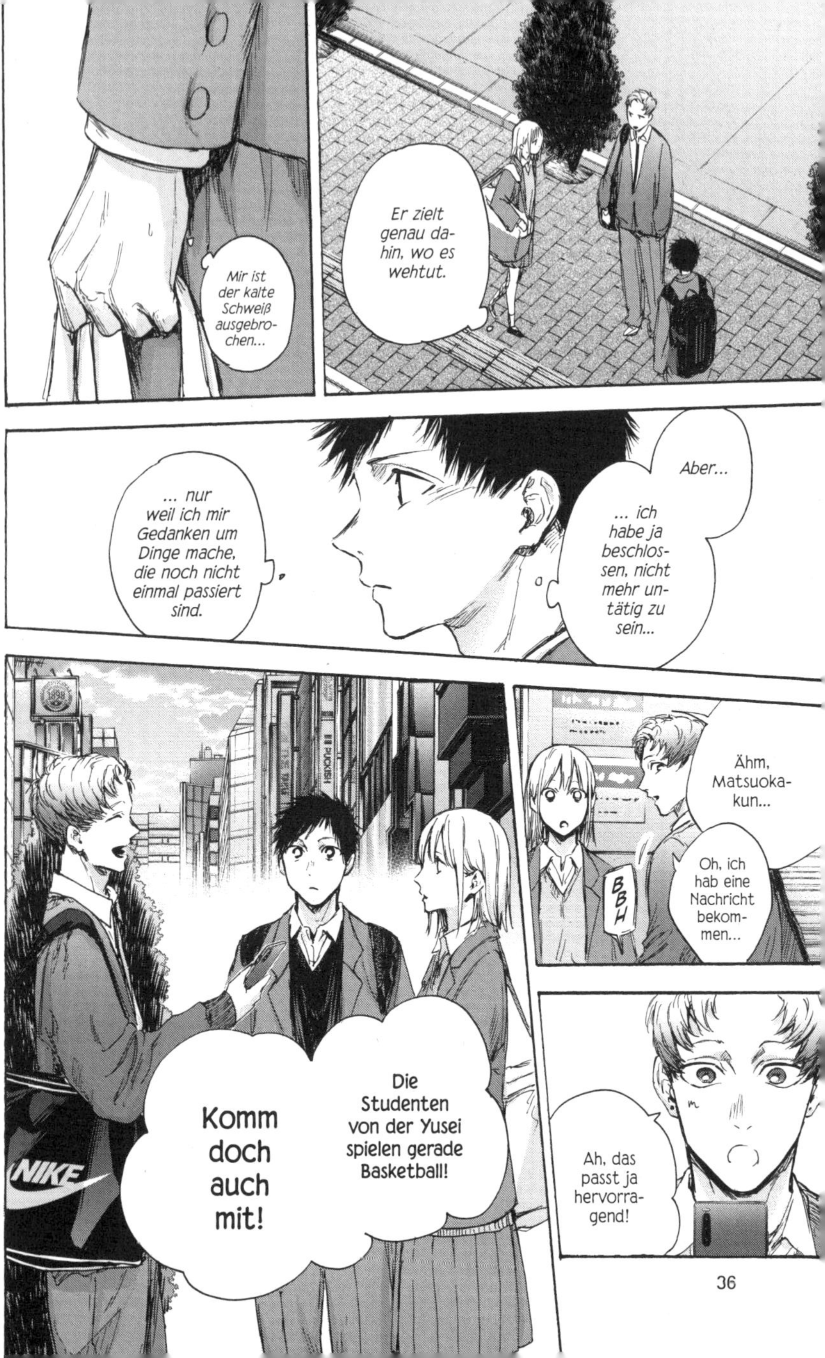
Er zielt genau dahin, wo es wehtut.
Mir ist der kalte Schweiß ausgebrochen...
Aber...
... ich habe ja beschlossen, nicht mehr untätig zu sein...
... nur weil ich mir Gedanken um Dinge mache, die noch nicht einmal passiert sind.
Ähm, Matsuoka-kun...
BBH
Oh, ich hab eine Nachricht bekommen...
Ah, das passt ja hervorragend!
Die Studenten von der Yusei spielen gerade Basketball!
Komm doch auch mit!
NIKE

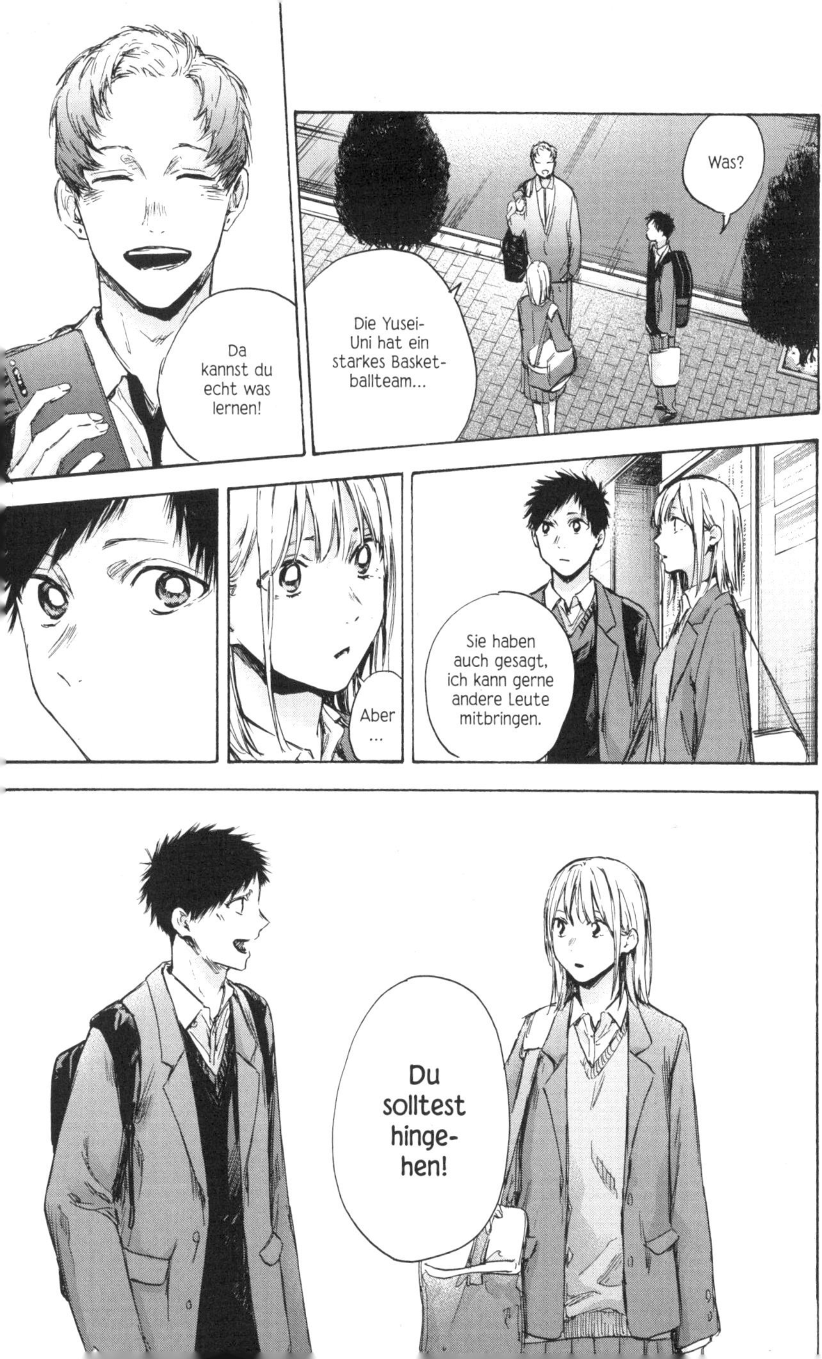
Was?
Die Yusei-Uni hat ein starkes Basketballteam...
Da kannst du echt was lernen!
Sie haben auch gesagt, ich kann gerne andere Leute mitbringen.
Aber ...
Du solltest hingehen!

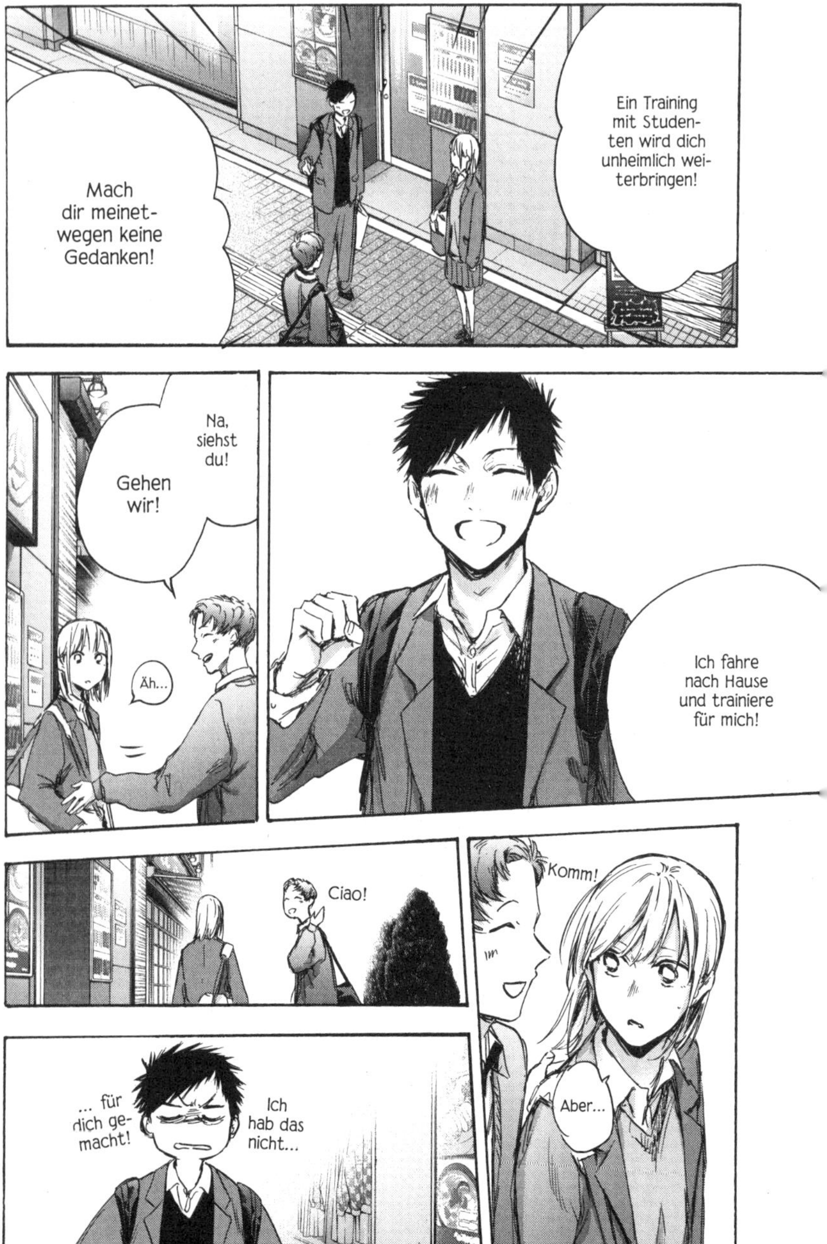
Ein Training mit Studenten wird dich unheimlich weiterbringen!
Mach dir meinetwegen keine Gedanken!
Ich fahre nach Hause und trainiere für mich!
Na, siehst du!
Gehen wir!
Äh...
Komm!
Aber...
Ciao!
Ich hab das nicht...
... für dich gemacht!

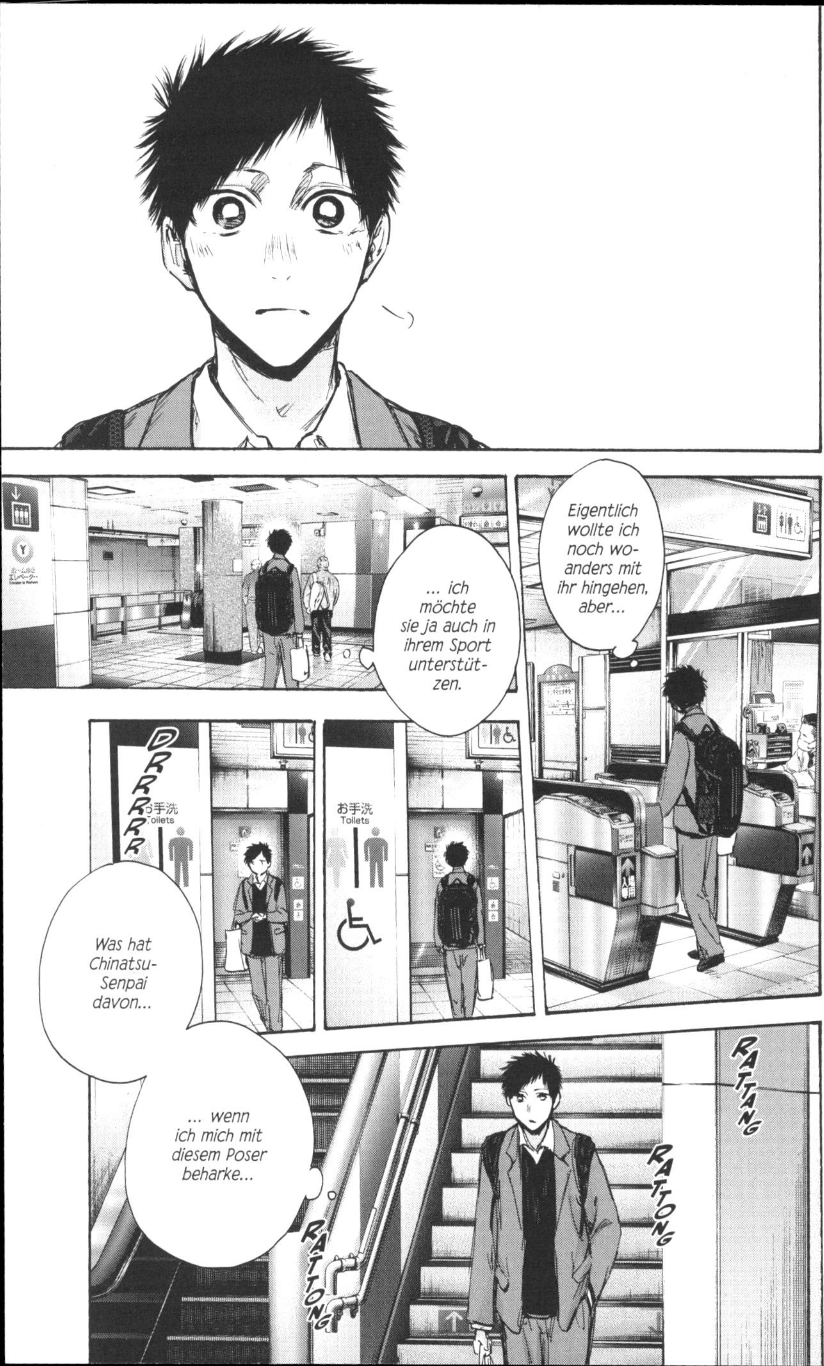
Eigentlich wollte ich noch wo-anders mit ihr hingehen, aber...
... ich möchte sie ja auch in ihrem Sport unterstüt-zen.
DRRRRRR
Was hat Chinatsu-Senpai davon...
... wenn ich mich mit diesem Poser beharke...
RATTANG
RATTONG
RATTONG

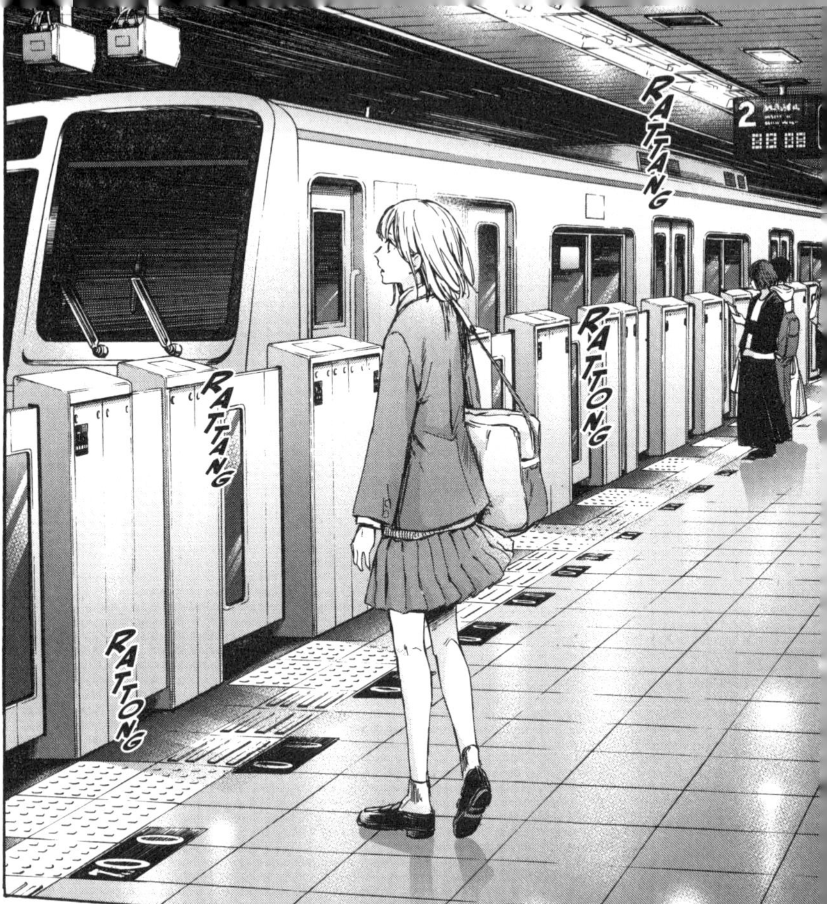
RATTANG
RATTONG
RATTANG
RATTONG
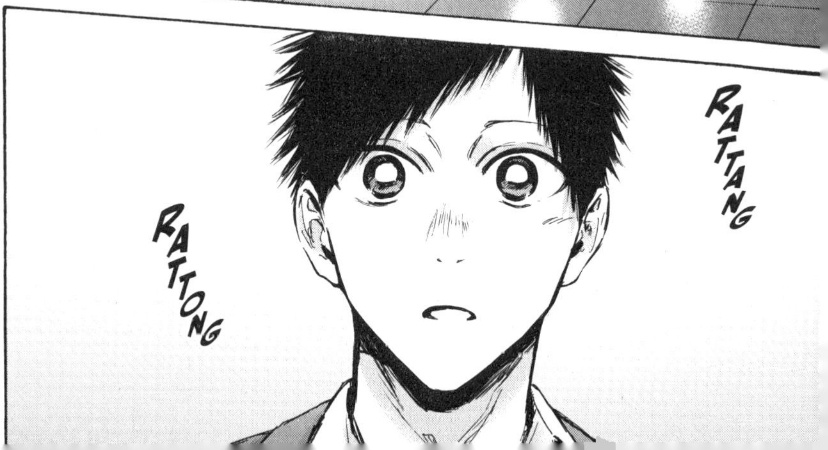
RATTANG
RATTONG

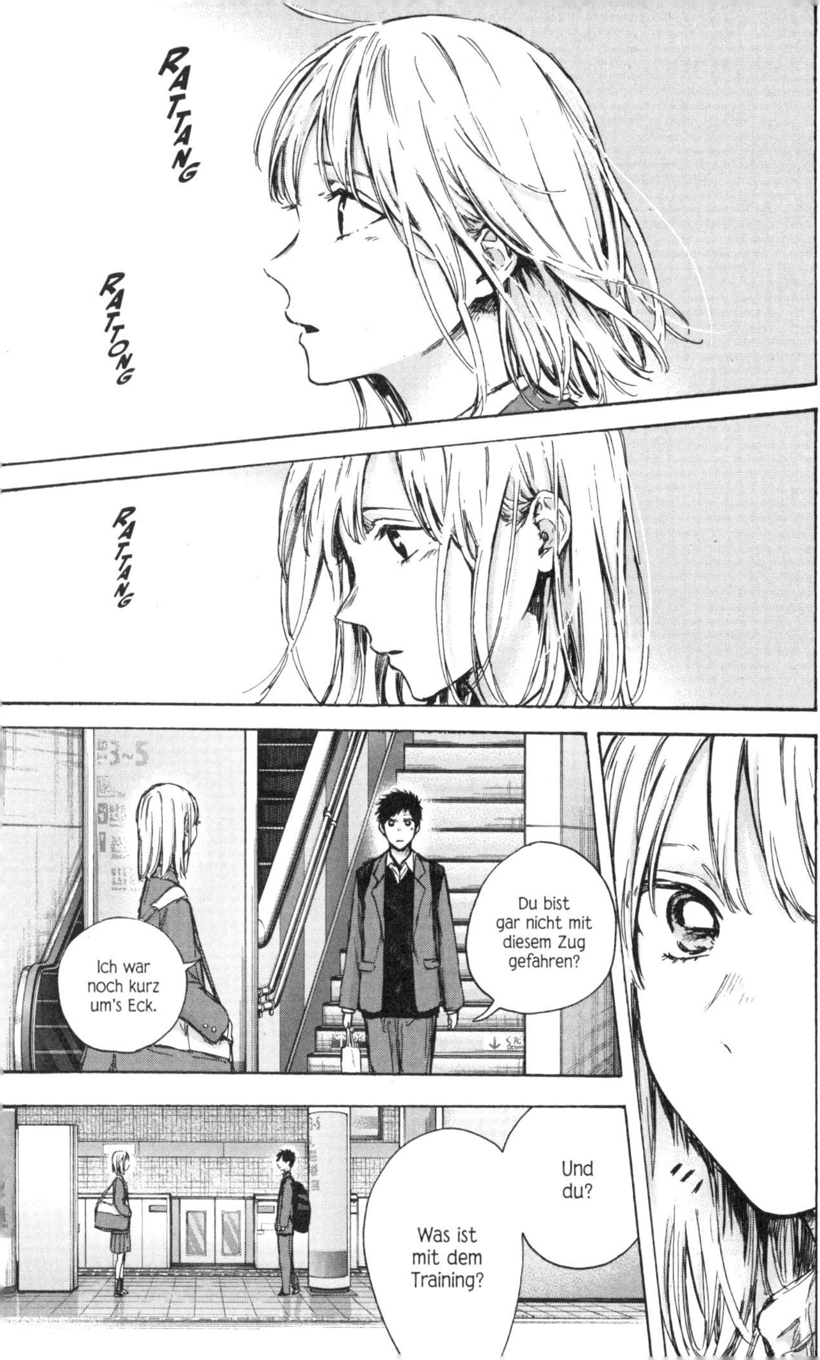
RATTANG
RATTONG
RATTANG
Du bist gar nicht mit diesem Zug gefahren?
Ich war noch kurz um's Eck.
Und du?
Was ist mit dem Training?

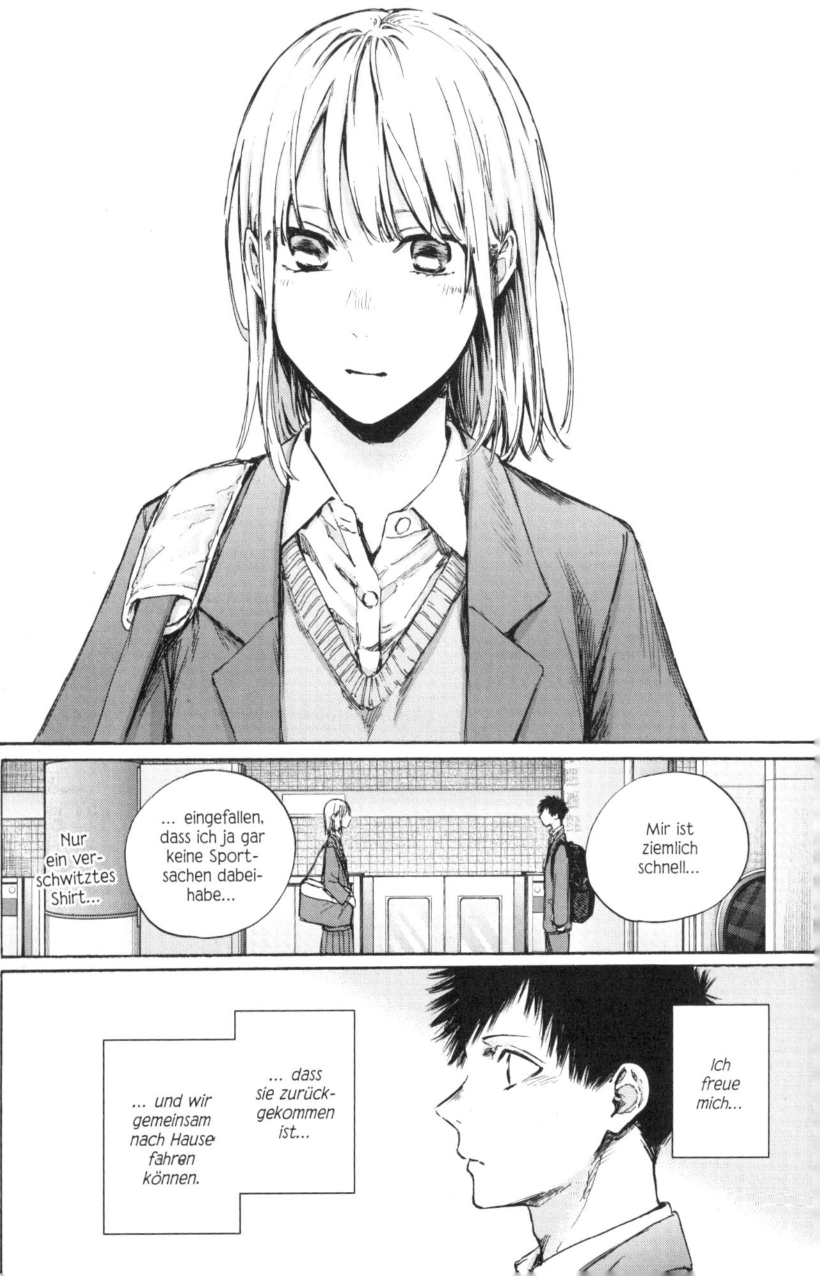
Mir ist ziemlich schnell...
... eingefallen, dass ich ja gar keine Sportsachen dabeihabe...
Nur ein verschwitztes Shirt...
Ich freue mich...
... dass sie zurückgekommen ist...
... und wir gemeinsam nach Hause fahren können.

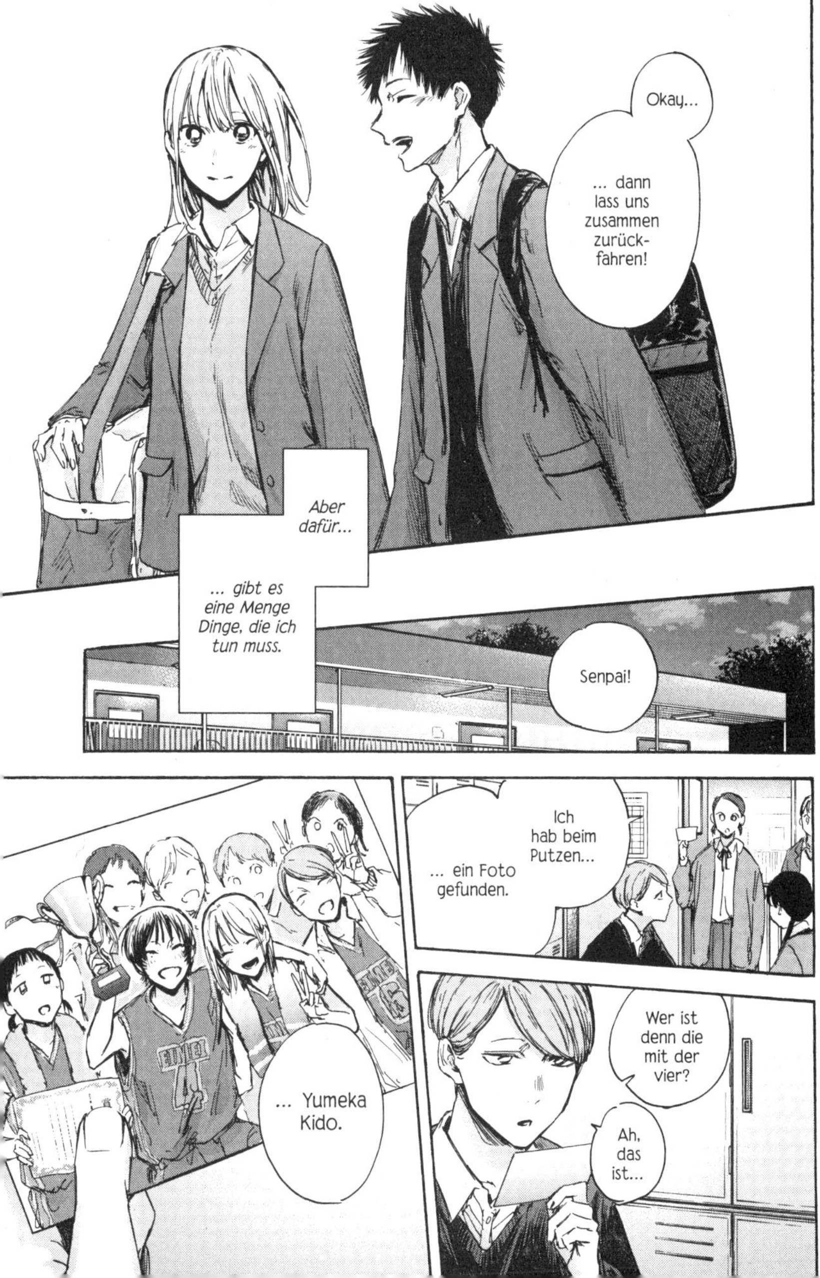
Okay...
... dann lass uns zusammen zurückfahren!
Aber dafür...
... gibt es eine Menge Dinge, die ich tun muss.
Senpai!
Ich hab beim Putzen...
... ein Foto gefunden.
Wer ist denn die mit der vier?
Ah, das ist...
... Yumeka Kido.

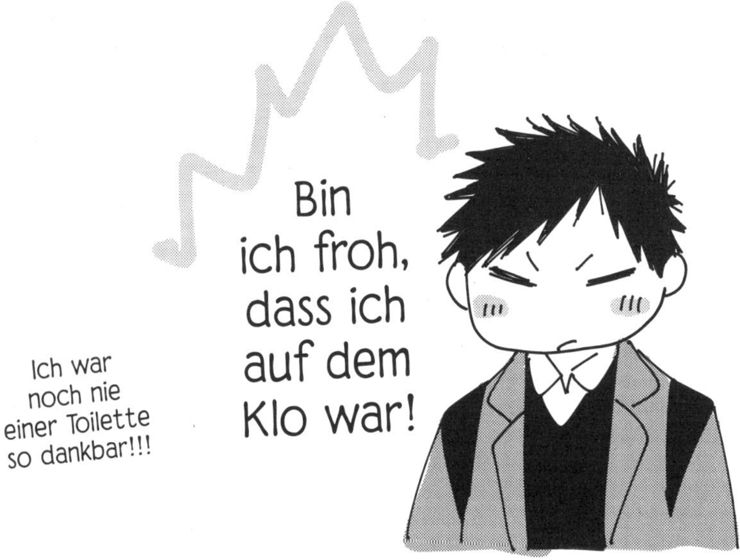
Bin ich froh, dass ich auf dem Klo war!
Ich war noch nie einer Toilette so dankbar!!!

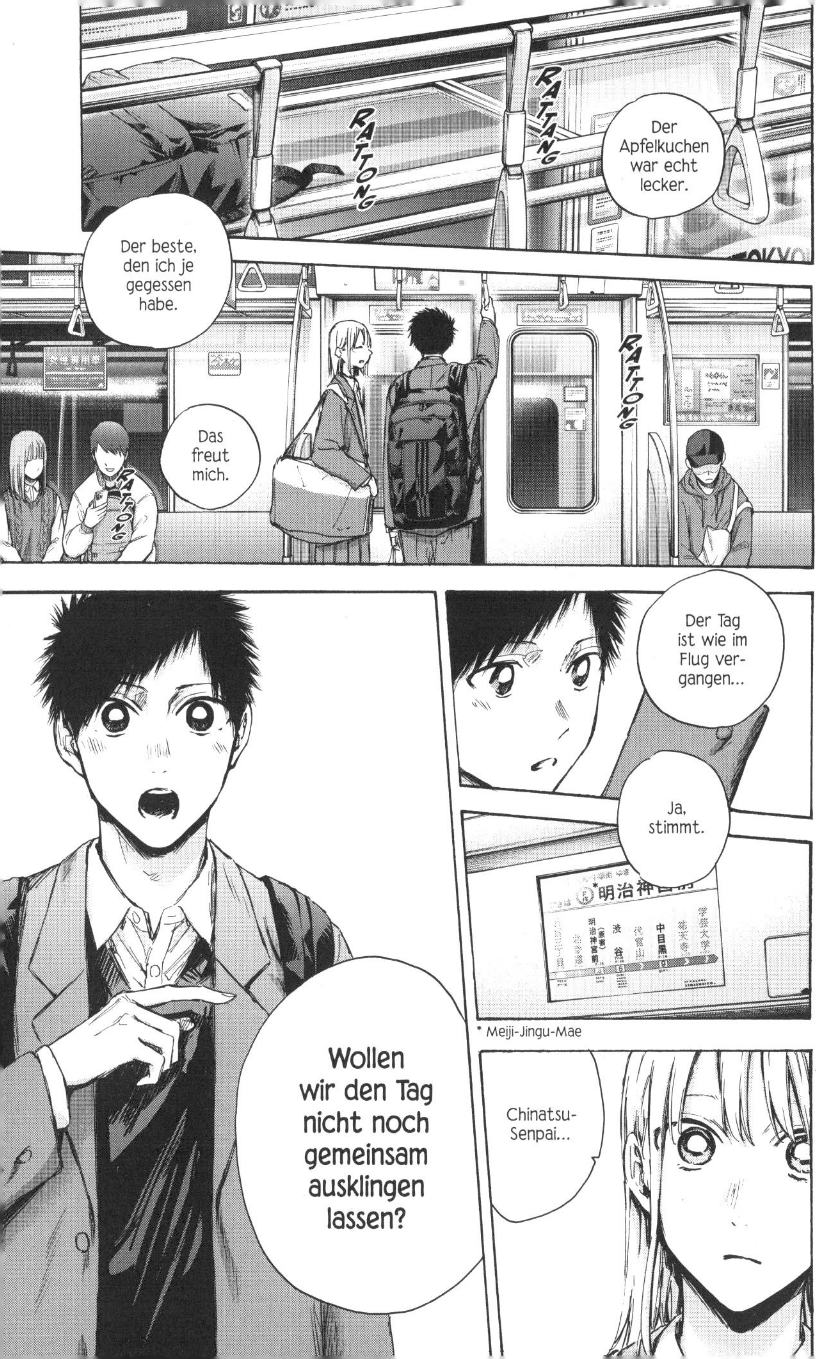

* Meiji-Jingu-Mae

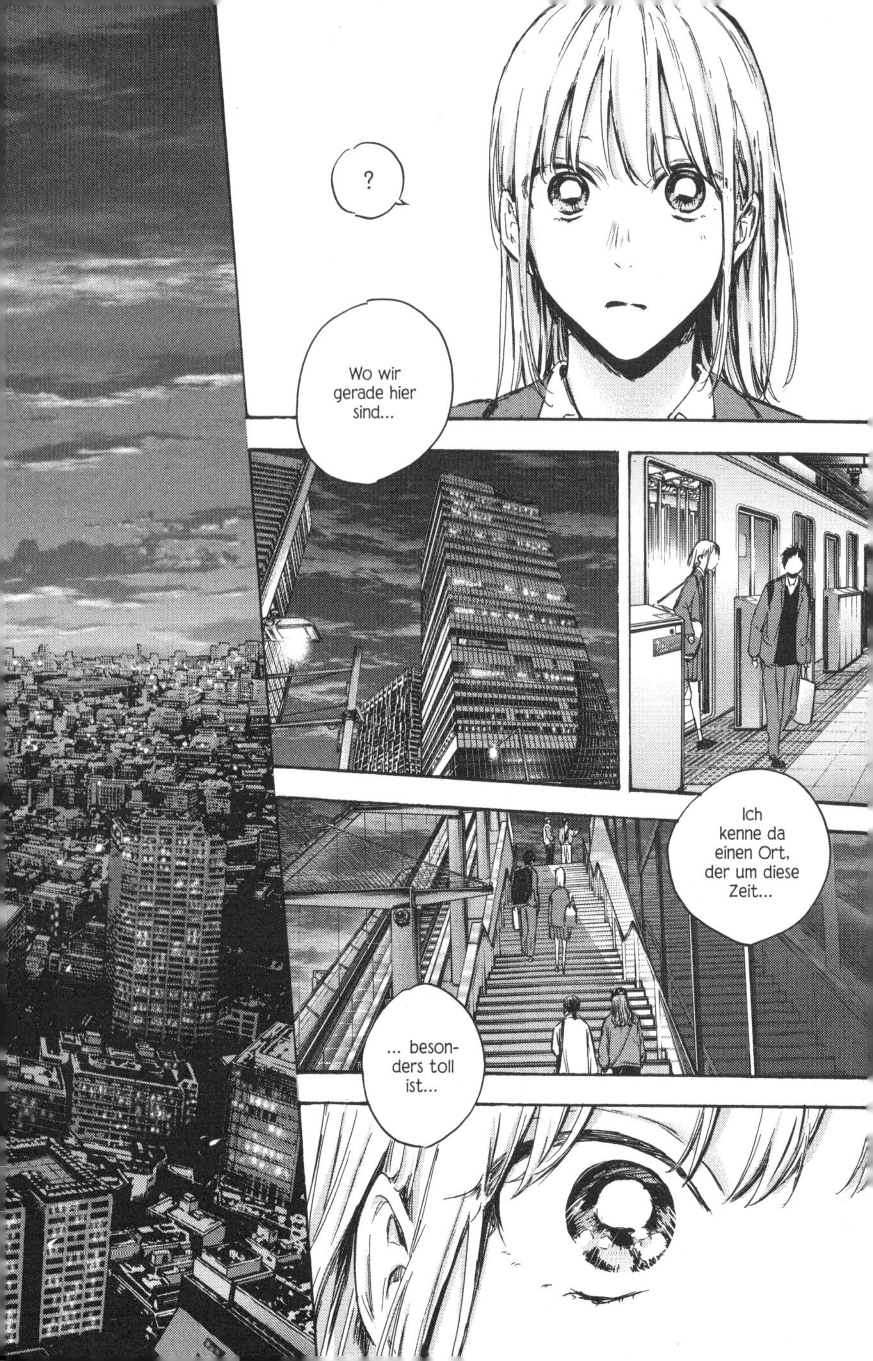
?
Wo wir gerade hier sind...
Ich kenne da einen Ort, der um diese Zeit...
... beson-ders toll ist...

#83 Déjà-vu

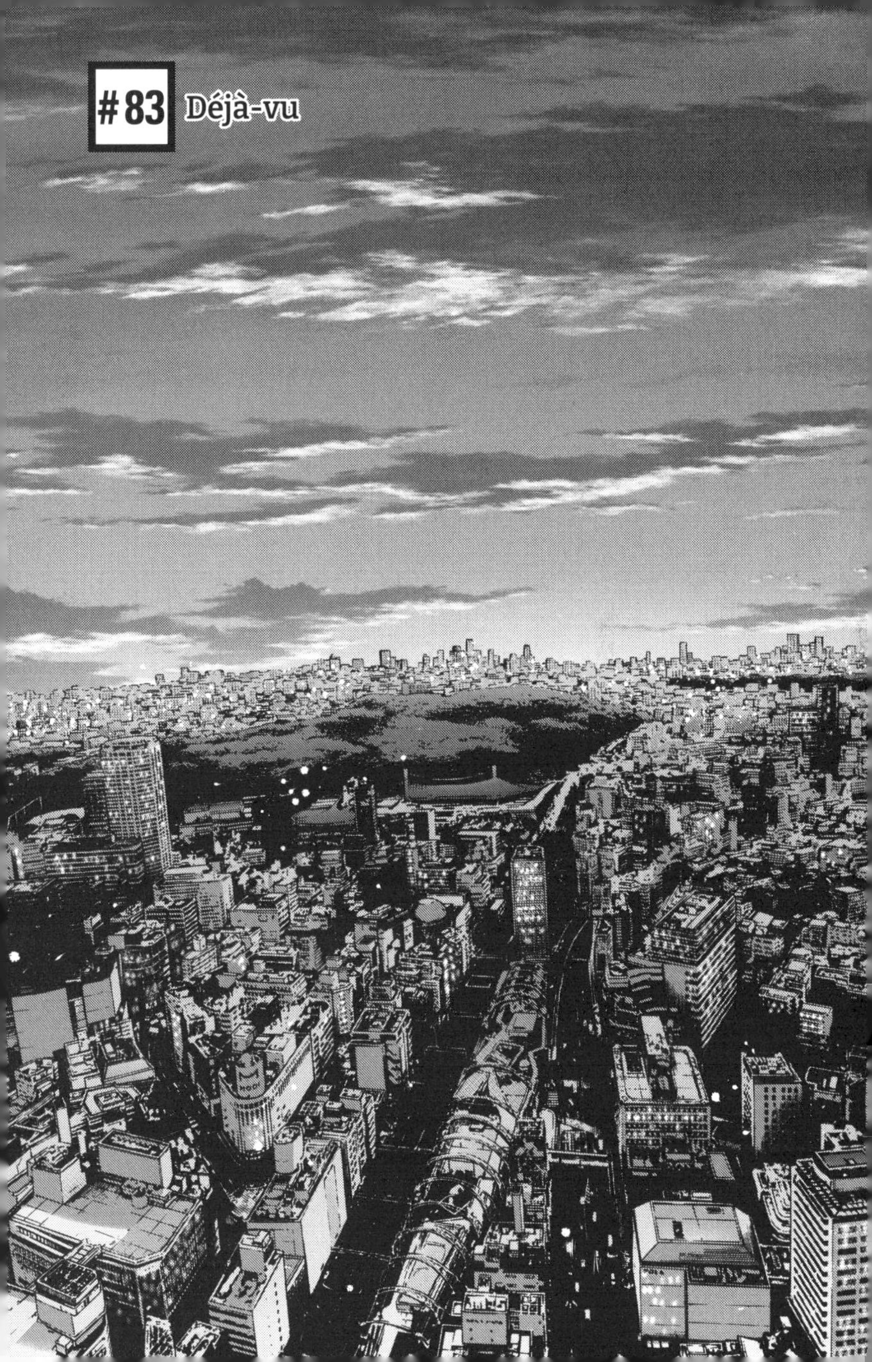

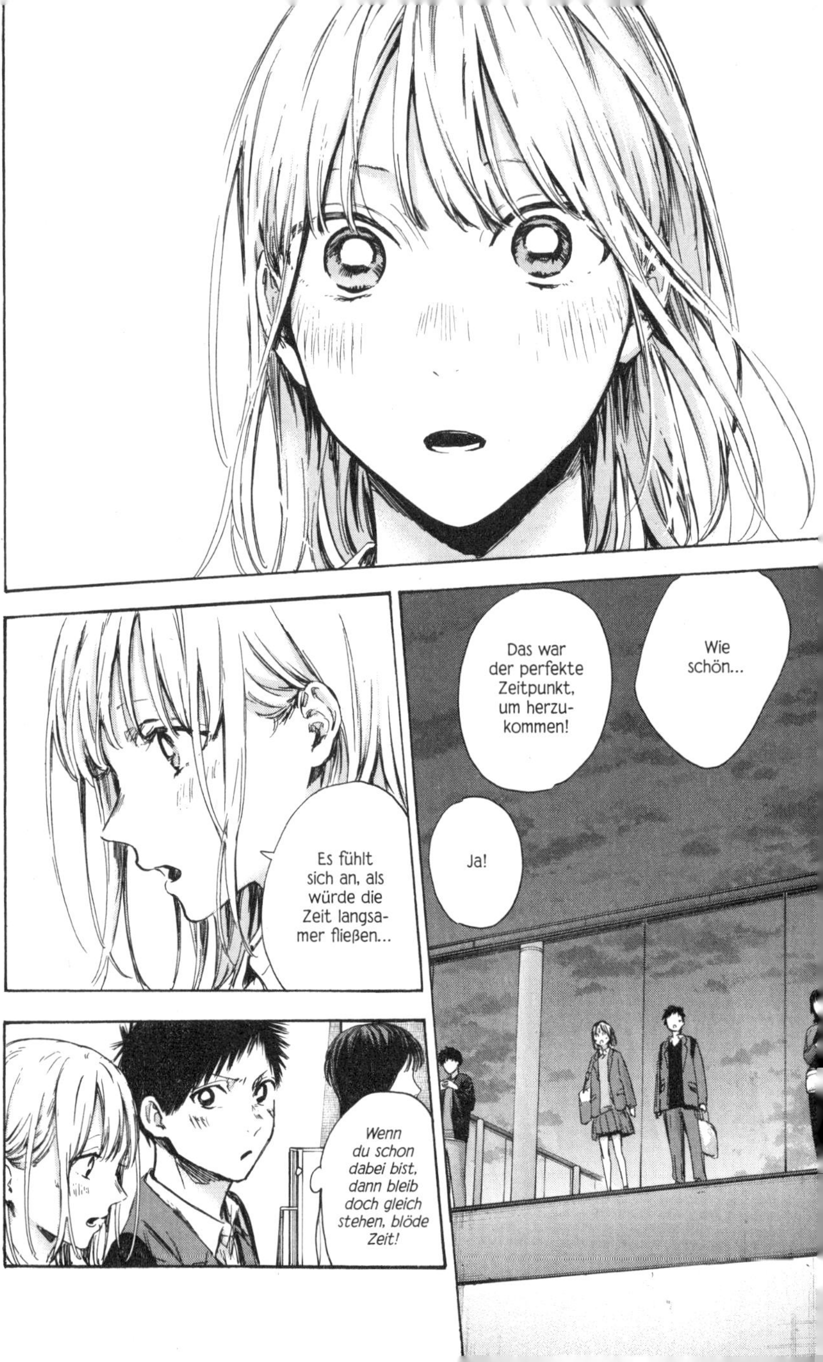
Wie schön...
Das war der perfekte Zeitpunkt, um herzukommen!
Ja!
Es fühlt sich an, als würde die Zeit langsamer fließen...
Wenn du schon dabei bist, dann bleib doch gleich stehen, blöde Zeit!

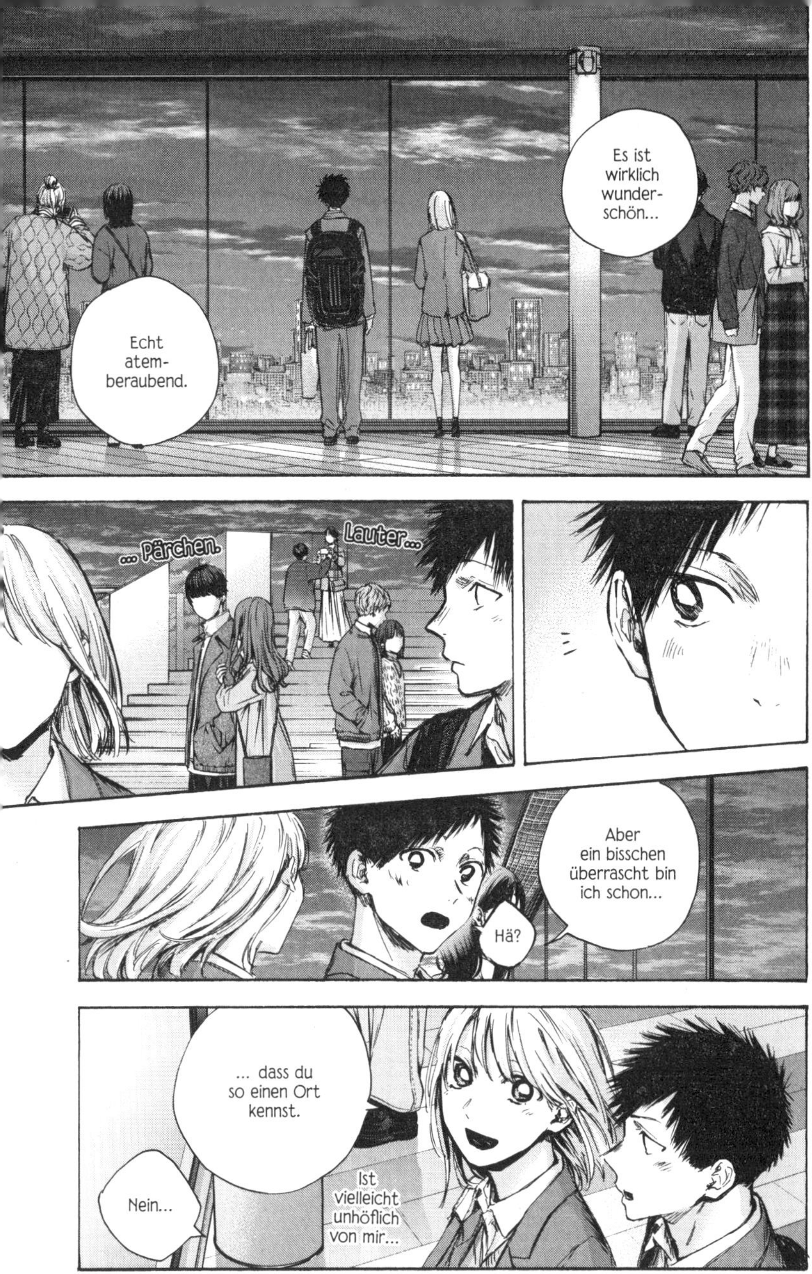
Es ist wirklich wunder-schön...
Echt atem-beraubend.
Lauter...
... Pärchen.
Aber ein bisschen überrascht bin ich schon...
Hä?
... dass du so einen Ort kennst.
Ist vielleicht unhöflich von mir...
Nein...

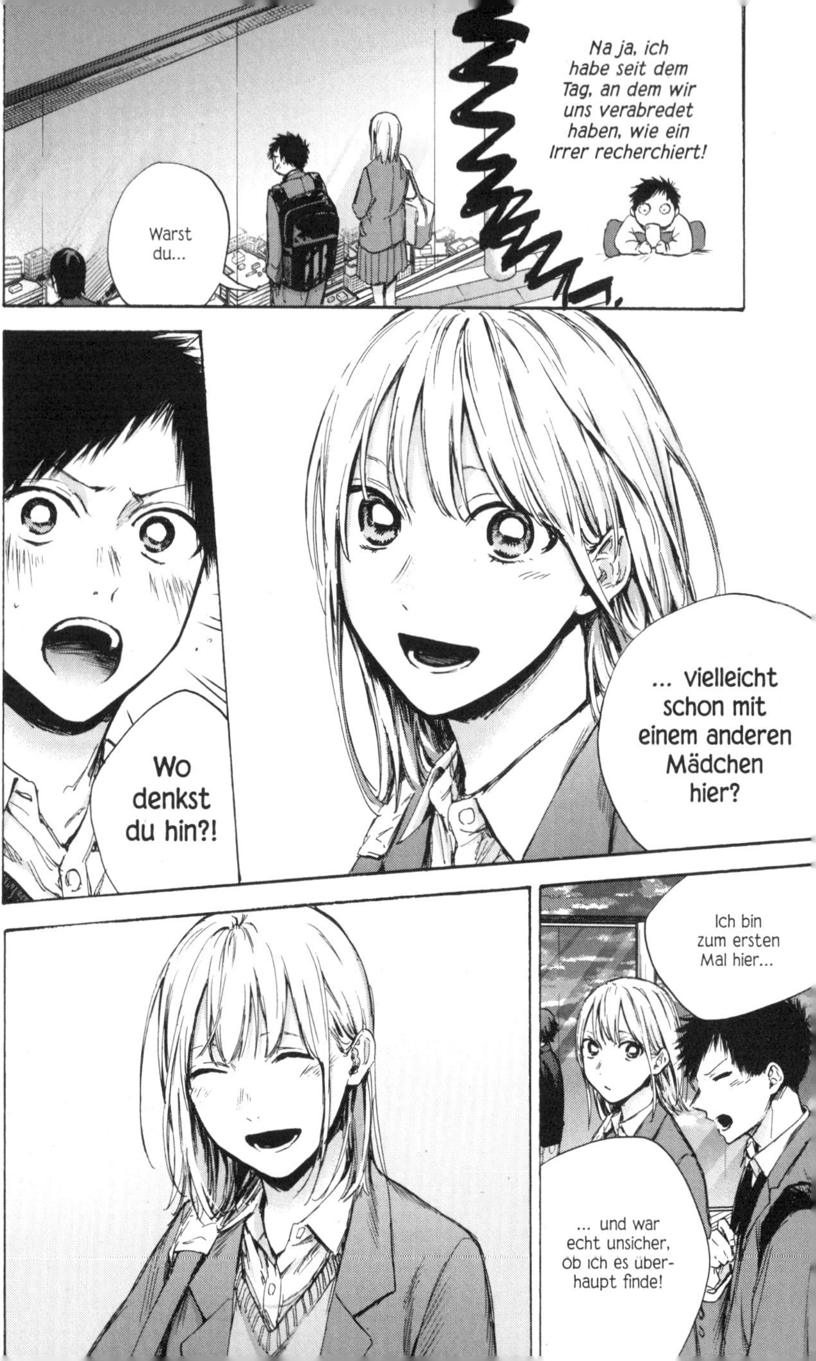
Na ja, ich habe seit dem Tag, an dem wir uns verabredet haben, wie ein Irrer recherchiert!
Warst du...
... vielleicht schon mit einem anderen Mädchen hier?
Wo denkst du hin?!
Ich bin zum ersten Mal hier...
... und war echt unsicher, ob ich es überhaupt finde!

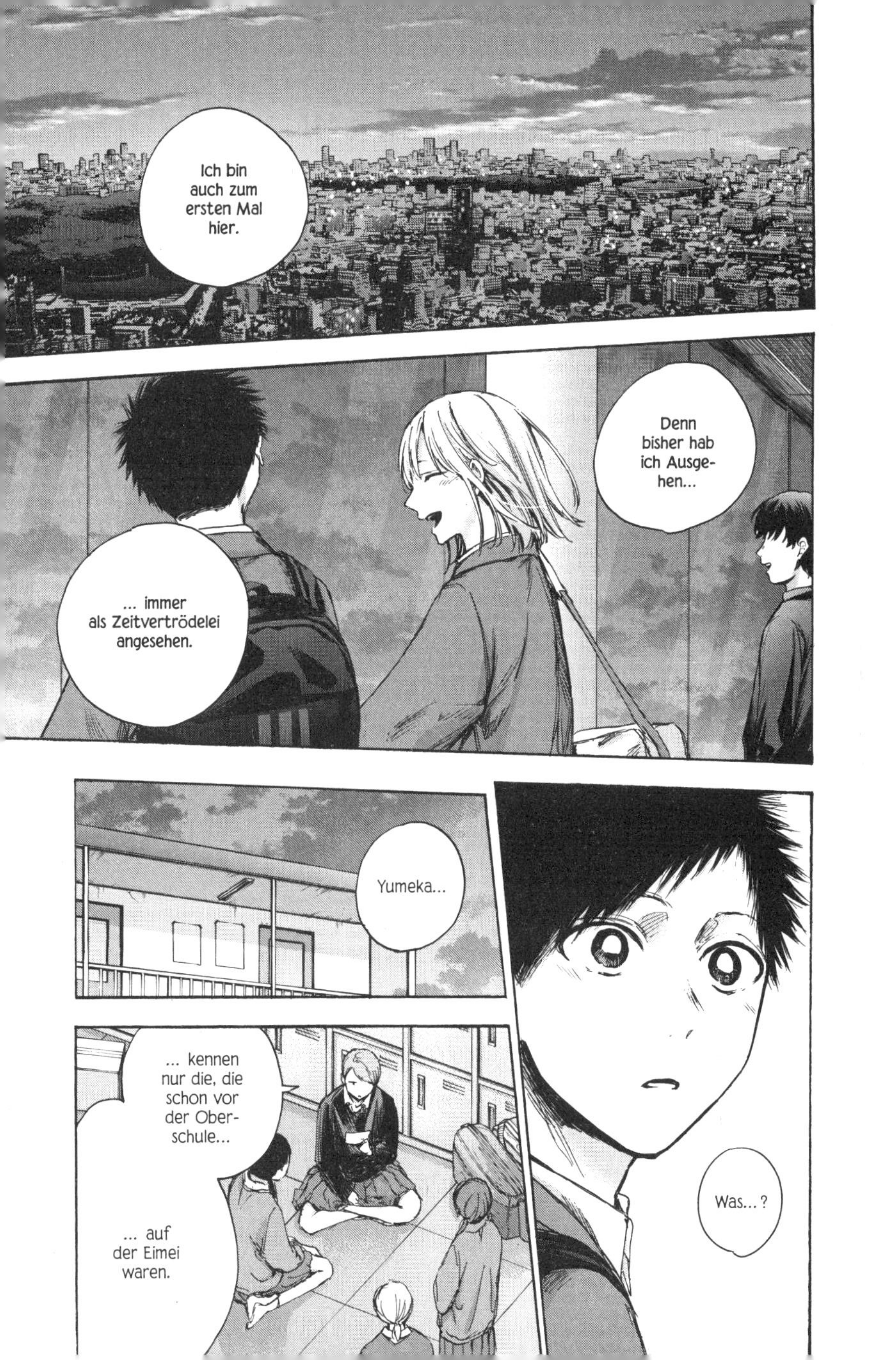
Ich bin auch zum ersten Mal hier.
Denn bisher hab ich Ausgehen...
... immer als Zeitvertrödelei angesehen.
Yumeka...
Was...?
... kennen nur die, die schon vor der Oberschule...
... auf der Eimei waren.

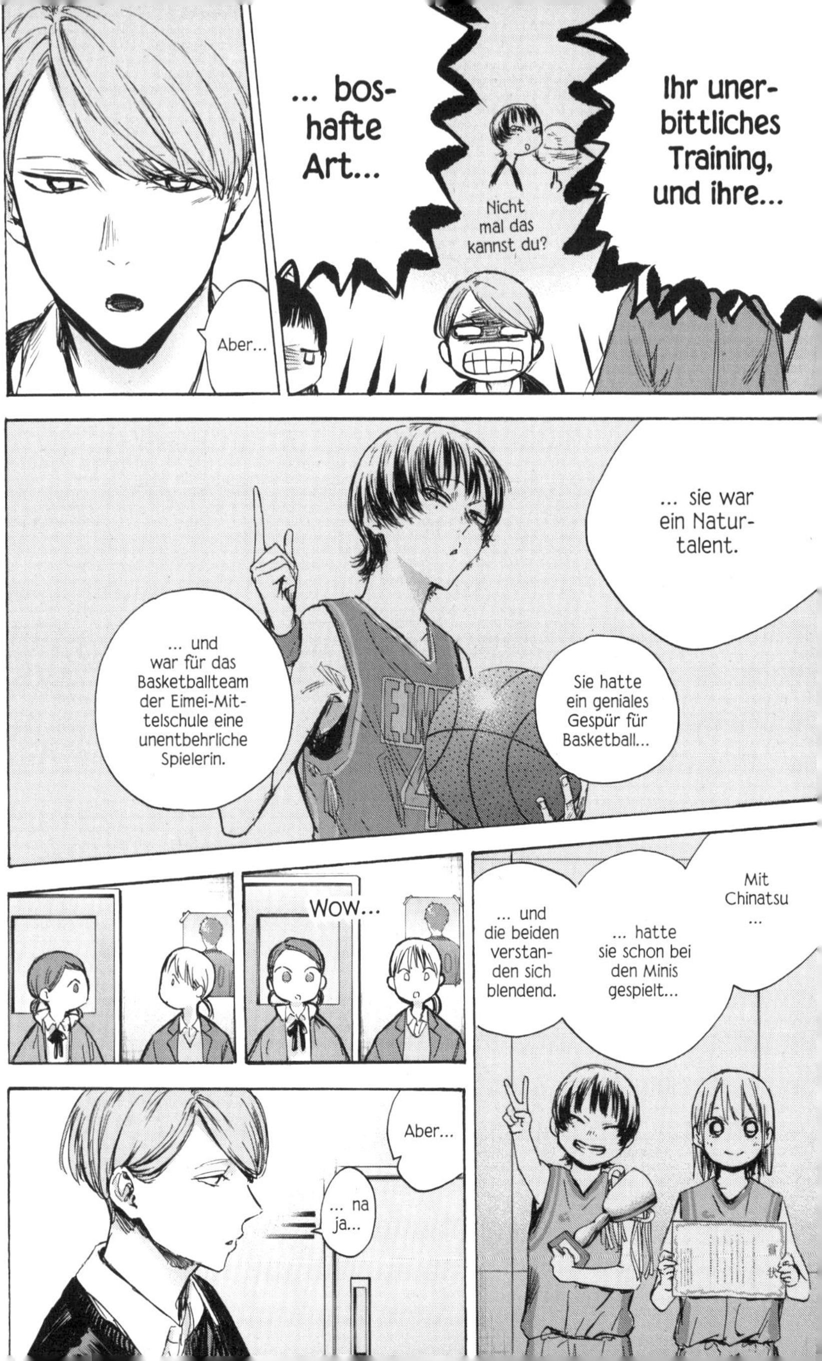
Ihr unerbittliches Training, und ihre...
... boshafte Art...
Nicht mal das kannst du?
Aber...
... sie war ein Naturtalent.
Sie hatte ein geniales Gespür für Basketball...
... und war für das Basketballteam der Eimei-Mittelschule eine unentbehrliche Spielerin.
Mit Chinatsu ...
... hatte sie schon bei den Minis gespielt...
... und die beiden verstanden sich blendend.
Wow...
Aber...
... na ja...

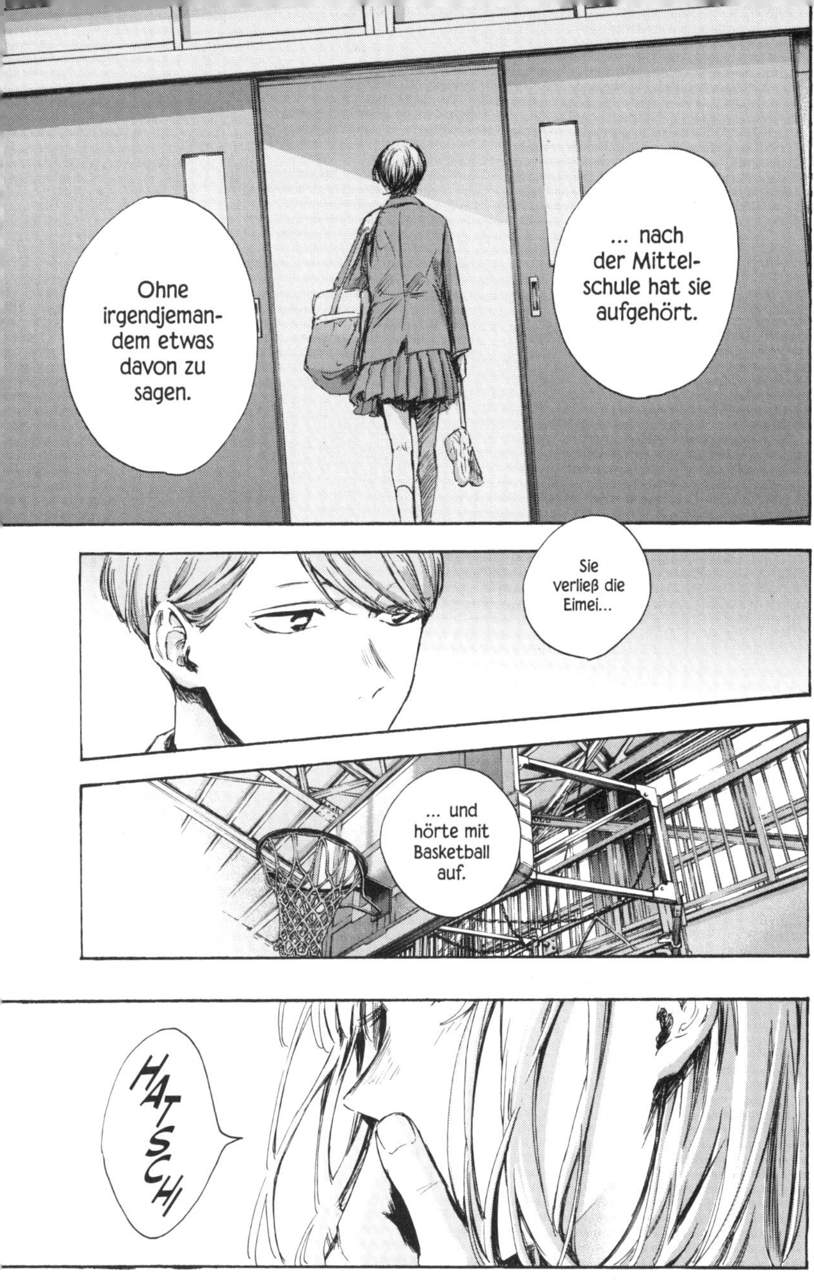

... nach der Mittel-schule hat sie aufgehört.
Ohne irgendjeman-dem etwas davon zu sagen.
Sie verließ die Eimei...
... und hörte mit Basketball auf.
HATSCHI

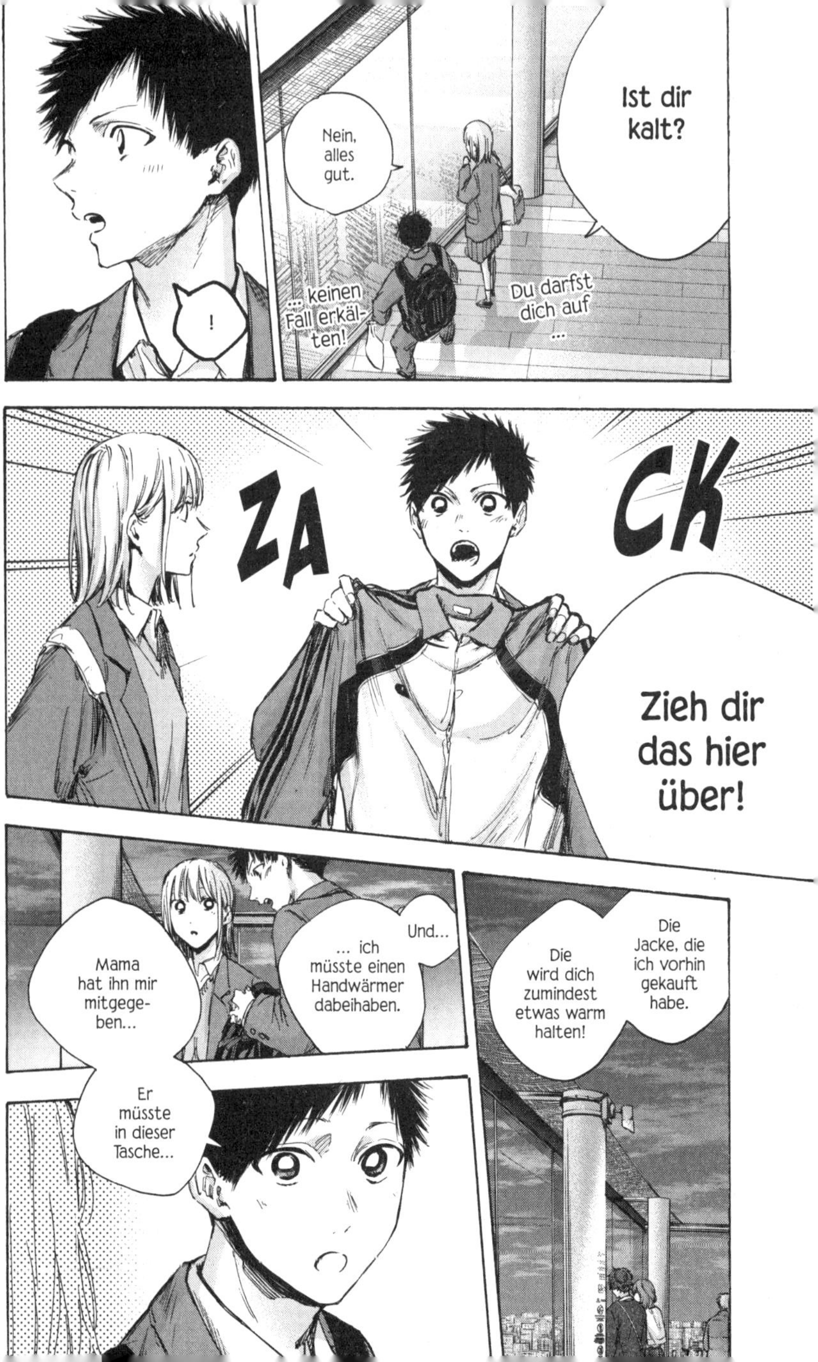

Ist dir kalt?
Du darfst dich auf ...
... keinen Fall erkälten!
Nein, alles gut.
!
ZACK
Zieh dir das hier über!
Die Jacke, die ich vorhin gekauft habe.
Die wird dich zumindest etwas warm halten!
Und...
... ich müsste einen Handwärmer dabeihaben.
Mama hat ihn mir mitgegeben...
Er müsste in dieser Tasche...

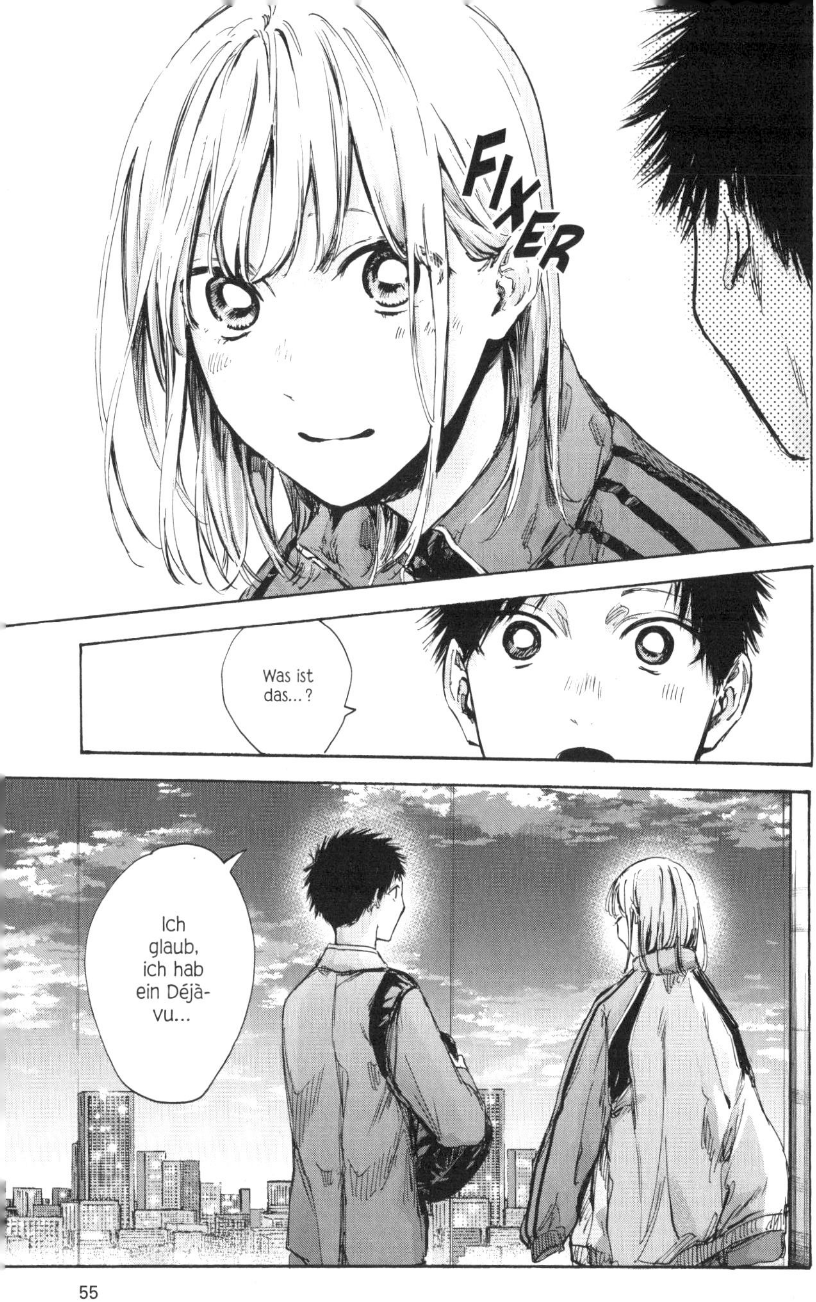
FIXER
Was ist das...?
Ich glaub, ich hab ein Déjà-vu...

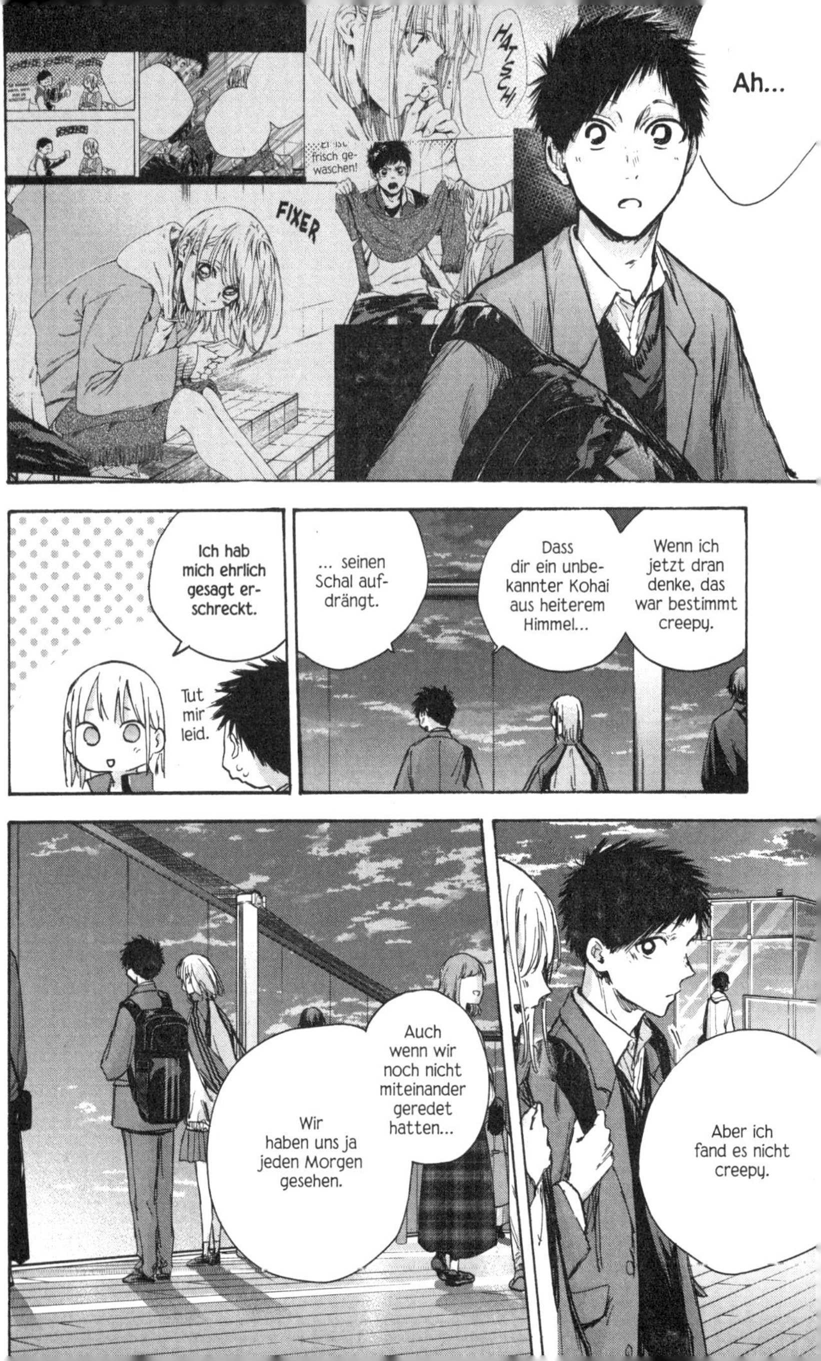
Ah...
HATSCHI
Er ist frisch gewaschen!
FIXER
Wenn ich jetzt dran denke, das war bestimmt creepy.
Dass dir ein unbekannter Kohai aus heiterem Himmel...
... seinen Schal aufdrängt.
Ich hab mich ehrlich gesagt erschreckt.
Tut mir leid.
Aber ich fand es nicht creepy.
Auch wenn wir noch nicht miteinander geredet hatten...
Wir haben uns ja jeden Morgen gesehen.

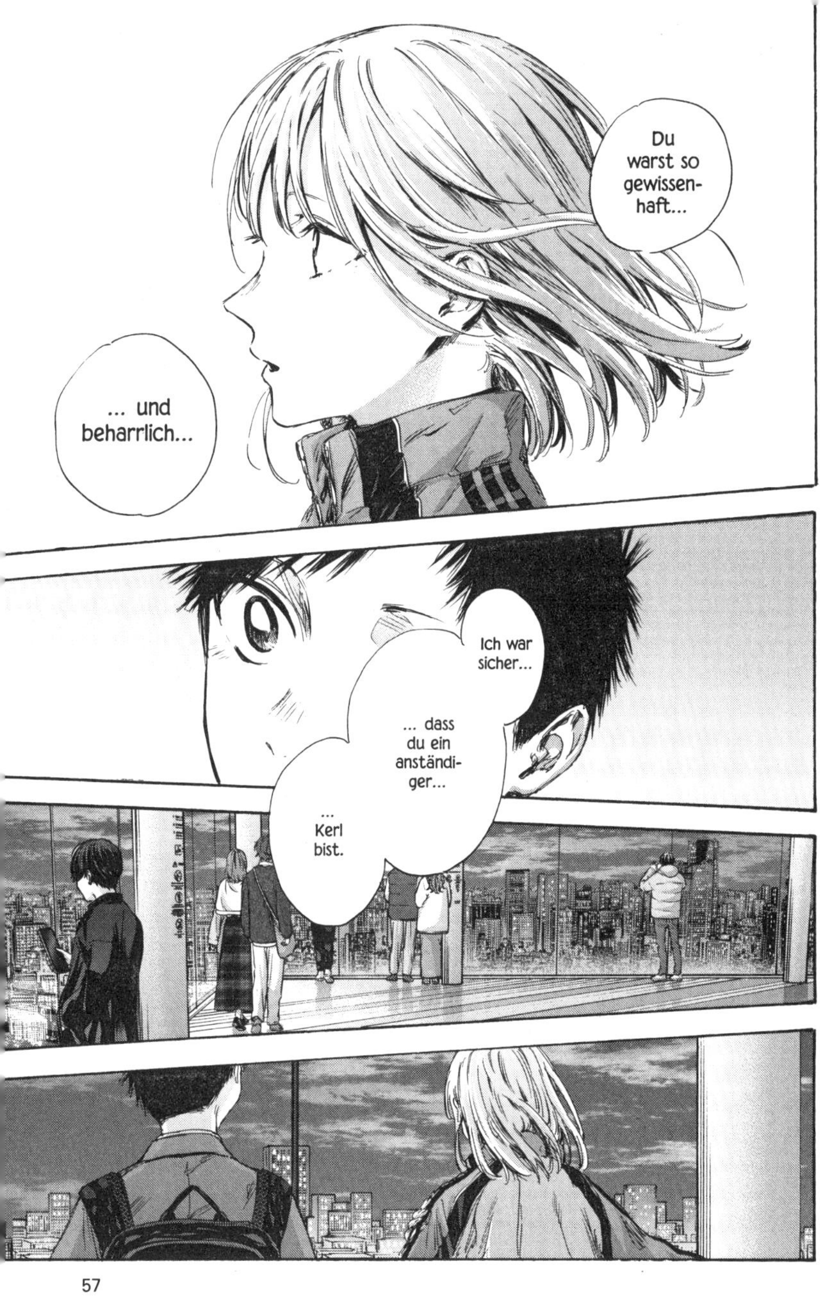
Du warst so gewissen- haft...
... und beharrlich...
Ich war sicher...
... dass du ein anständi- ger...
... Kerl bist.

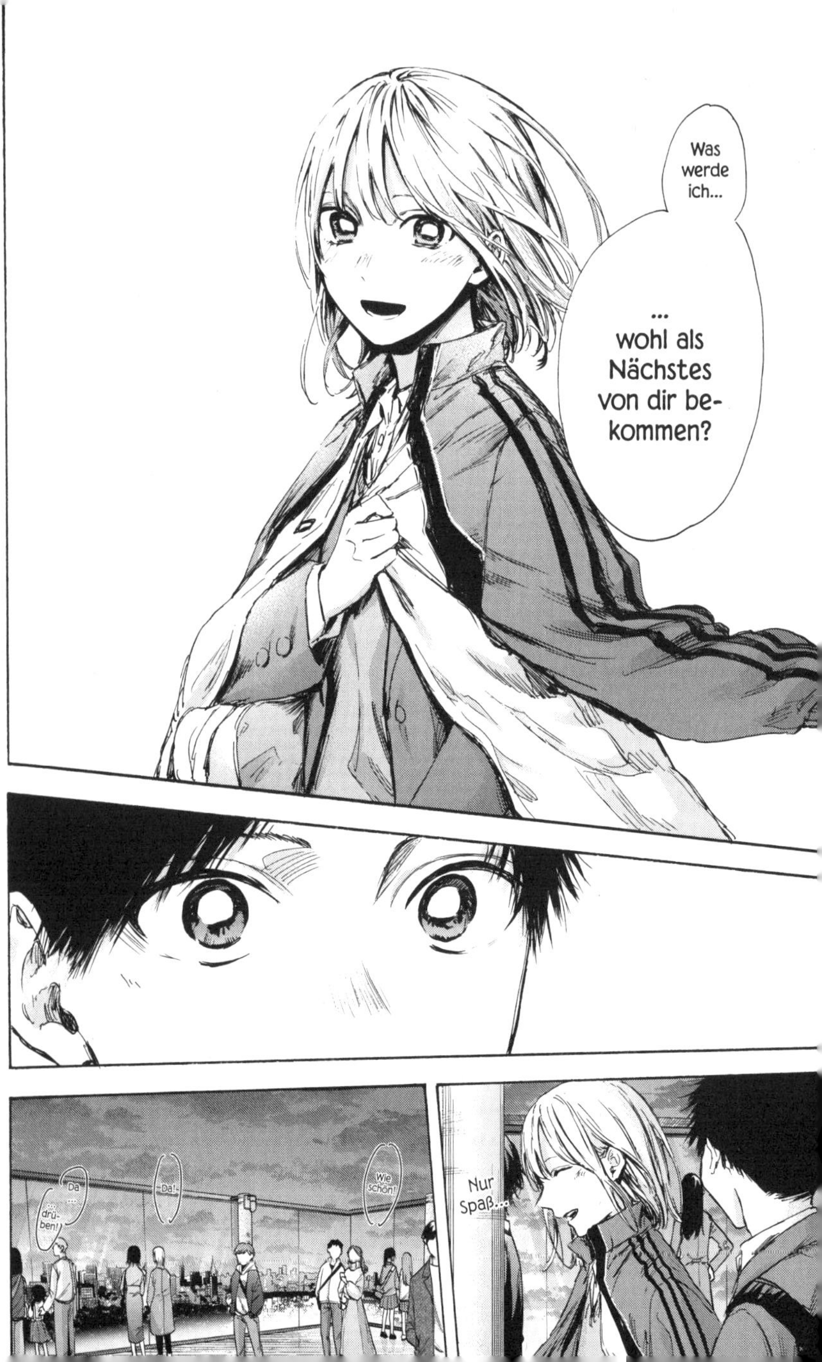
Was werde ich...
... wohl als Nächstes von dir bekommen?
Nur Spaß...
Wie schön!
Da!
Da ...
... drüben!

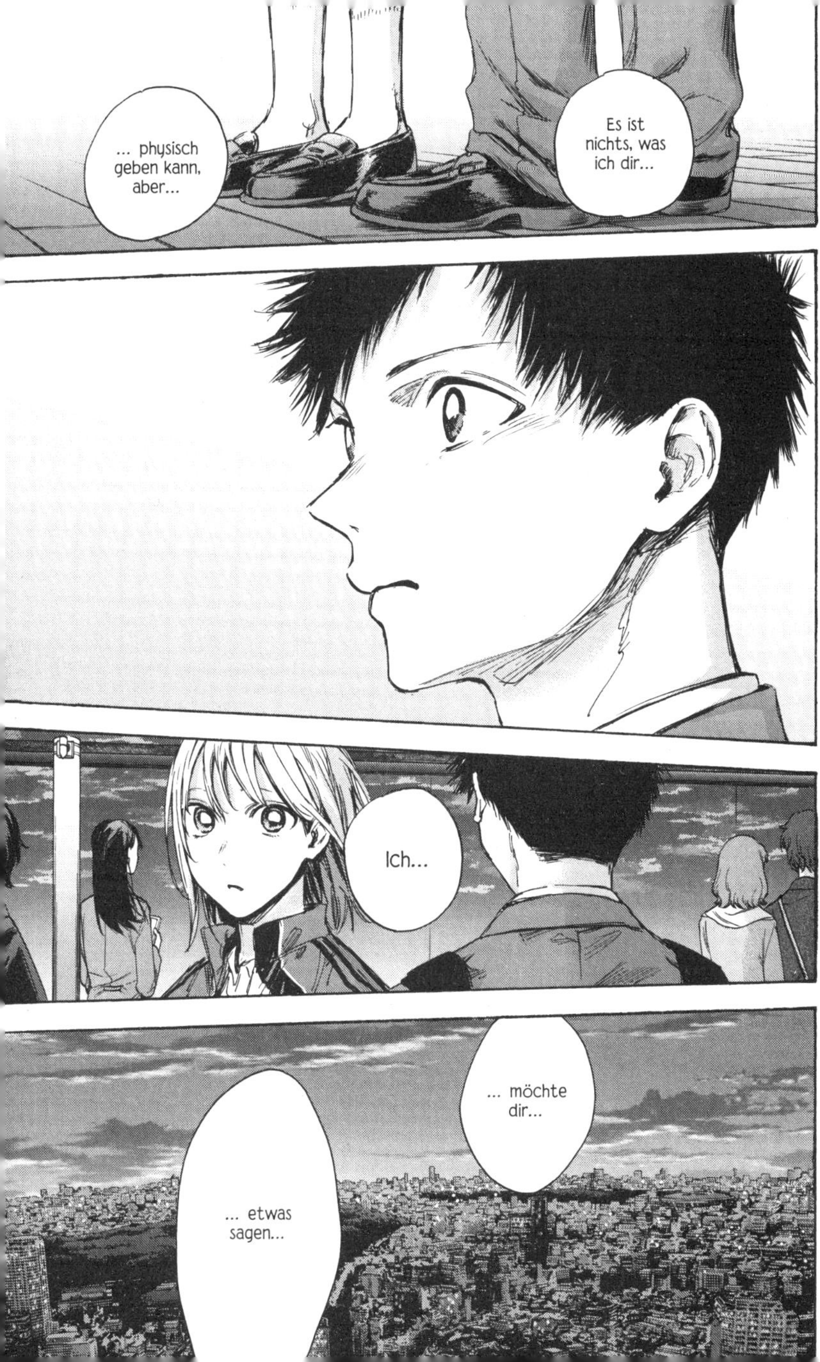
Es ist nichts, was ich dir...
... physisch geben kann, aber...
Ich...
... möchte dir...
... etwas sagen...

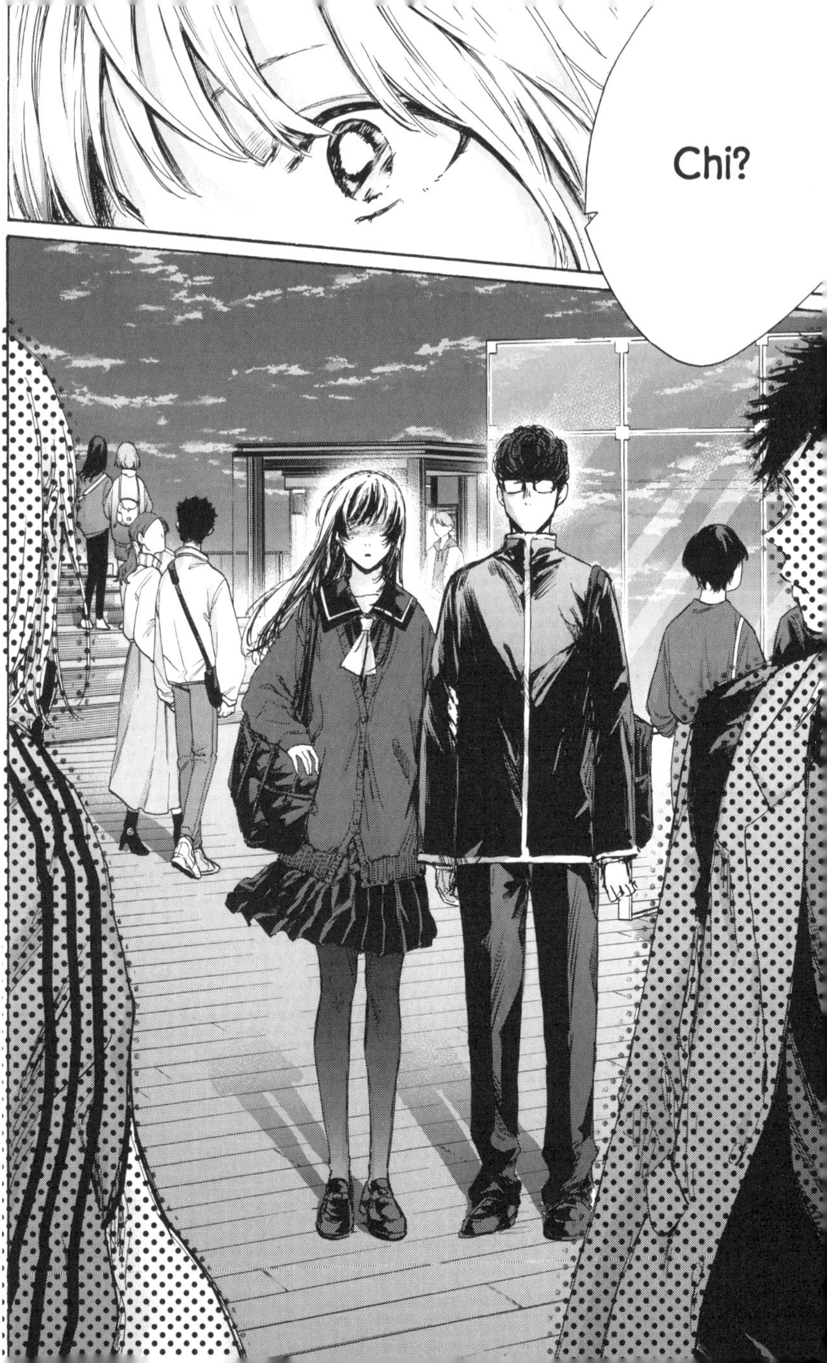
Chi?

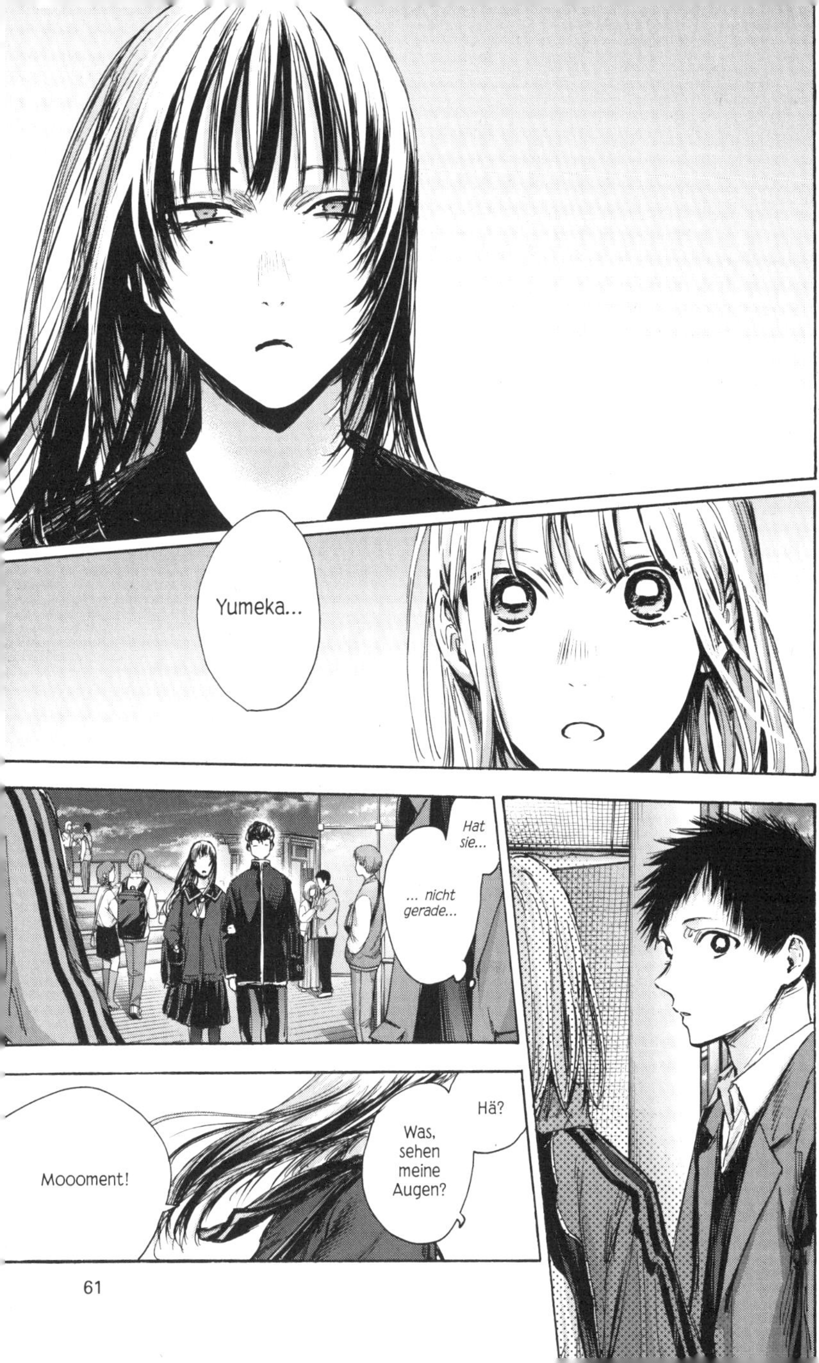
Yumeka...
Hat sie...
... nicht gerade...
Hä?
Was, sehen meine Augen?
Mooooment!

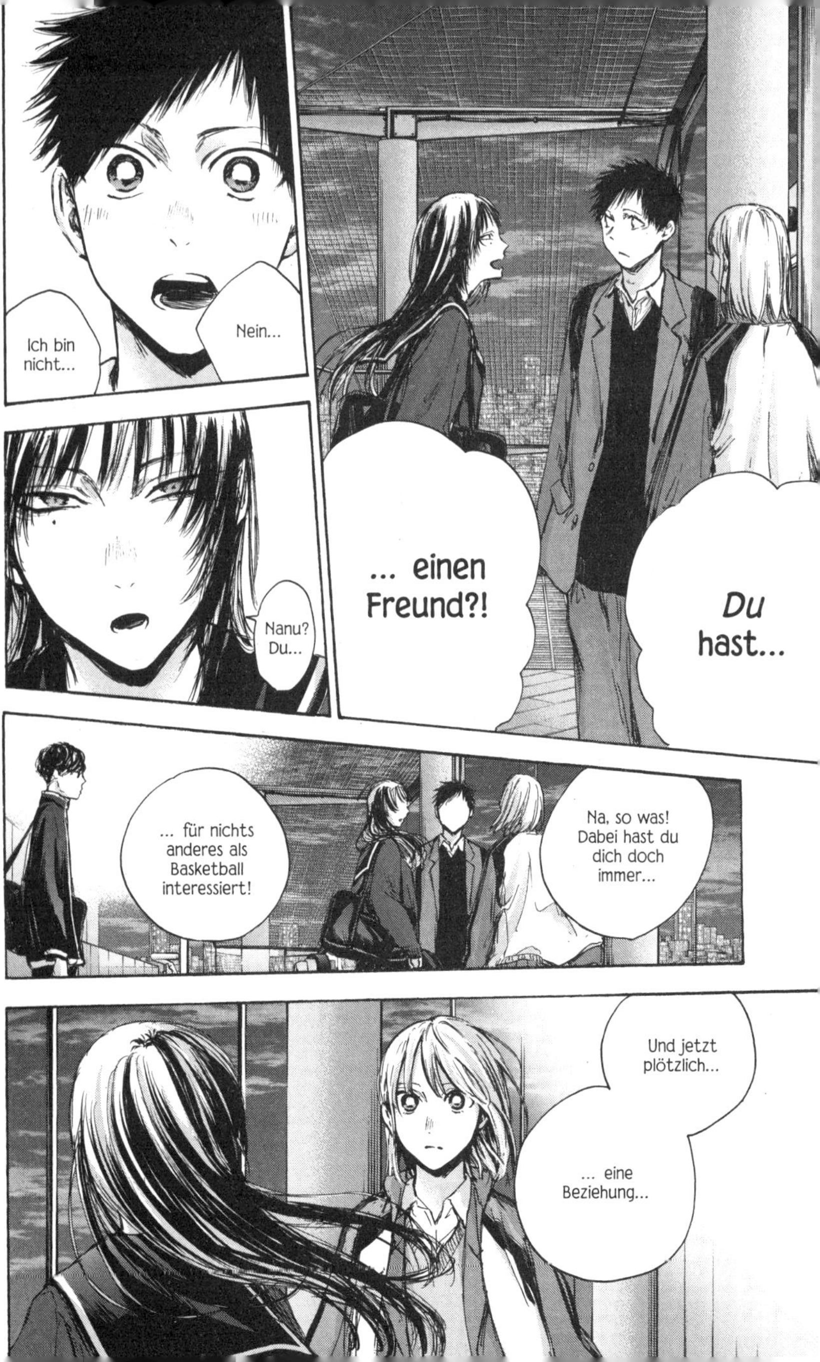
Du hast...
... einen Freund?!
Nein...
Ich bin nicht...
Nanu? Du...
Na, so was! Dabei hast du dich doch immer...
... für nichts anderes als Basketball interessiert!
Und jetzt plötzlich...
... eine Beziehung...

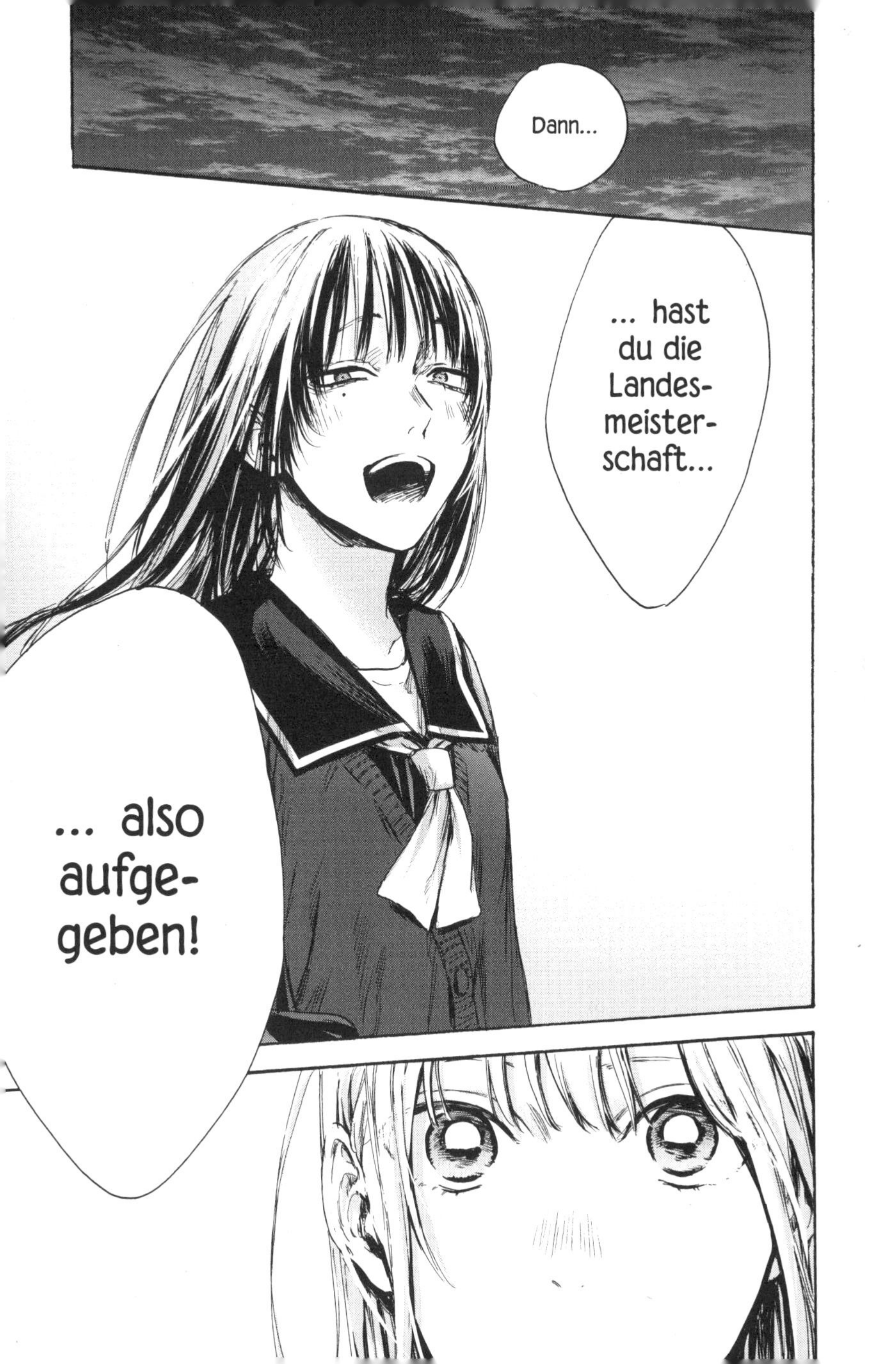
Dann...
... hast du die Landes-meister-schaft...
... also aufge-geben!

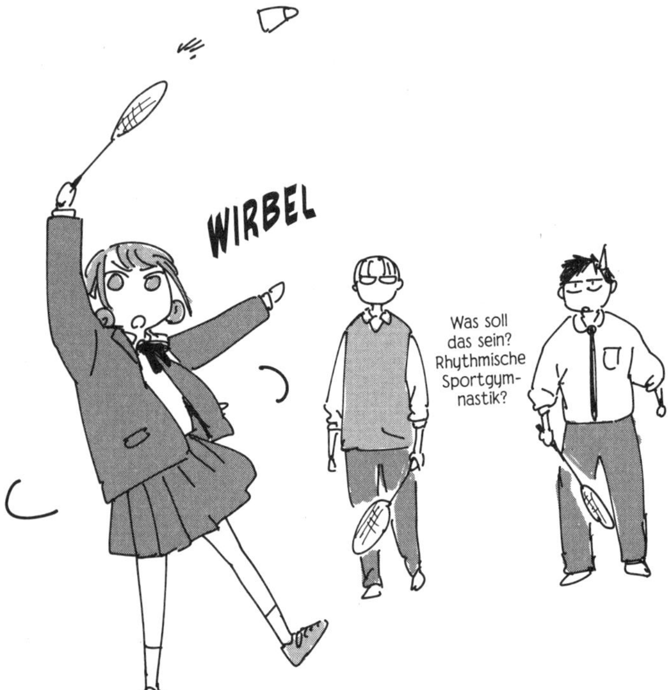
WIRBEL
Was soll das sein? Rhythmische Sportgymnastik?

#84 Was für ein Gefühl

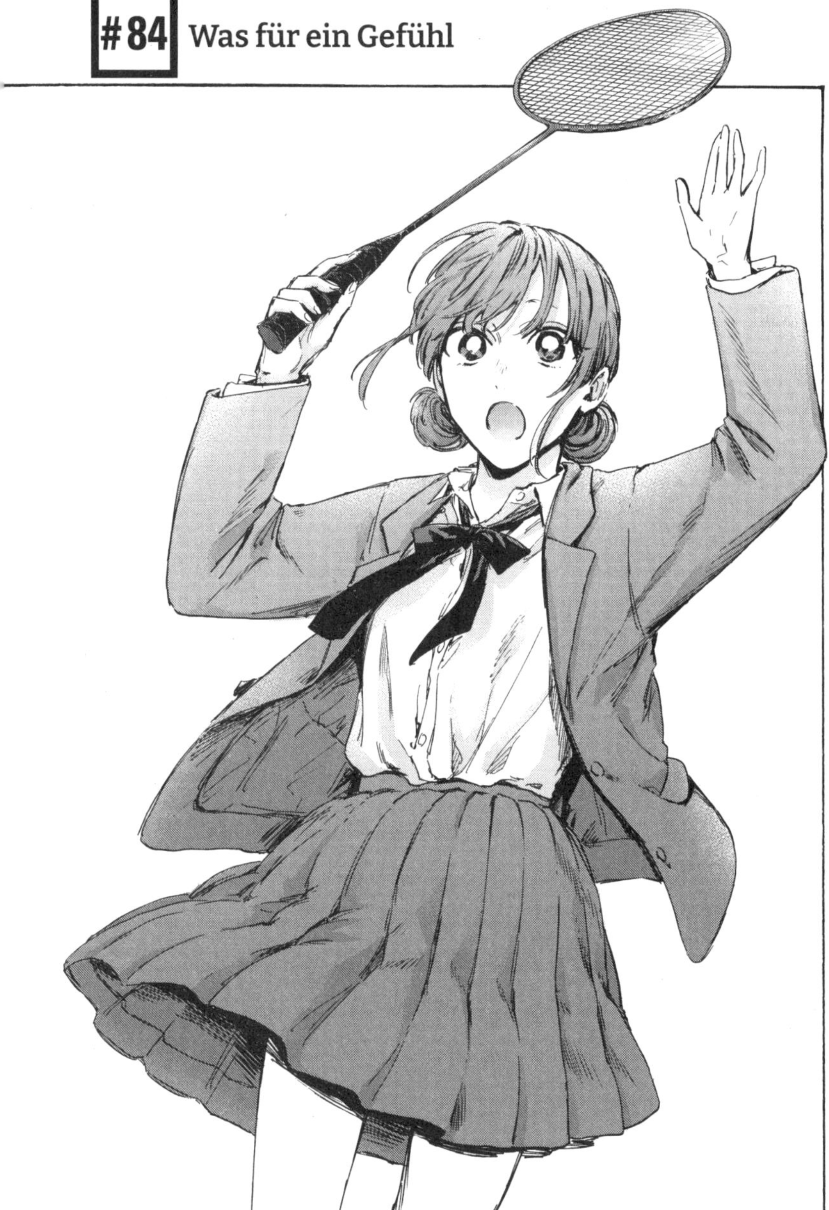

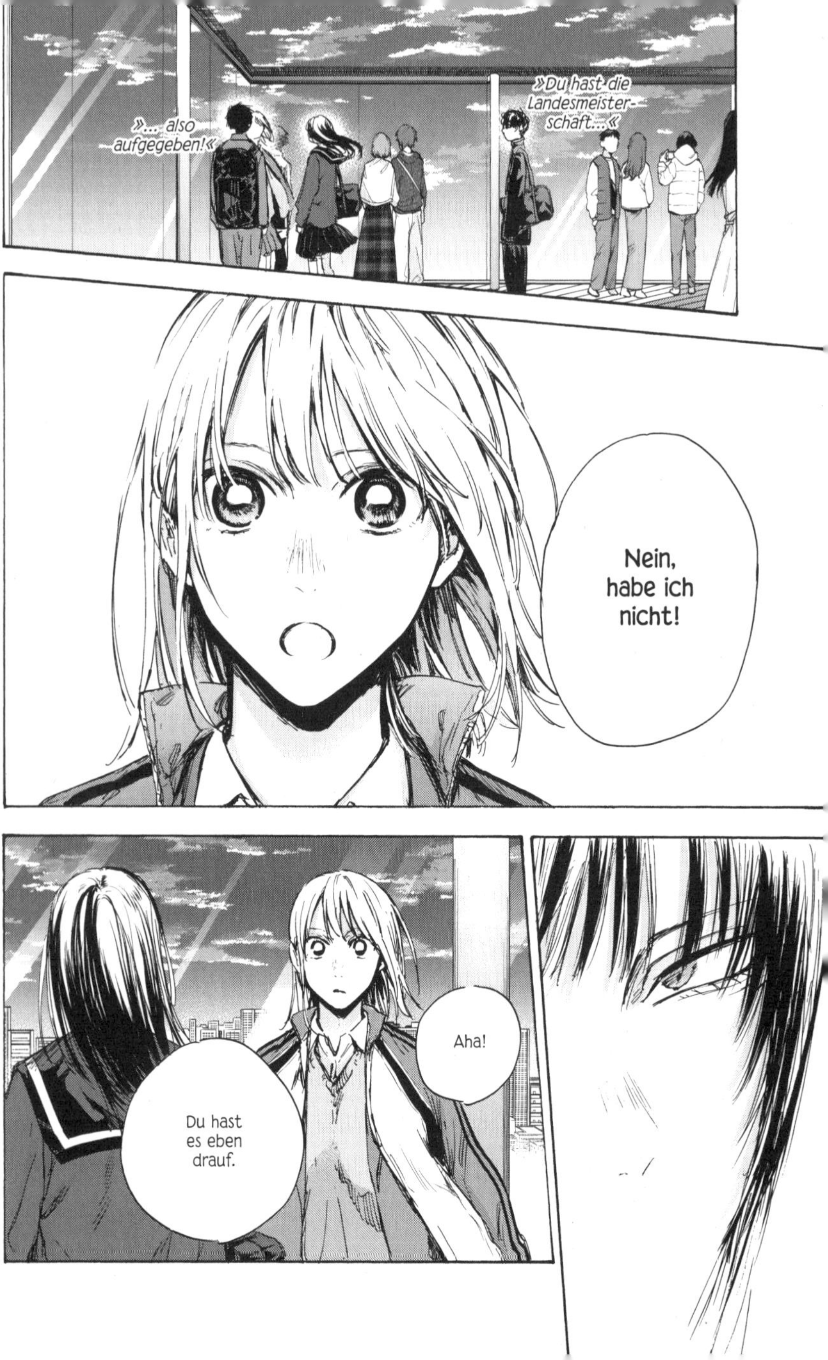
»Du hast die Landesmeister-schaft...«
»... also aufgegeben!«
Nein, habe ich nicht!
Aha!
Du hast es eben drauf.

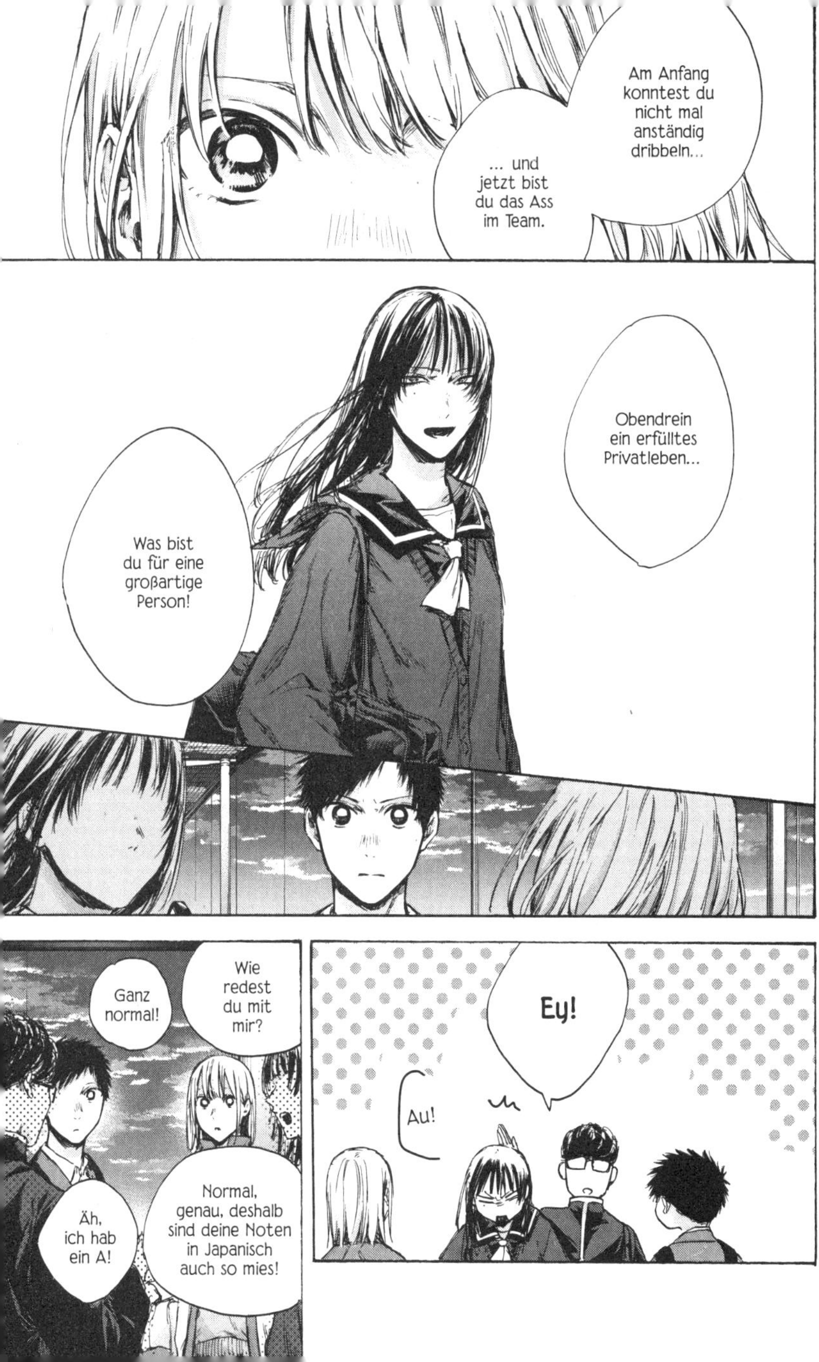
Am Anfang konntest du nicht mal anständig dribbeln...
... und jetzt bist du das Ass im Team.
Obendrein ein erfülltes Privatleben...
Was bist du für eine großartige Person!
Ey!
Au!
Wie redest du mit mir?
Ganz normal!
Normal, genau, deshalb sind deine Noten in Japanisch auch so mies!
Äh, ich hab ein A!

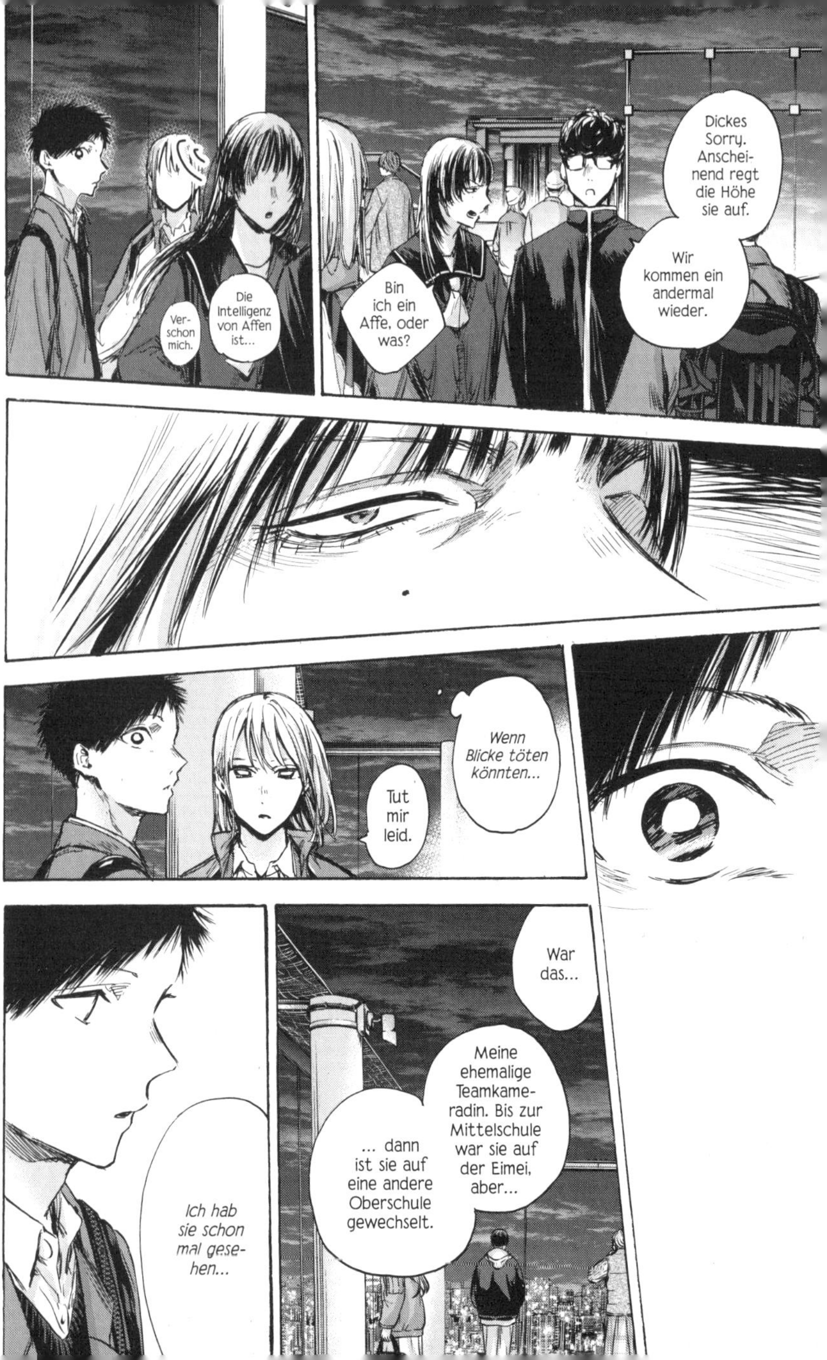

Dickes Sorry. Anschei-nend regt die Höhe sie auf.
Wir kommen ein andermal wieder.
Bin ich ein Affe, oder was?
Die Intelligenz von Affen ist...
Ver-schon mich.
Wenn Blicke töten könnten...
Tut mir leid.
War das...
Meine ehemalige Teamkame-radin. Bis zur Mittelschule war sie auf der Eimei, aber...
... dann ist sie auf eine andere Oberschule gewechselt.
Ich hab sie schon mal gese-hen...

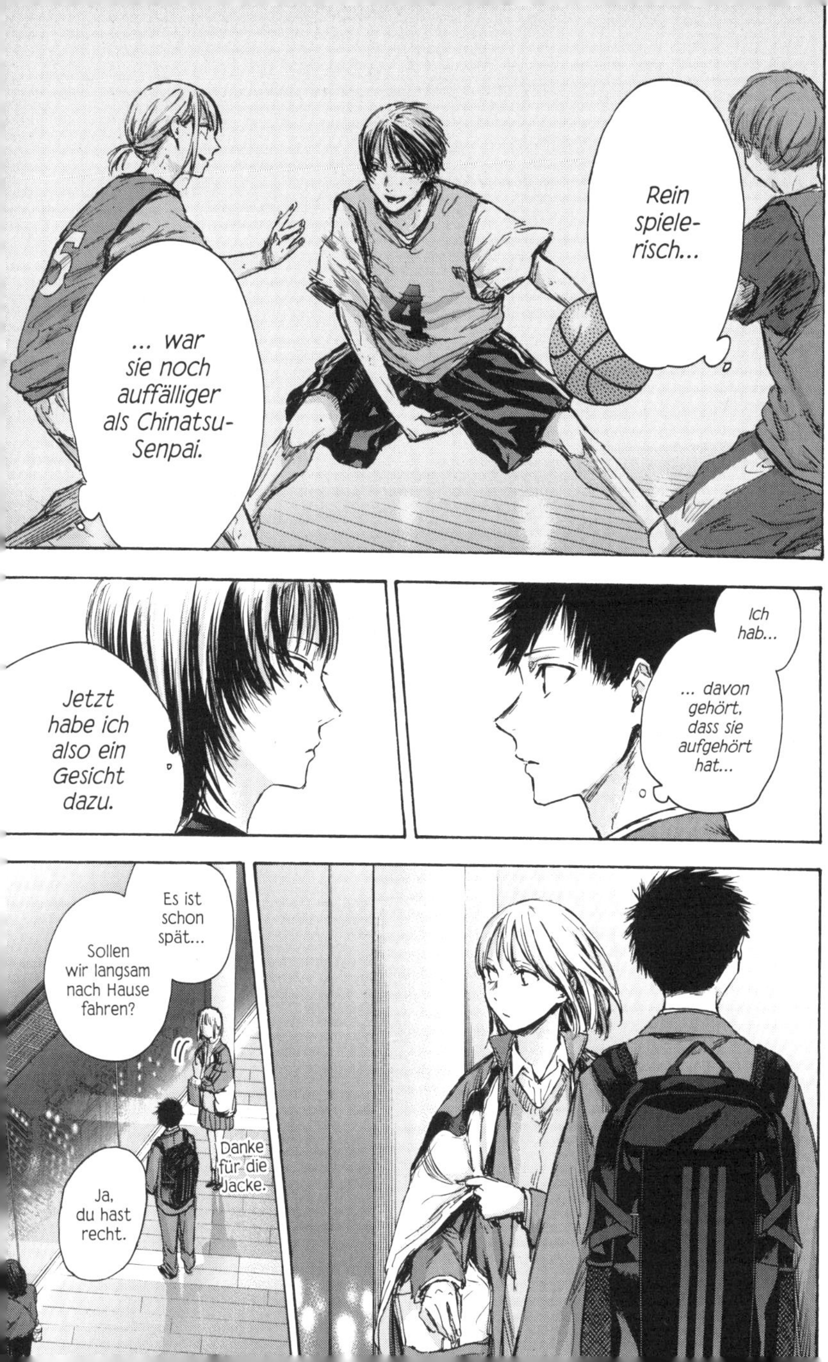
Rein spielerisch...
... war sie noch auffälliger als Chinatsu-Senpai.
Ich hab...
... davon gehört, dass sie aufgehört hat...
Jetzt habe ich also ein Gesicht dazu.
Es ist schon spät...
Sollen wir langsam nach Hause fahren?
Danke für die Jacke.
Ja, du hast recht.

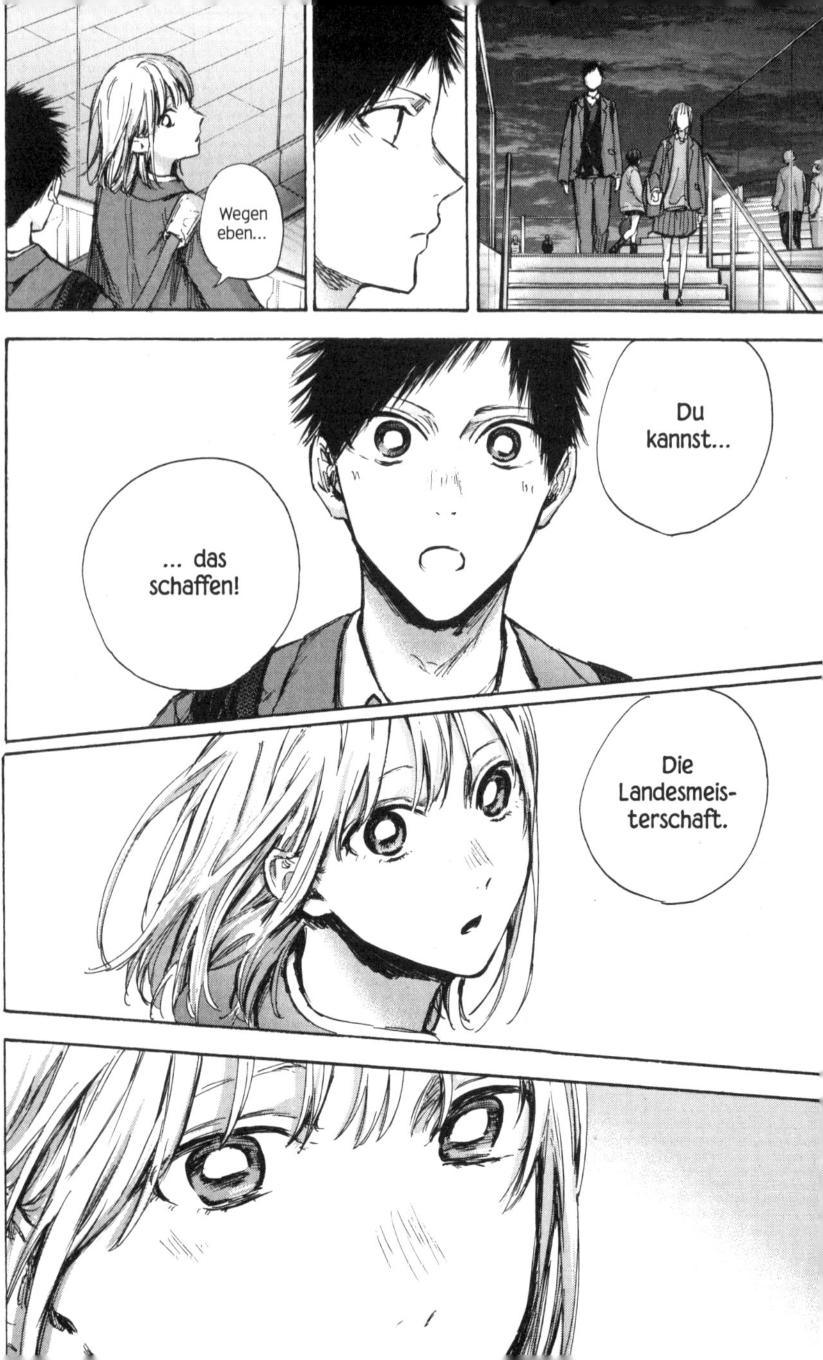
Wegen eben...
Du kannst...
... das schaffen!
Die Landesmeis-terschaft.

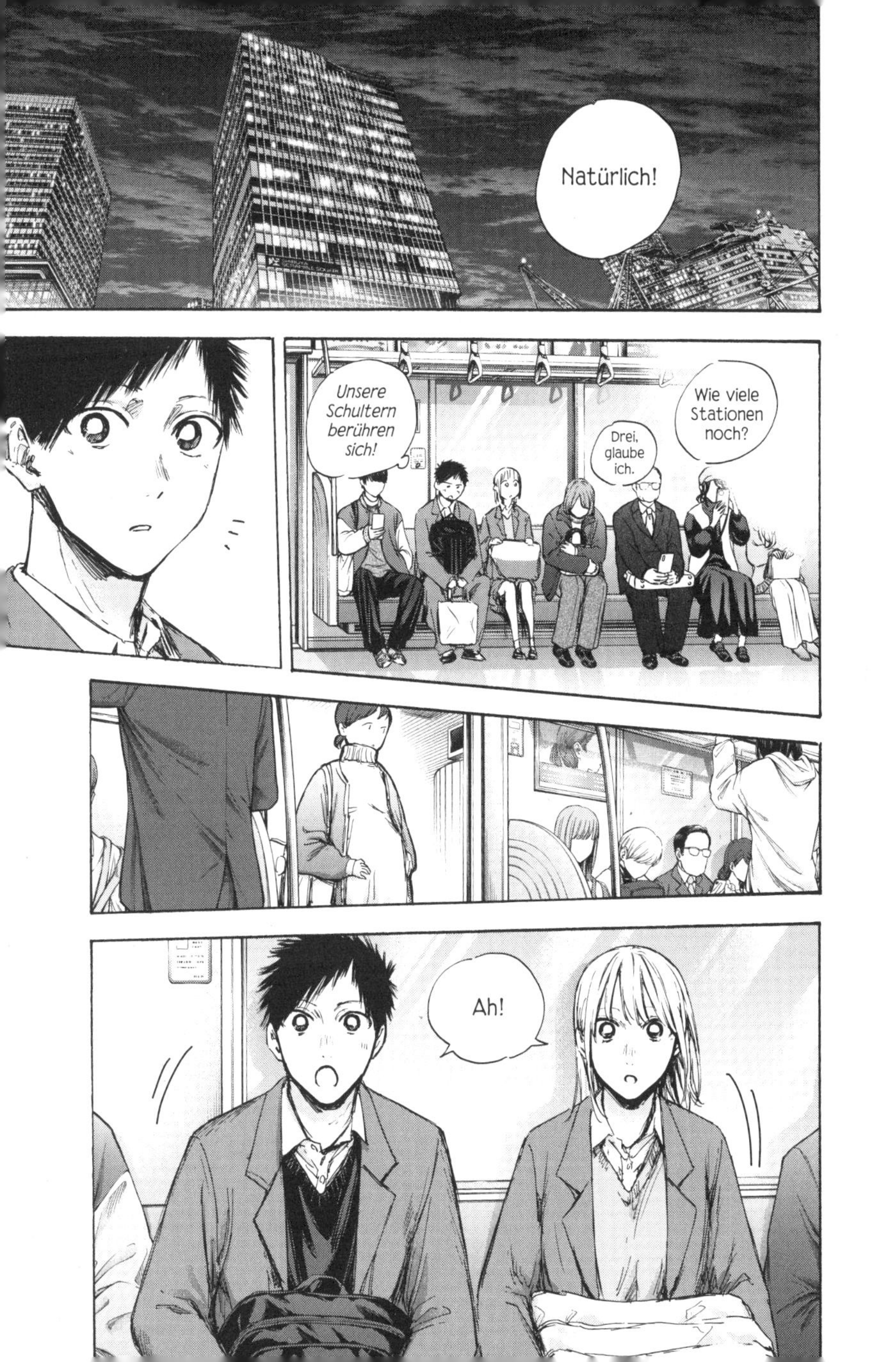
Natürlich!
Wie viele Stationen noch?
Drei, glaube ich.
Unsere Schultern berühren sich!
Ah!

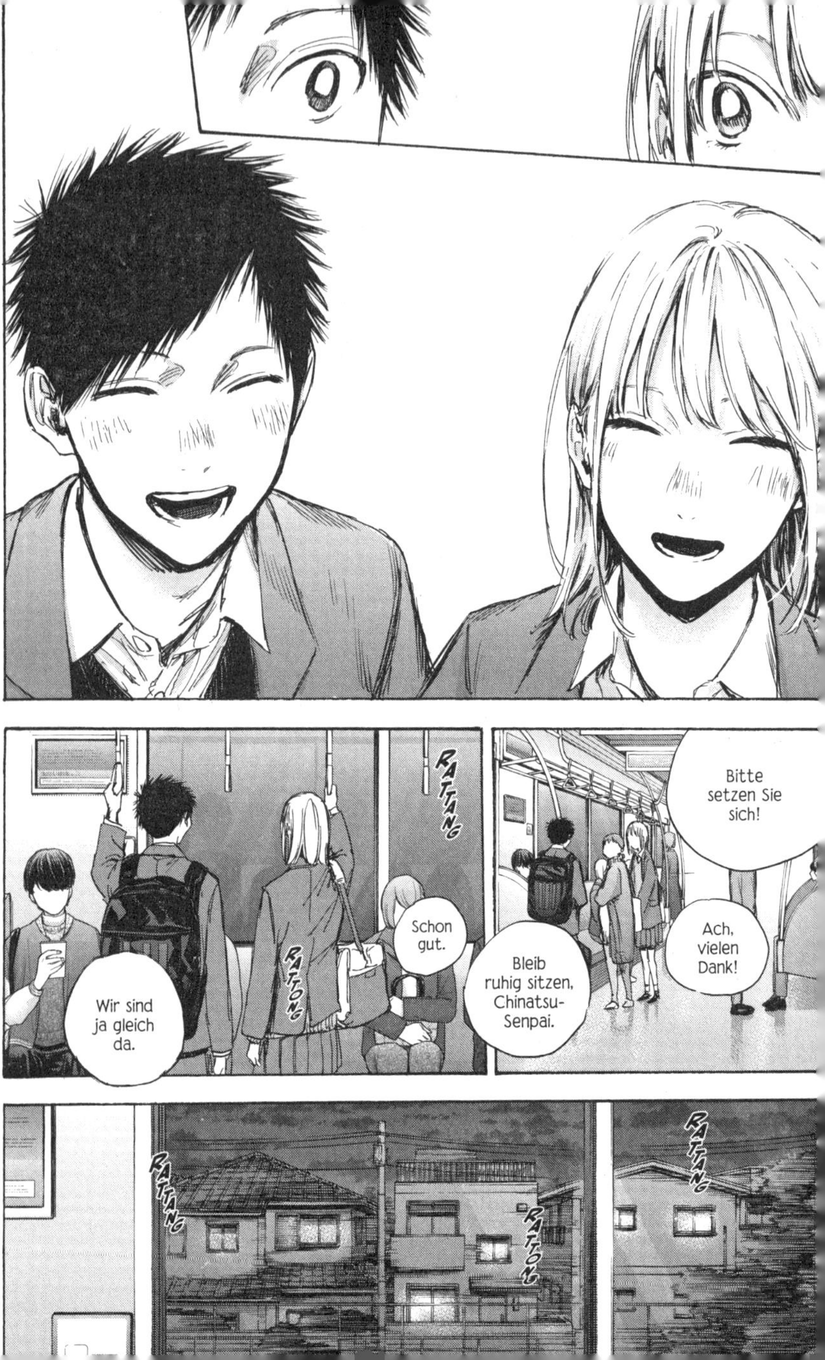

Bitte setzen Sie sich!
Ach, vielen Dank!
Bleib ruhig sitzen, Chinatsu-Senpai.
RATTANG
Schon gut.
RATTONG
Wir sind ja gleich da.
RATTANG
RATTONG
RATTANG

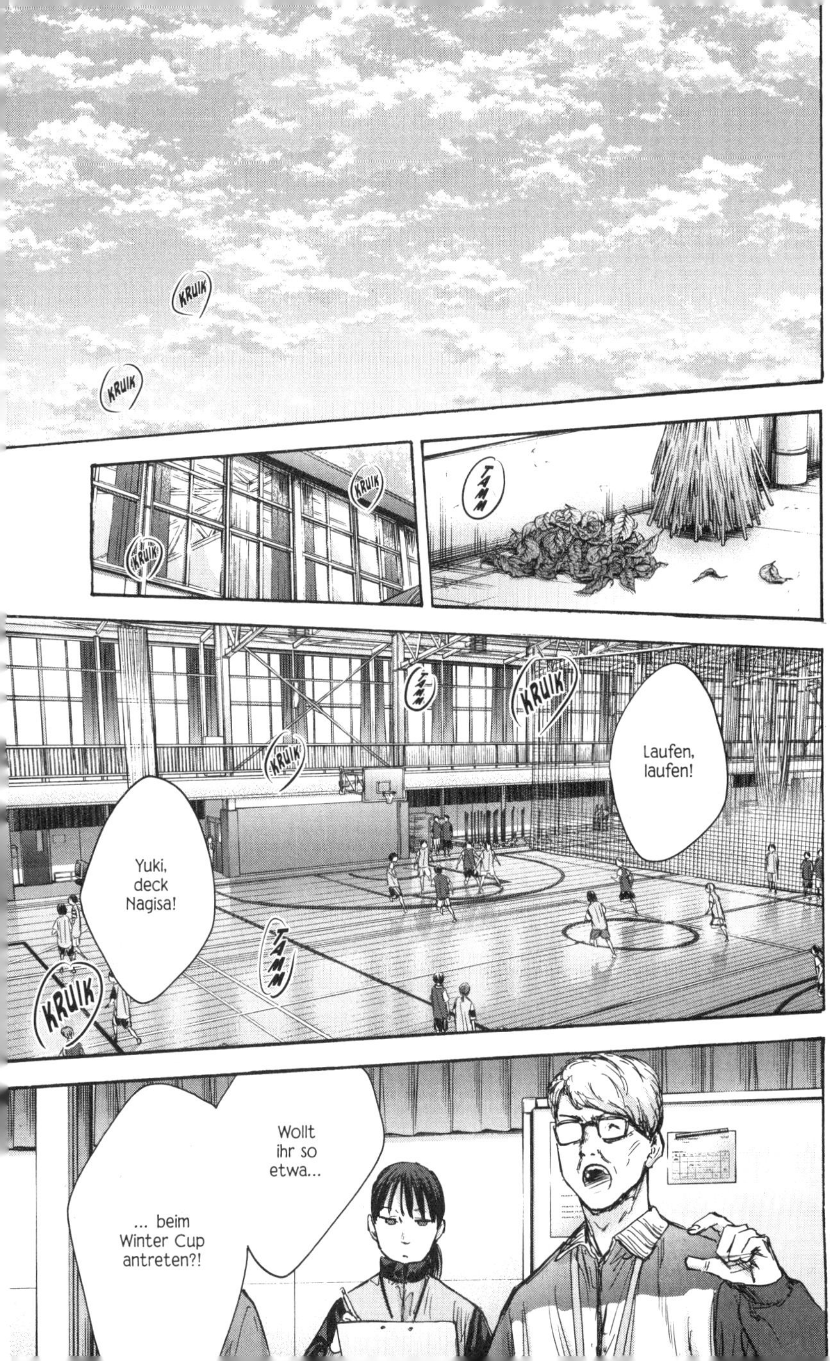
KRUIK
KRUIK
KRUIK
KRUIK
TAMM
KRUIK
TAMM
Laufen, laufen!
KRUIK
Yuki, deck Nagisa!
TAMM
KRUIK
Wollt ihr so etwa...
... beim Winter Cup antreten?!

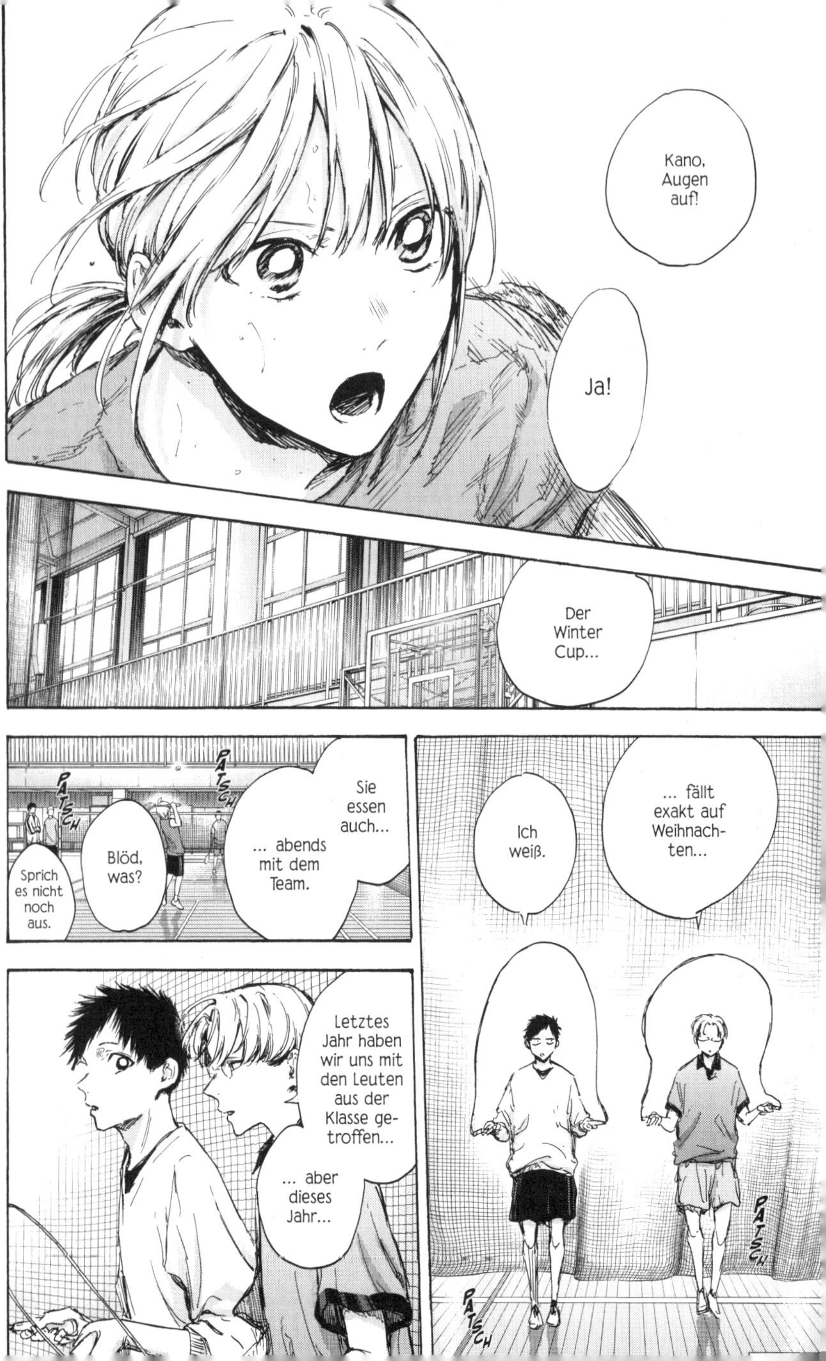
Kano, Augen auf!
Ja!
Der Winter Cup...
... fällt exakt auf Weihnachten...
Ich weiß.
Sie essen auch...
... abends mit dem Team.
PATSCH
Blöd, was?
PATSCH
Sprich es nicht noch aus.
Letztes Jahr haben wir uns mit den Leuten aus der Klasse getroffen...
... aber dieses Jahr...
PATSCH
PATSCH

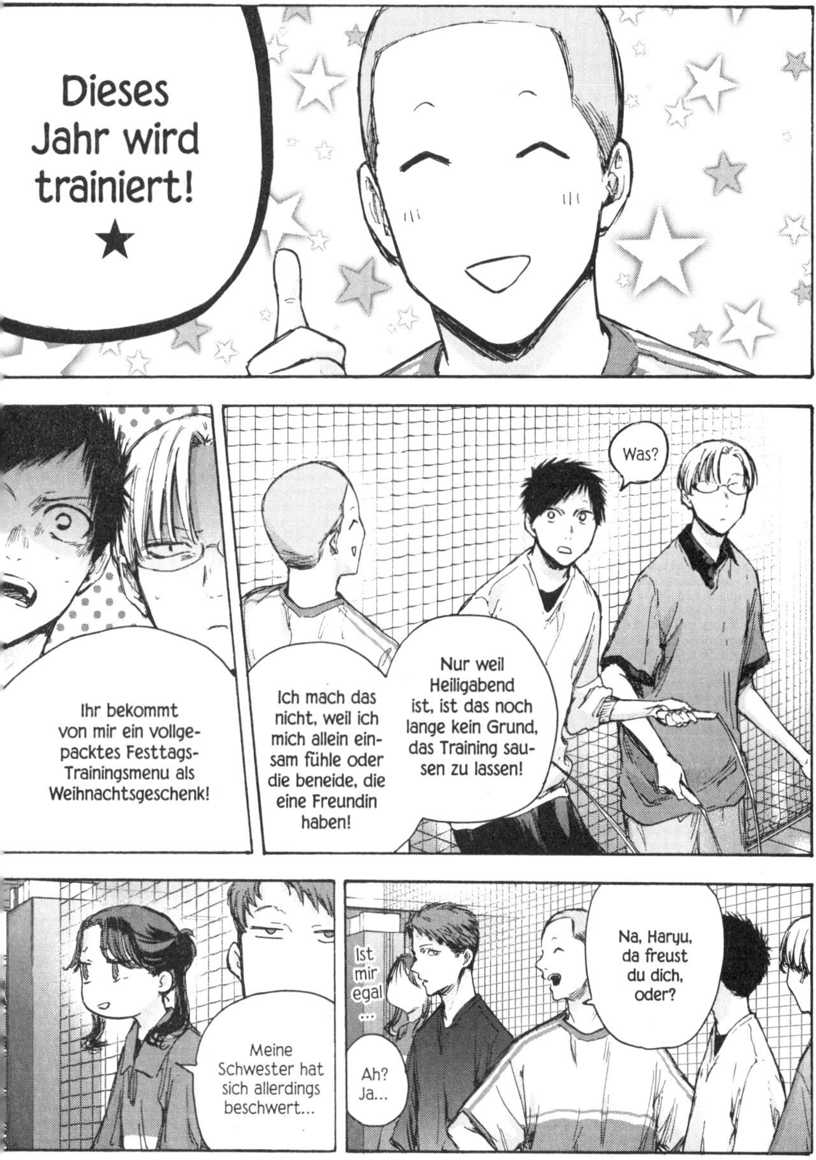
Dieses Jahr wird trainiert! ★
Was?
Nur weil Heiligabend ist, ist das noch lange kein Grund, das Training sausen zu lassen!
Ich mach das nicht, weil ich mich allein einsam fühle oder die beneide, die eine Freundin haben!
Ihr bekommt von mir ein vollgepacktes Festtags-Trainingsmenu als Weihnachtsgeschenk!
Na, Haryu, da freust du dich, oder?
Ah? Ja...
Ist mir egal...
Meine Schwester hat sich allerdings beschwert...

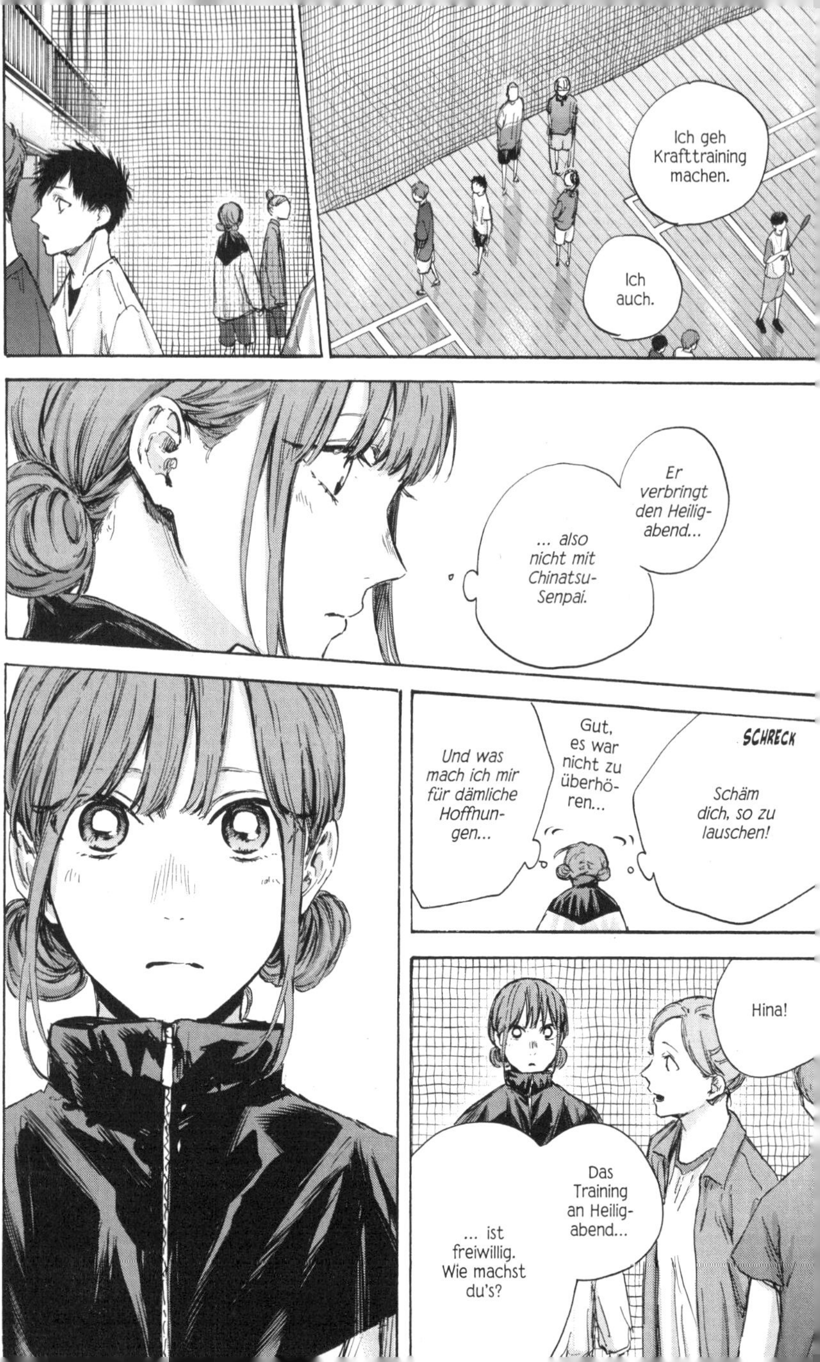

Ich geh Krafttraining machen.
Ich auch.
Er verbringt den Heilig-abend...
... also nicht mit Chinatsu-Senpai.
SCHRECK
Schäm dich, so zu lauschen!
Gut, es war nicht zu überhö-ren...
Und was mach ich mir für dämliche Hoffnun-gen...
Hina!
Das Training an Heilig-abend...
... ist freiwillig. Wie machst du's?

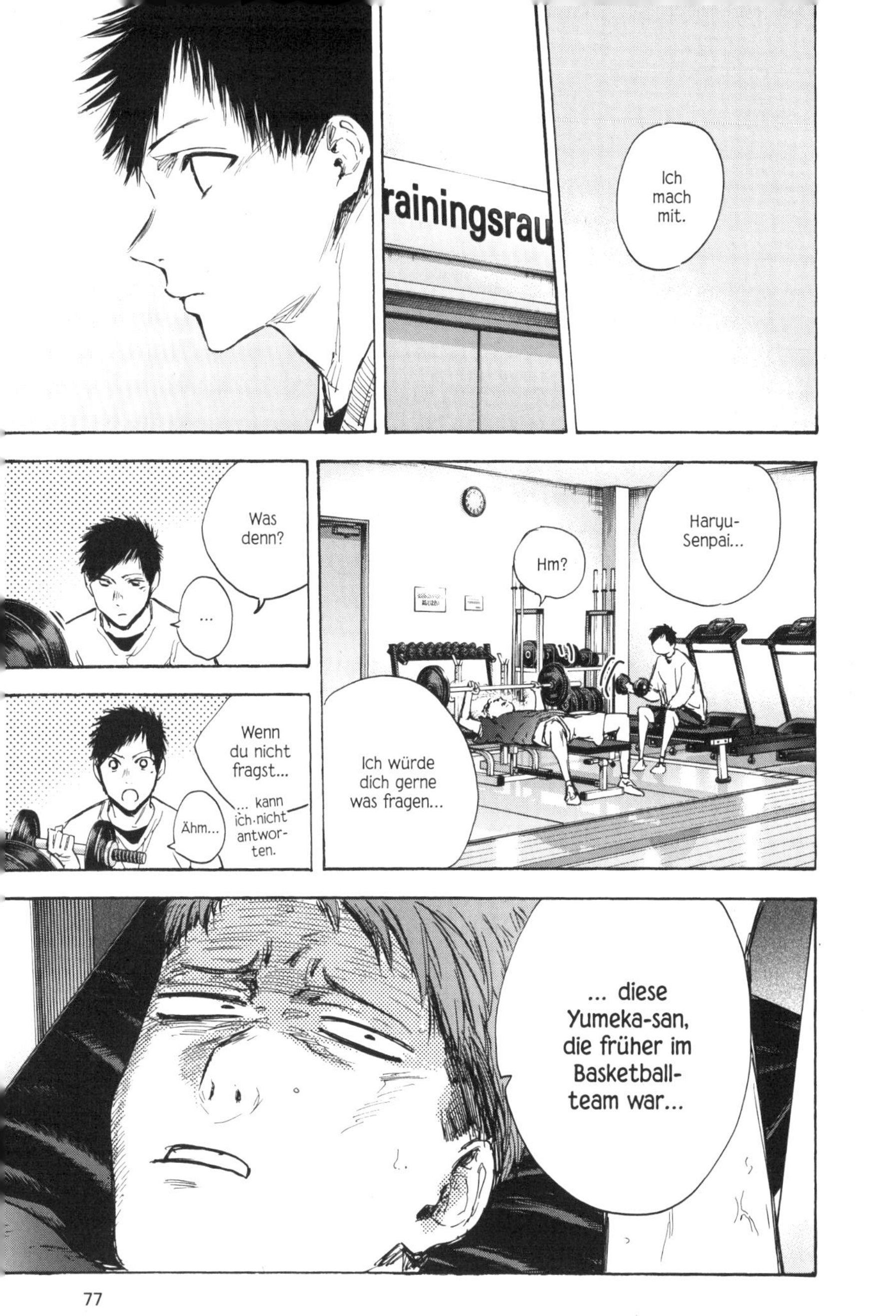
Ich mach mit.
rainingsrau
Haryu-Senpai...
Hm?
Ich würde dich gerne was fragen...
Was denn?
...
Wenn du nicht fragst...
... kann ich nicht antworten.
Ähm...
... diese Yumeka-san, die früher im Basketballteam war...

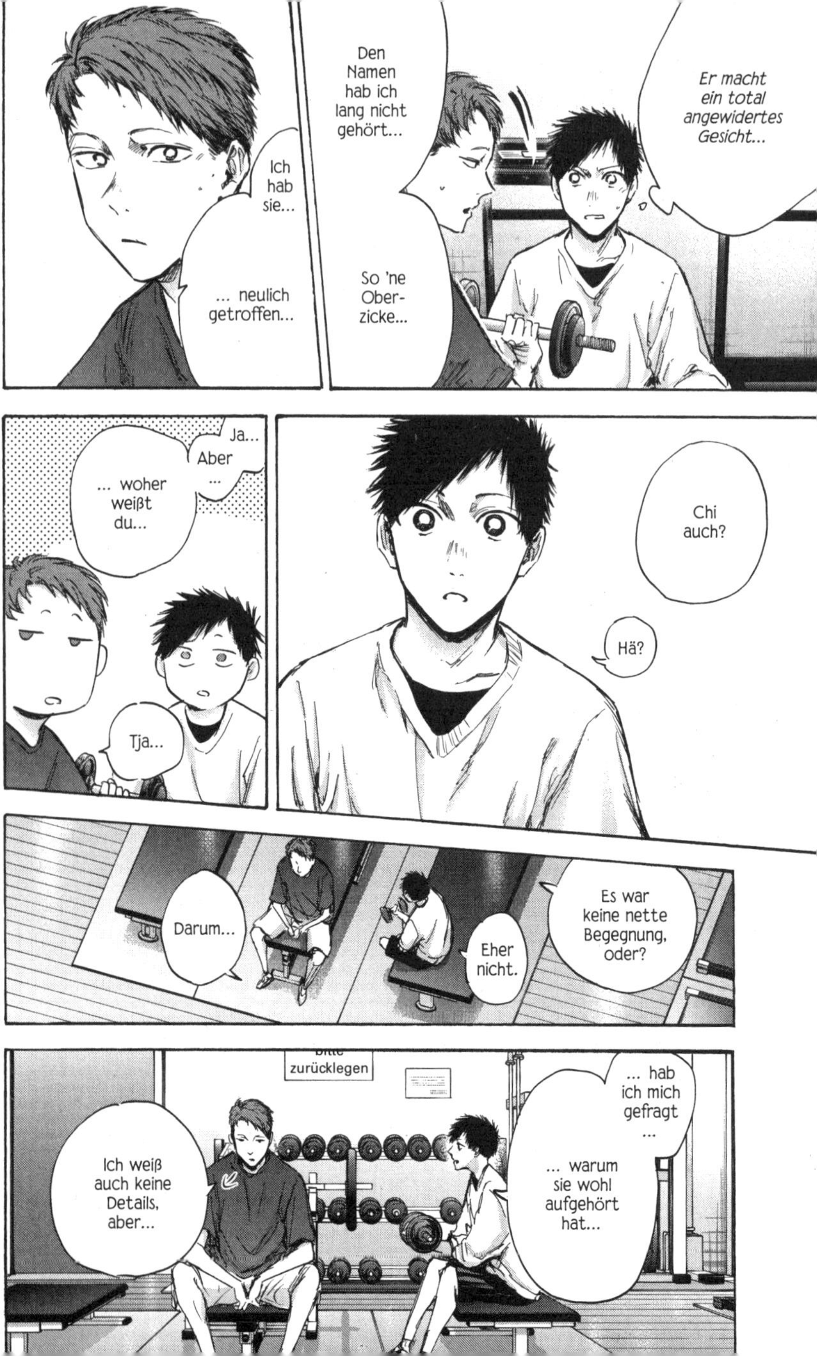

Er macht ein total angewidertes Gesicht...
Den Namen hab ich lang nicht gehört...
So 'ne Oberzicke...
Ich hab sie...
... neulich getroffen...
Chi auch?
Hä?
Ja... Aber ...
... woher weißt du...
Tja...
Es war keine nette Begegnung, oder?
Eher nicht.
Darum...
zurücklegen
... hab ich mich gefragt ...
... warum sie wohl aufgehört hat...
Ich weiß auch keine Details, aber...

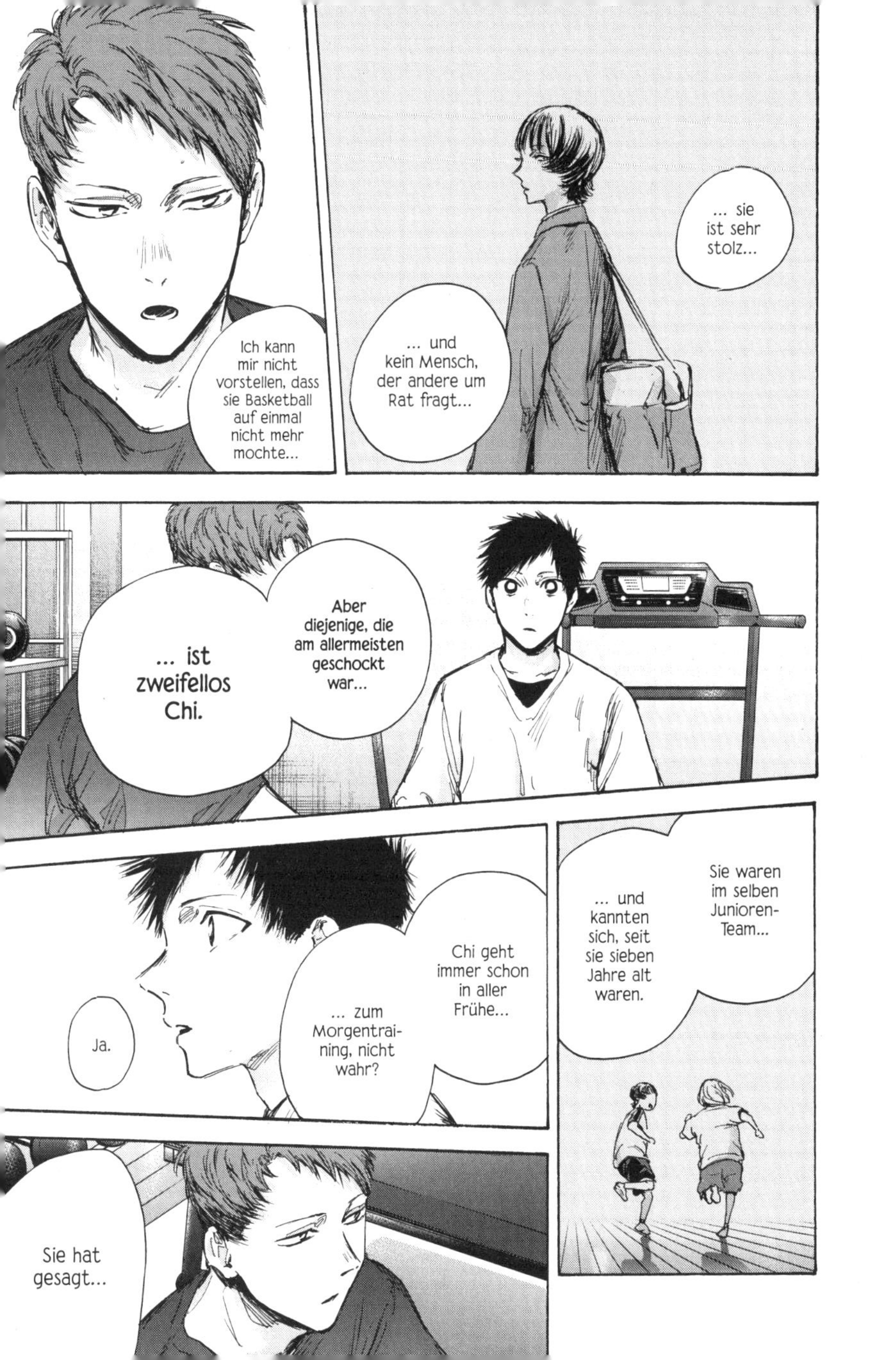
... sie ist sehr stolz...
... und kein Mensch, der andere um Rat fragt...
Ich kann mir nicht vorstellen, dass sie Basketball auf einmal nicht mehr mochte...
Aber diejenige, die am allermeisten geschockt war...
... ist zweifellos Chi.
Sie waren im selben Junioren-Team...
... und kannten sich, seit sie sieben Jahre alt waren.
Chi geht immer schon in aller Frühe...
... zum Morgentrai-ning, nicht wahr?
Ja.
Sie hat gesagt...

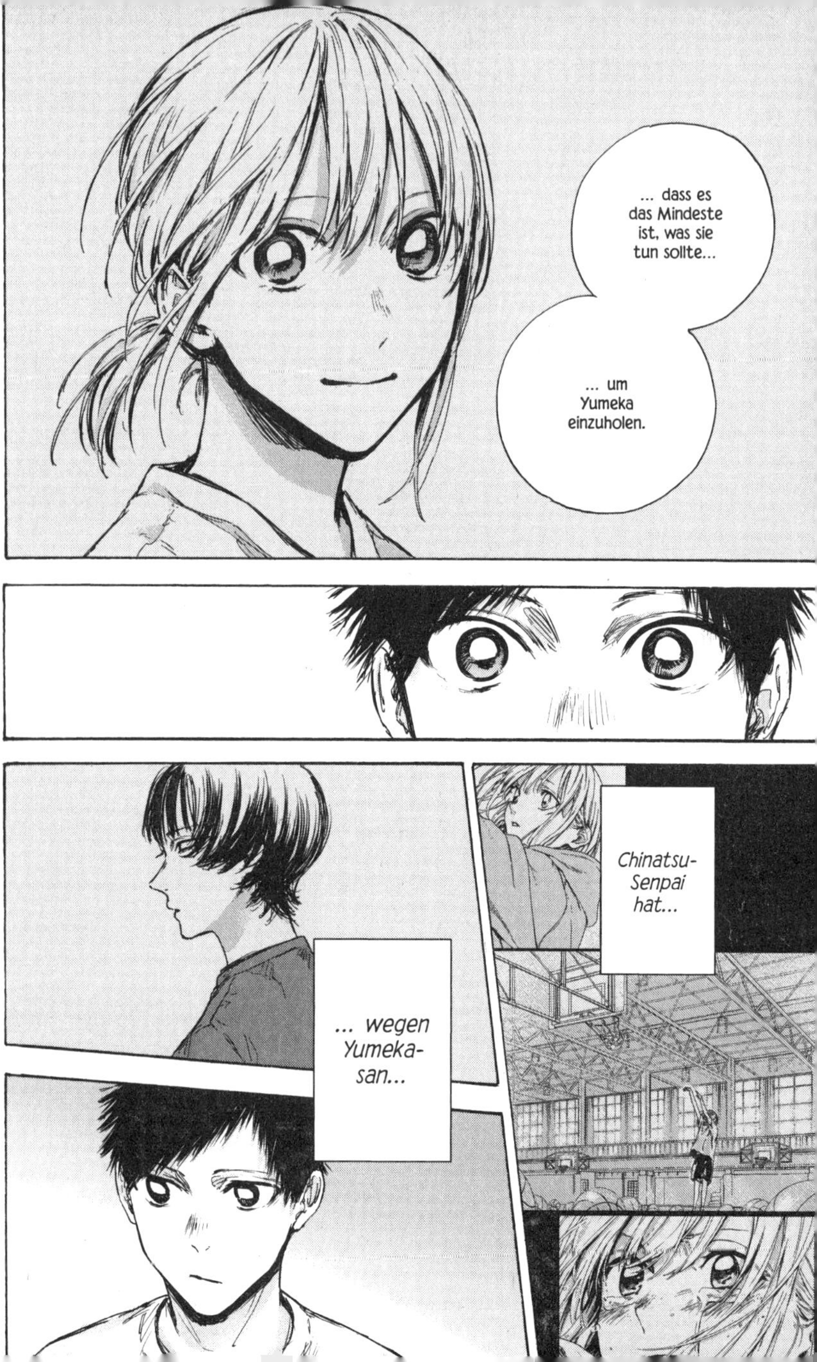
... dass es das Mindeste ist, was sie tun sollte...
... um Yumeka einzuholen.
Chinatsu-Senpai hat...
... wegen Yumeka-san...

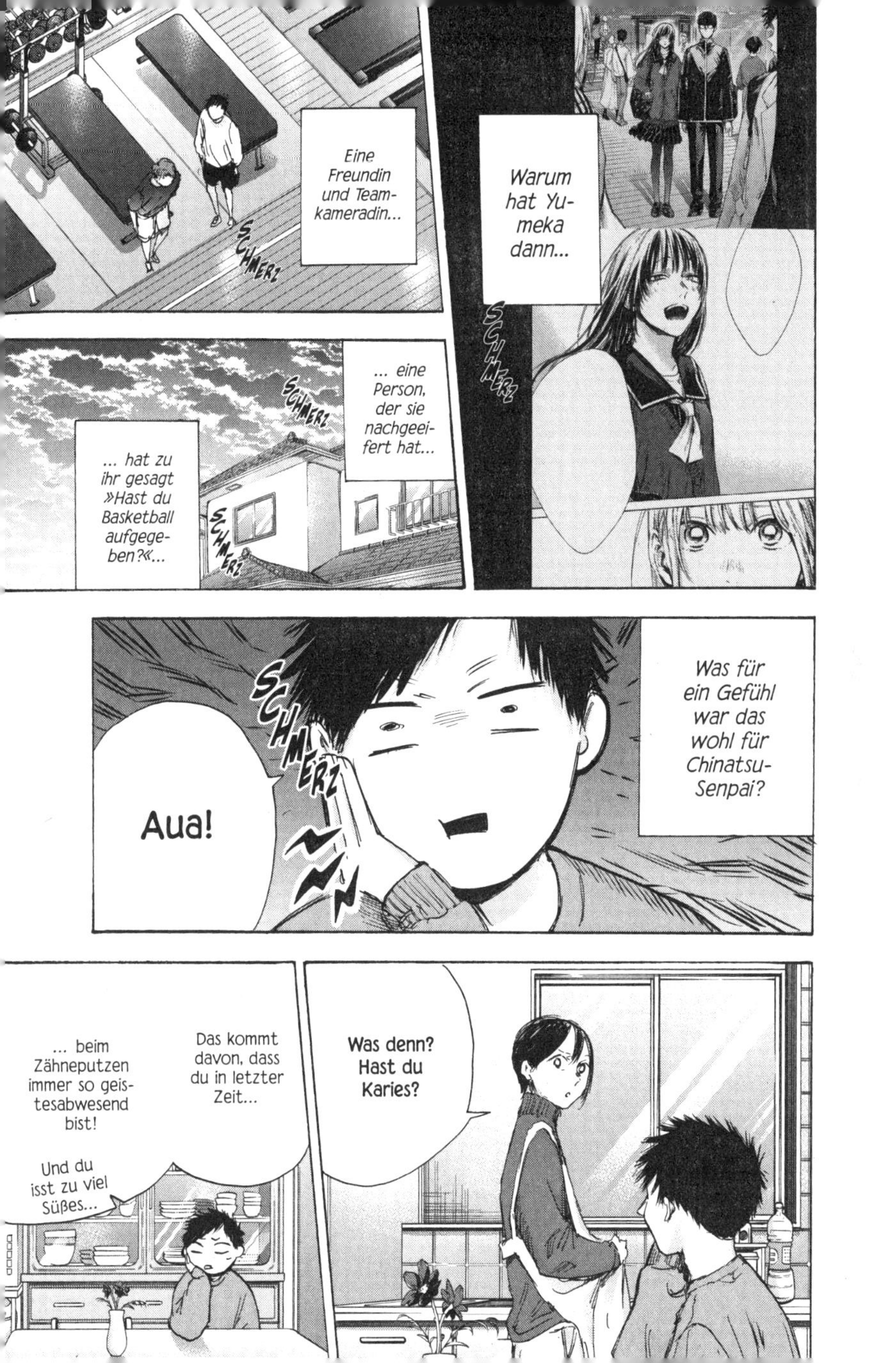
Warum hat Yumeka dann...
SCHMERZ
Eine Freundin und Teamkameradin...
SCHMERZ
... eine Person, der sie nachgeeifert hat...
SCHMERZ
... hat zu ihr gesagt »Hast du Basketball aufgegeben?«...
SCHMERZ
Was für ein Gefühl war das wohl für Chinatsu-Senpai?
SCHMERZ
Aua!
Was denn? Hast du Karies?
Das kommt davon, dass du in letzter Zeit...
... beim Zähneputzen immer so geistesabwesend bist!
Und du isst zu viel Süßes...

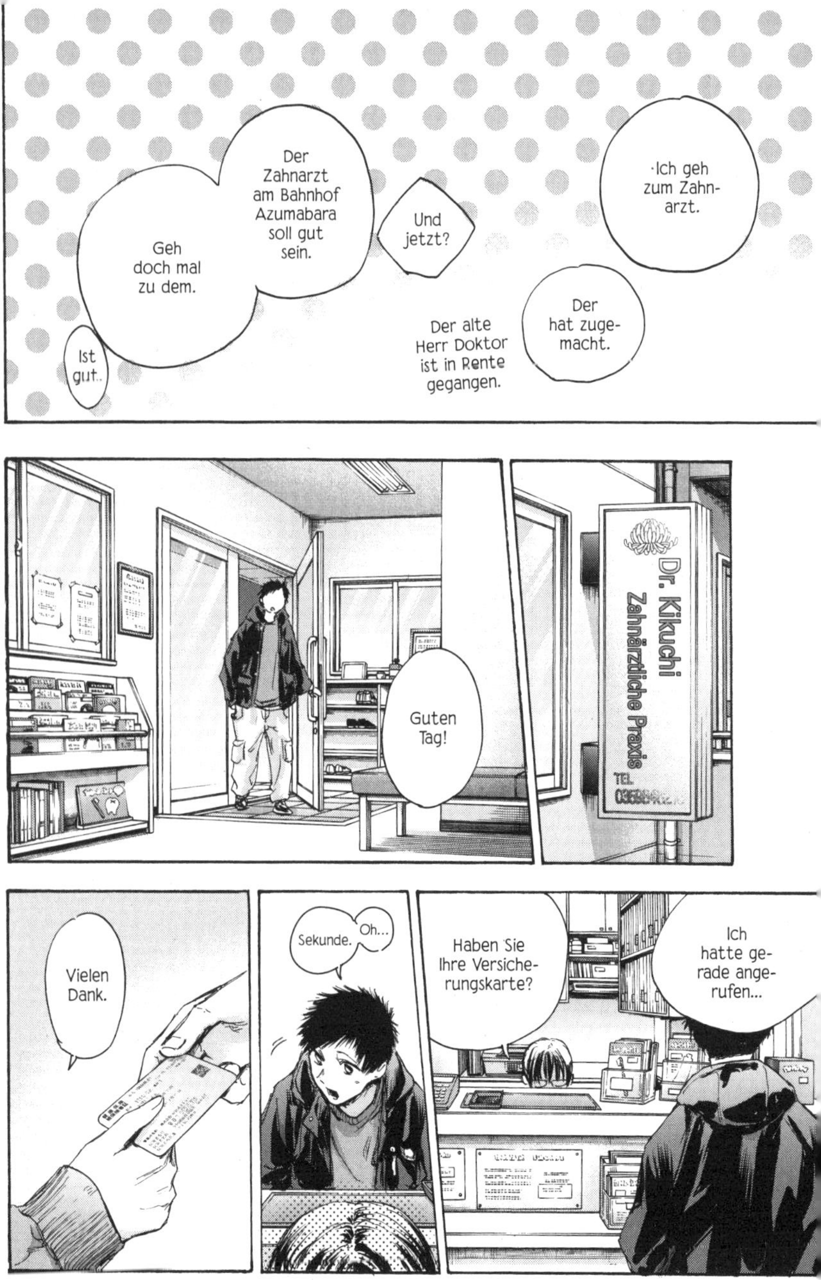
·Ich geh zum Zahnarzt.
Der hat zugemacht.
Der alte Herr Doktor ist in Rente gegangen.
Und jetzt?
Der Zahnarzt am Bahnhof Azumabara soll gut sein.
Geh doch mal zu dem.
Ist gut.
Dr. Kikuchi Zahnärztliche Praxis
TEL
Guten Tag!
Ich hatte gerade angerufen...
Haben Sie Ihre Versicherungskarte?
Oh...
Sekunde.
Vielen Dank.

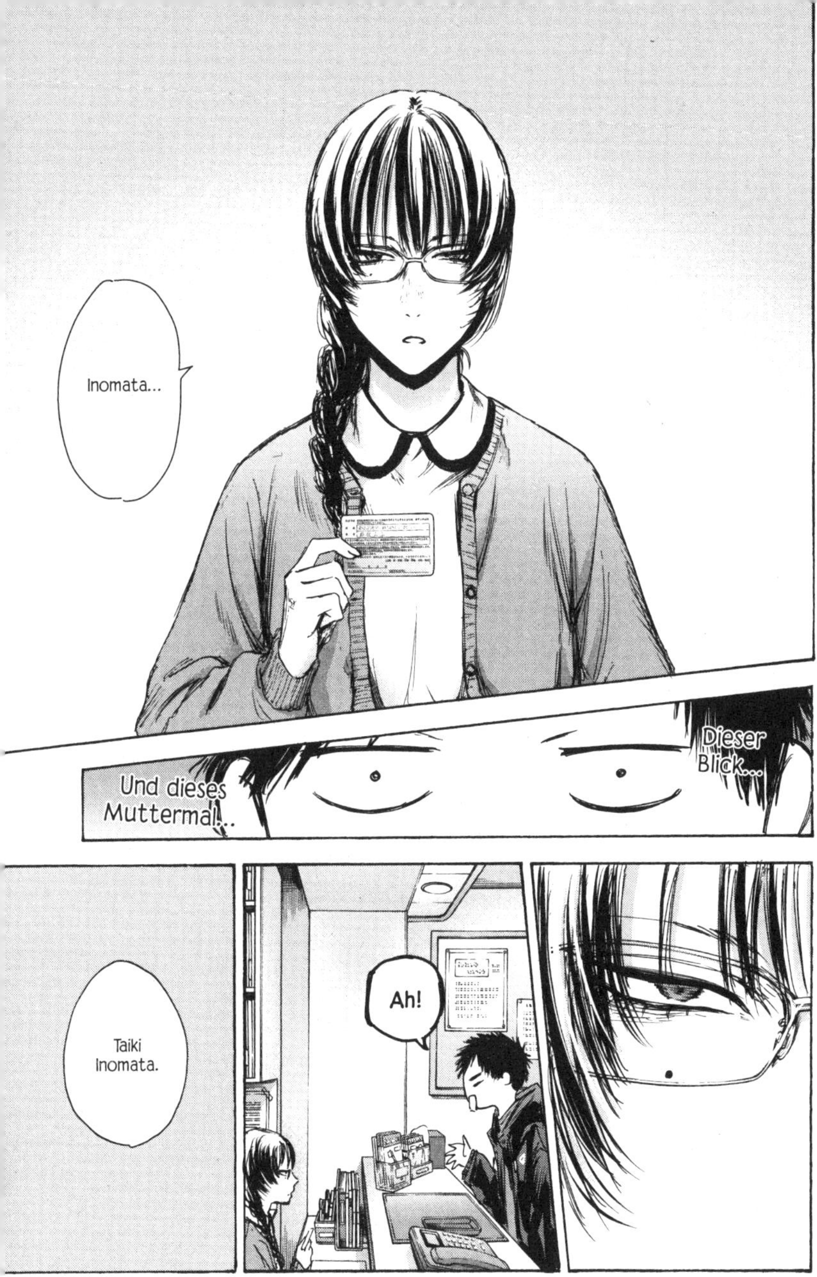
Inomata...
Dieser Blick...
Und dieses Muttermal...
Taiki Inomata.
Ah!

Immer schön gründlich Zähne putzen!

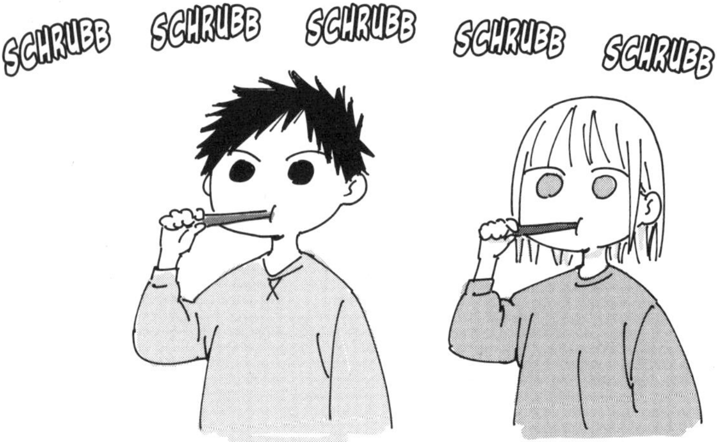

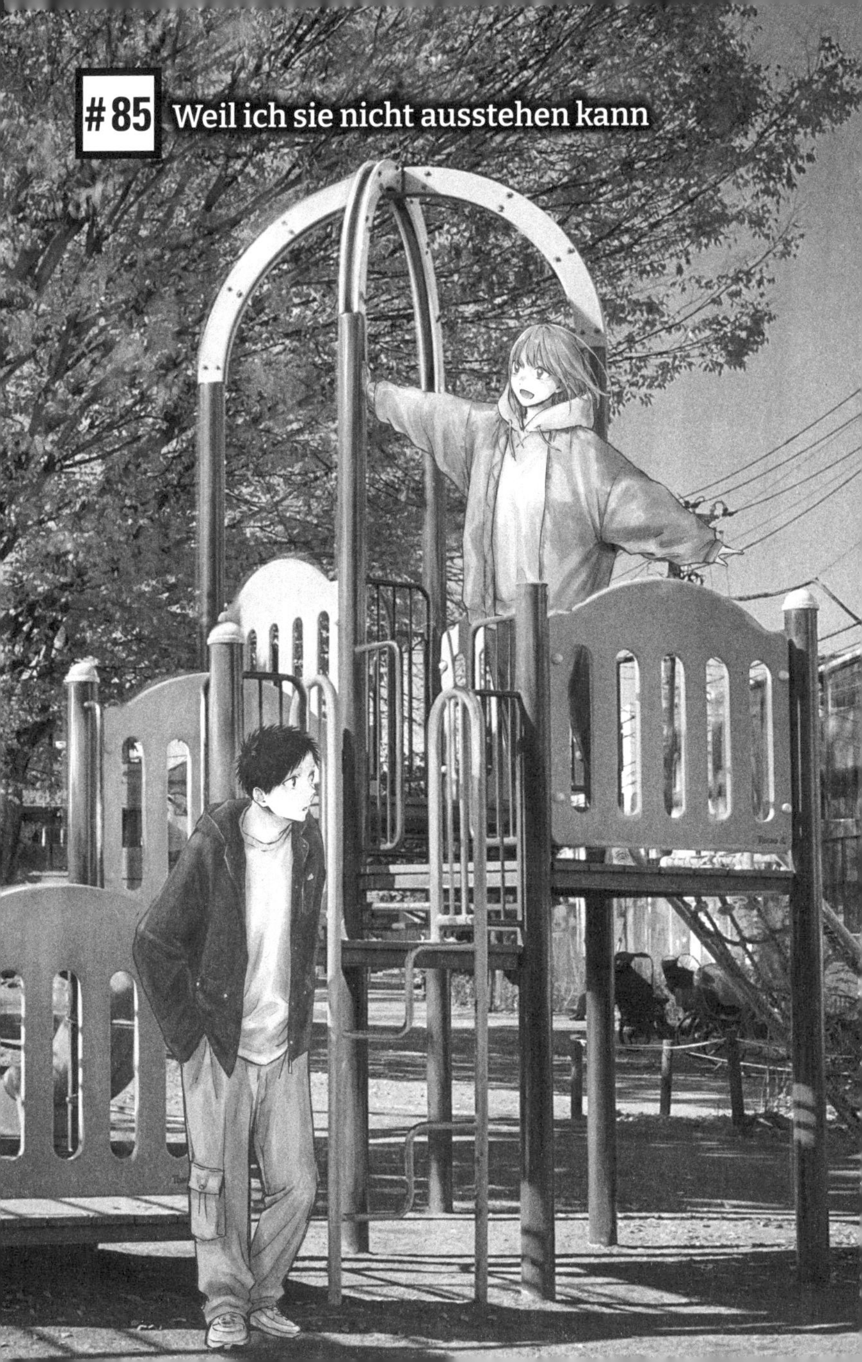
#85
Weil ich sie nicht ausstehen kann

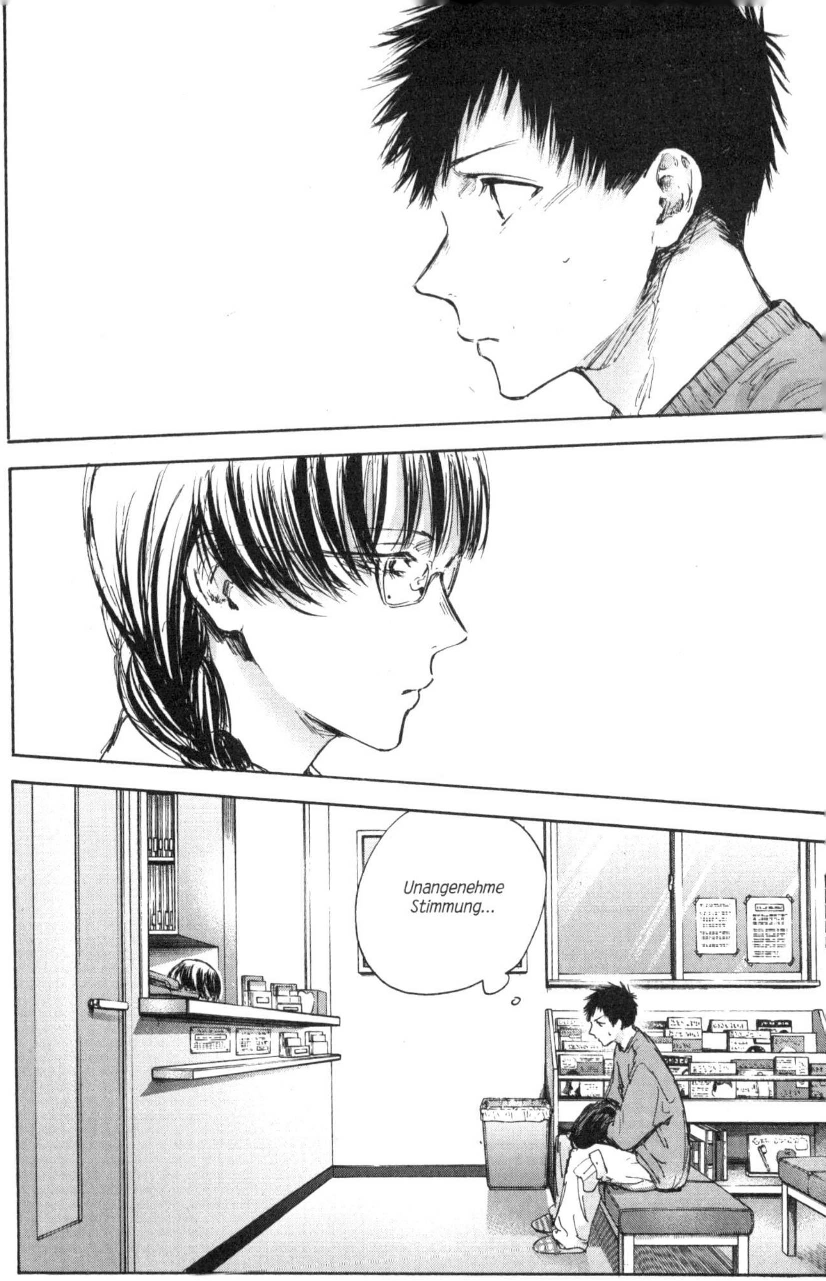
Unangenehme
Stimmung...

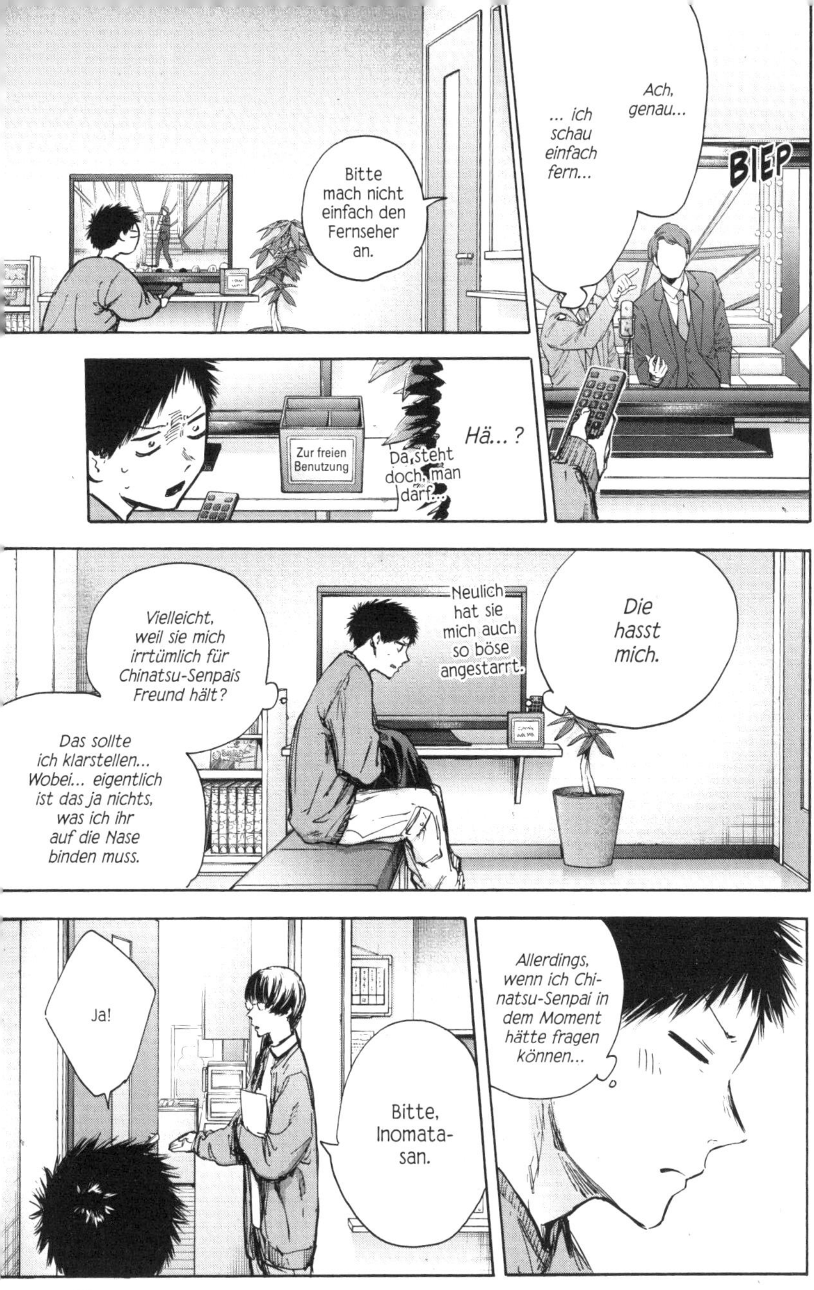
Ach, genau...
... ich schau einfach fern...
BIEP
Bitte mach nicht einfach den Fernseher an.
Hä... ?
Da steht doch, man darf...
Zur freien Benutzung
Die hasst mich.
Neulich hat sie mich auch so böse angestarrt.
Vielleicht, weil sie mich irrtümlich für Chinatsu-Senpais Freund hält?
Das sollte ich klarstellen... Wobei... eigentlich ist das ja nichts, was ich ihr auf die Nase binden muss.
Allerdings, wenn ich Chinatsu-Senpai in dem Moment hätte fragen können...
Bitte, Inomata-san.
Ja!

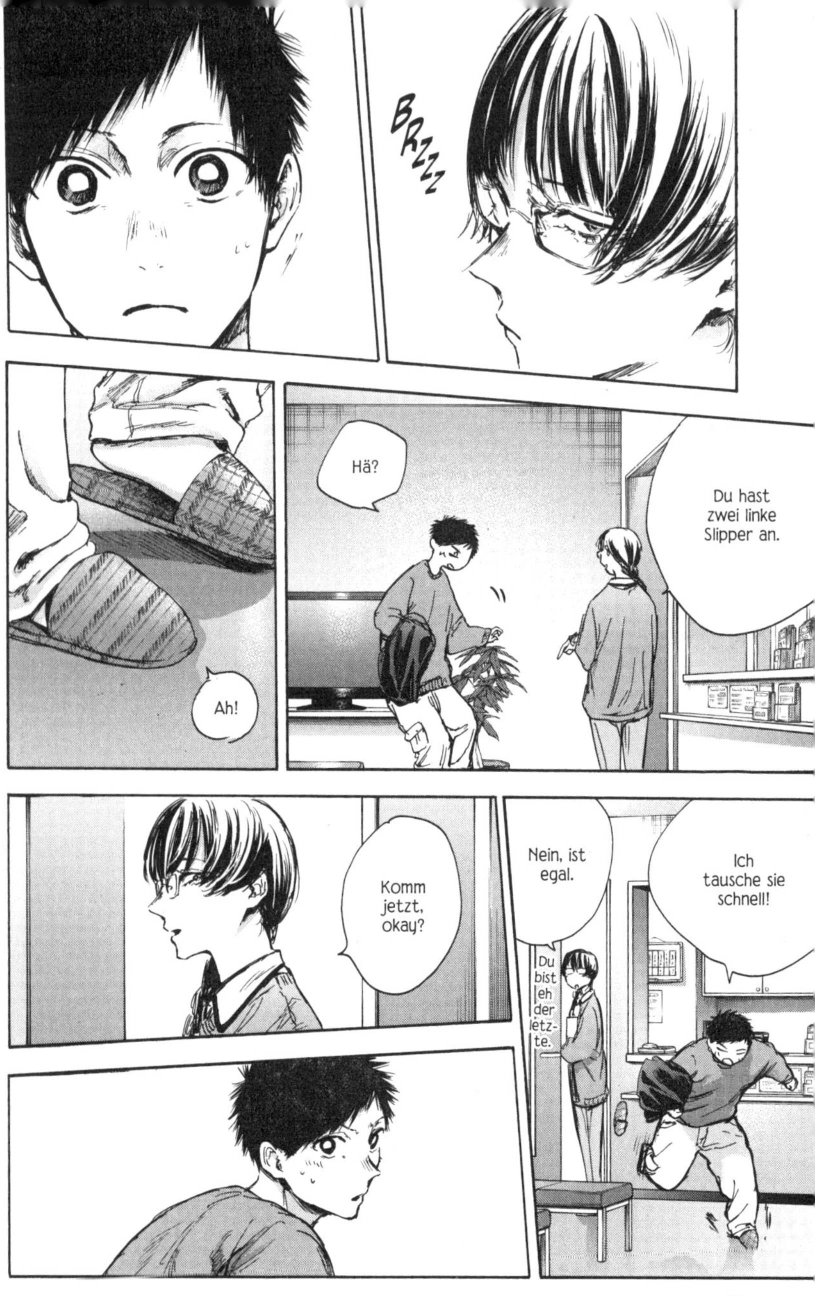
BRZZZ
Du hast zwei linke Slipper an.
Hä?
Ah!
Ich tausche sie schnell!
Nein, ist egal.
Du bist eh der letzte.
Komm jetzt, okay?

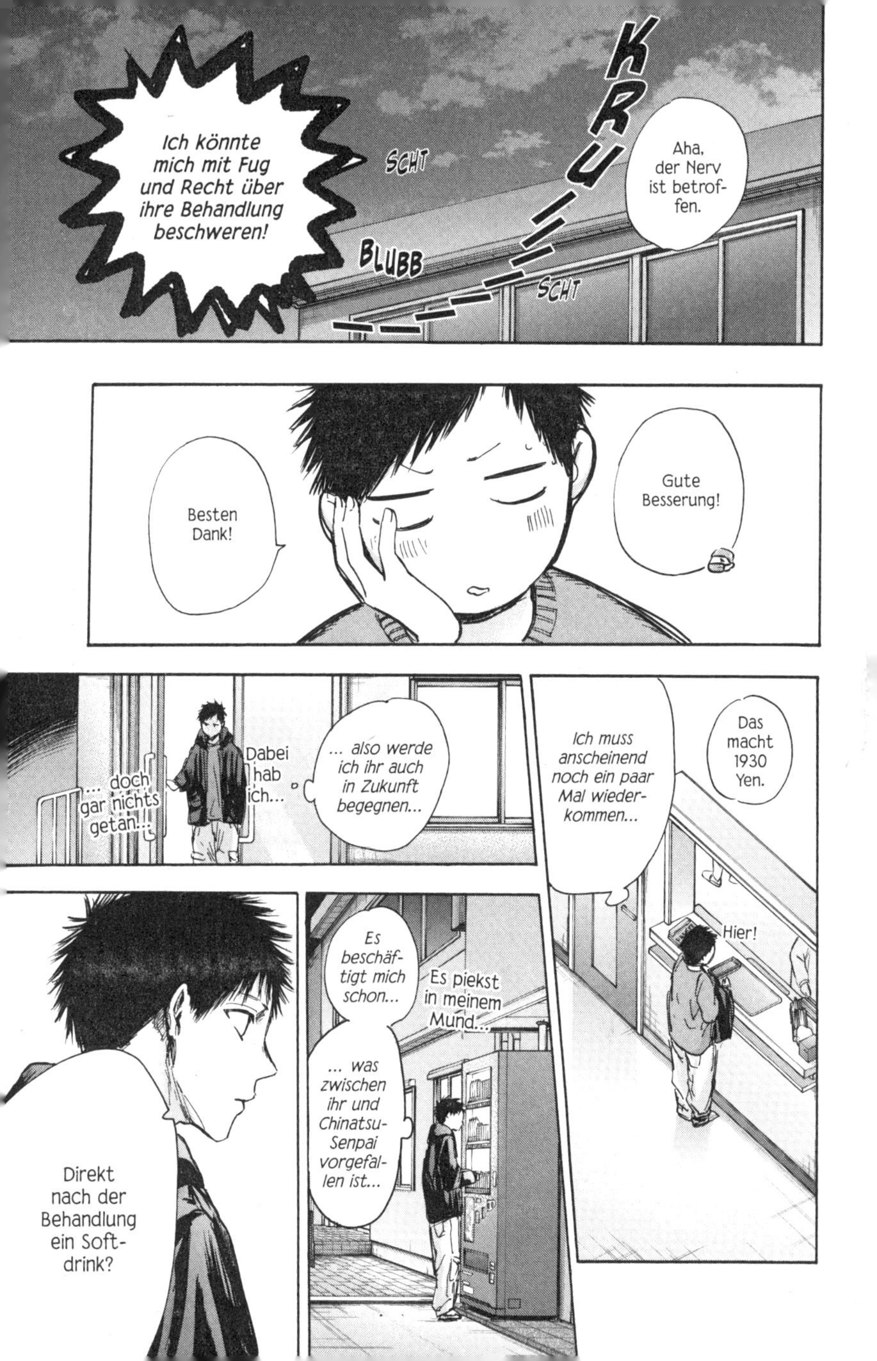
KRU
Aha, der Nerv ist betroffen.
SCHT
BLUBB
SCHT
Ich könnte mich mit Fug und Recht über ihre Behandlung beschweren!
Gute Besserung!
Besten Dank!
Das macht 1930 Yen.
Ich muss anscheinend noch ein paar Mal wiederkommen...
Hier!
... also werde ich ihr auch in Zukunft begegnen...
Dabei hab ich...
... doch gar nichts getan...
Es beschäftigt mich schon...
... was zwischen ihr und Chinatsu-Senpai vorgefallen ist...
Es piekst in meinem Mund...
Direkt nach der Behandlung ein Softdrink?

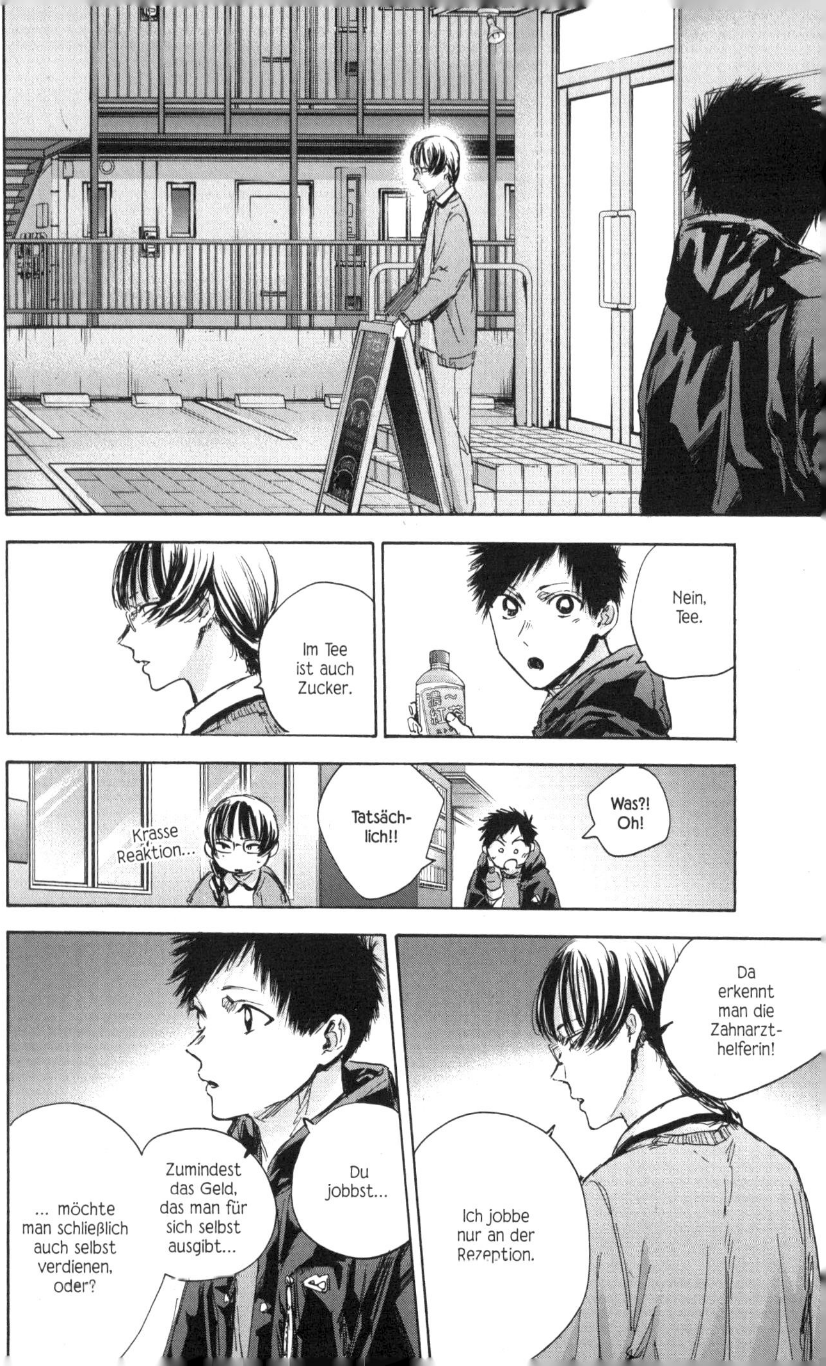
Nein, Tee.
Im Tee ist auch Zucker.
Was?! Oh!
Tatsäch-lich!!
Krasse Reaktion...
Da erkennt man die Zahnarzt-helferin!
Ich jobbe nur an der Rezeption.
Du jobbst...
Zumindest das Geld, das man für sich selbst ausgibt...
... möchte man schließlich auch selbst verdienen, oder?

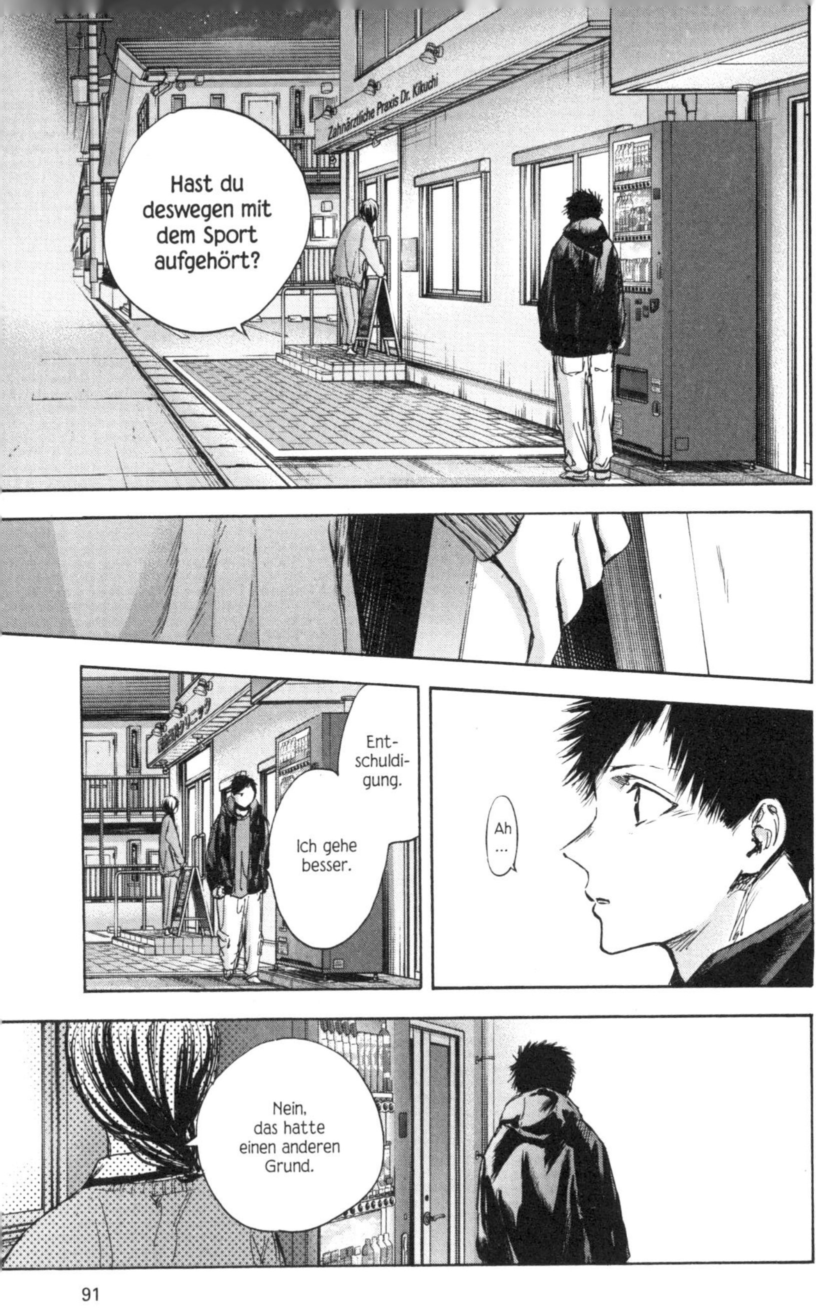
Zahnärztliche Praxis Dr. Kikuchi
Hast du deswegen mit dem Sport aufgehört?
Ah ...
Ent-schuldi-gung.
Ich gehe besser.
Nein, das hatte einen anderen Grund.

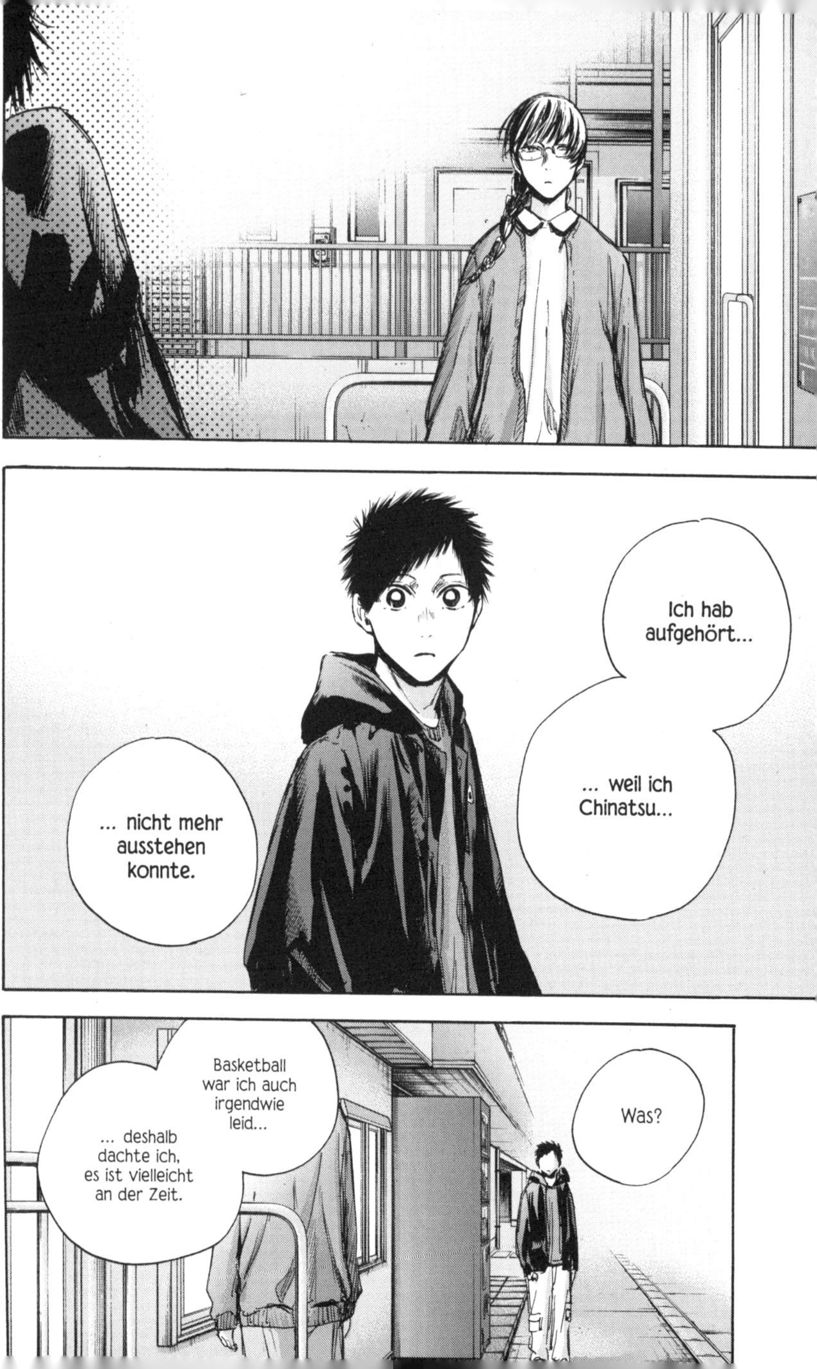
Ich hab aufgehört...
... weil ich Chinatsu...
... nicht mehr ausstehen konnte.
Was?
Basketball war ich auch irgendwie leid...
... deshalb dachte ich, es ist vielleicht an der Zeit.

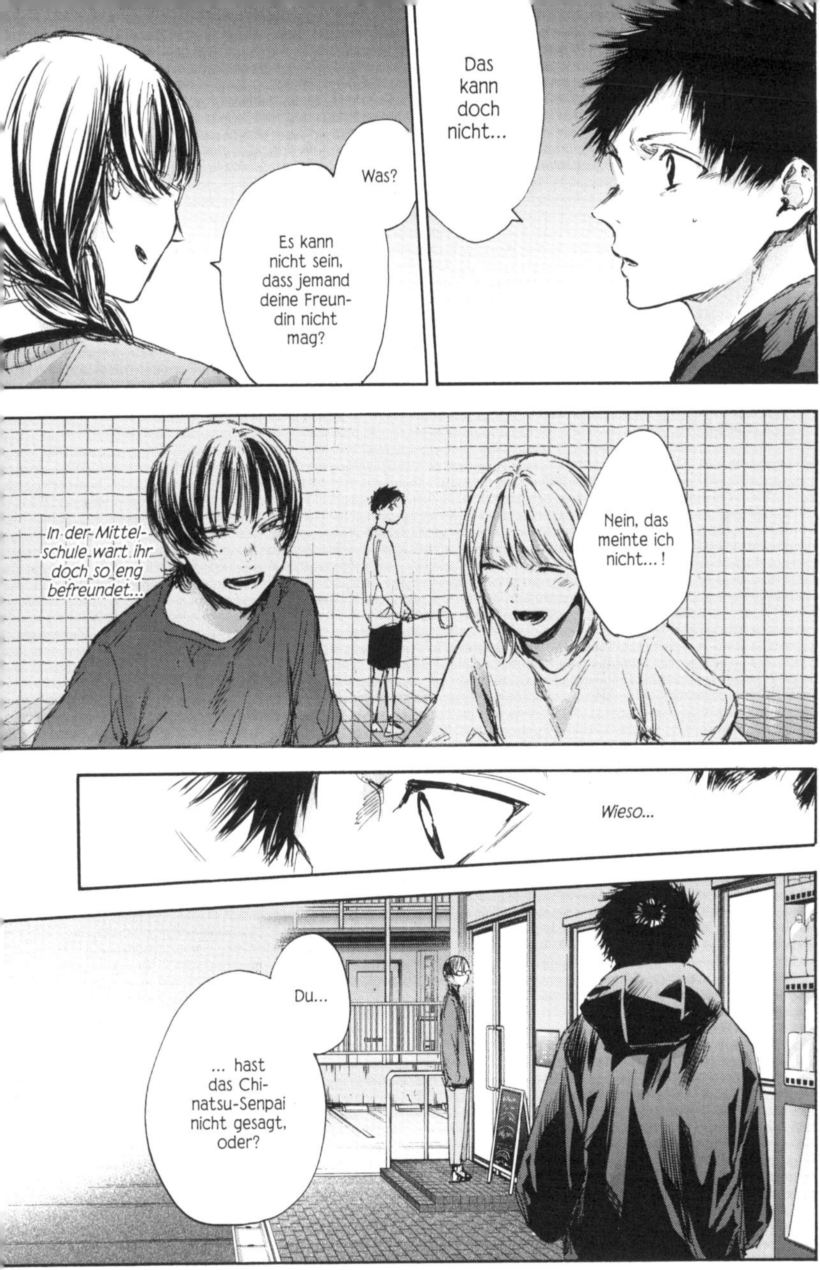

Das kann doch nicht...
Was?
Es kann nicht sein, dass jemand deine Freundin nicht mag?
Nein, das meinte ich nicht...!
In der Mittelschule wart ihr doch so eng befreundet...
Wieso...
Du...
... hast das Chinatsu-Senpai nicht gesagt, oder?

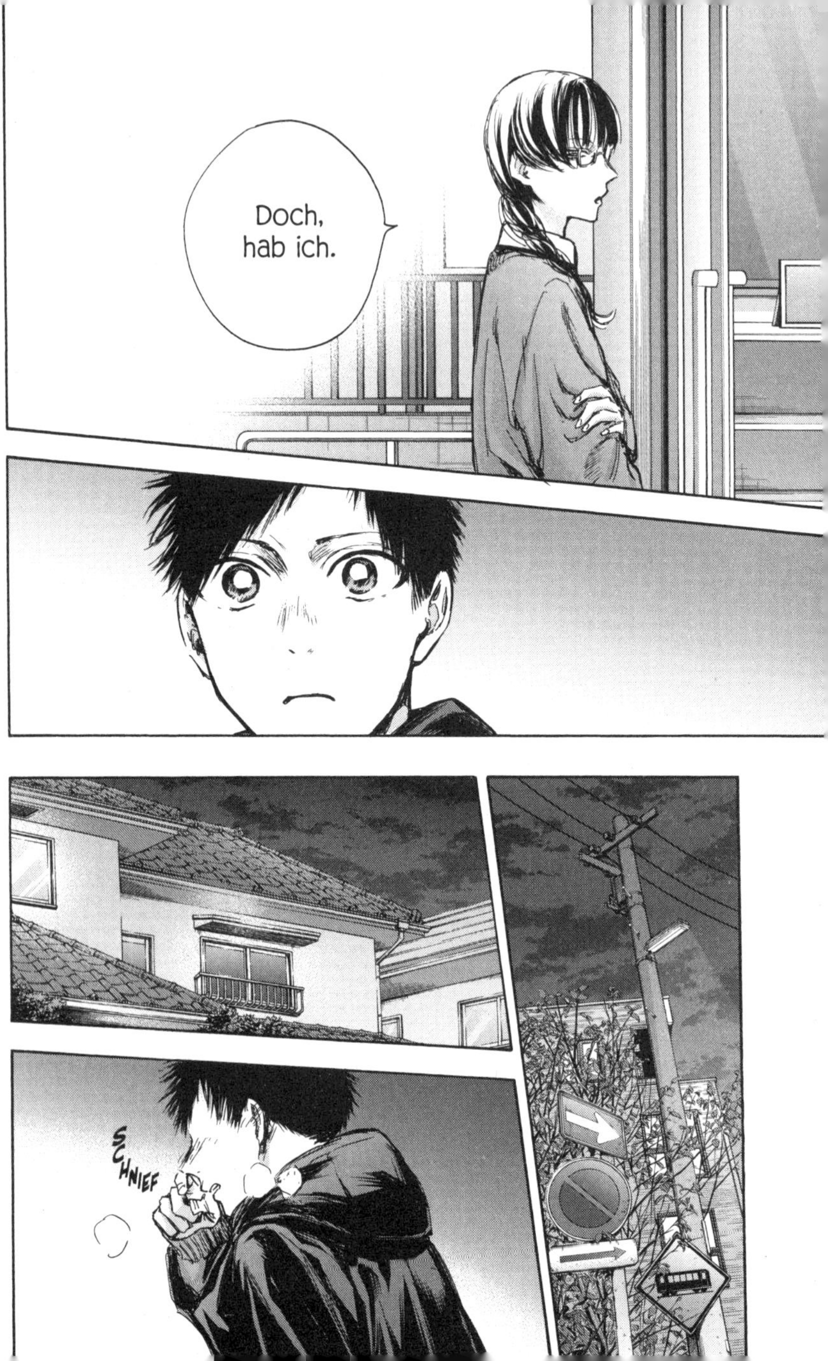
Doch,
hab ich.
SCHNIEF

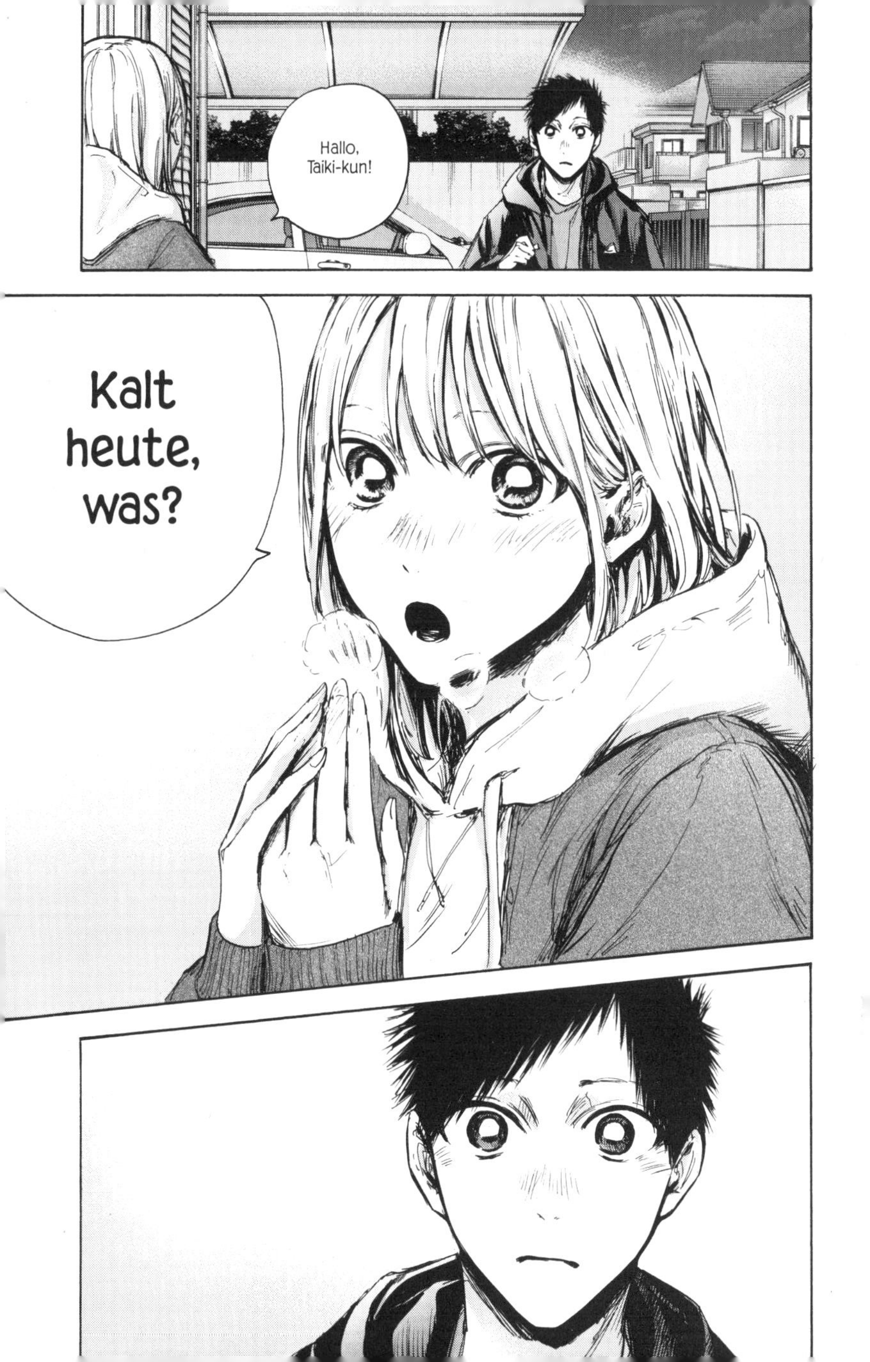
Hallo, Taiki-kun!
Kalt heute, was?

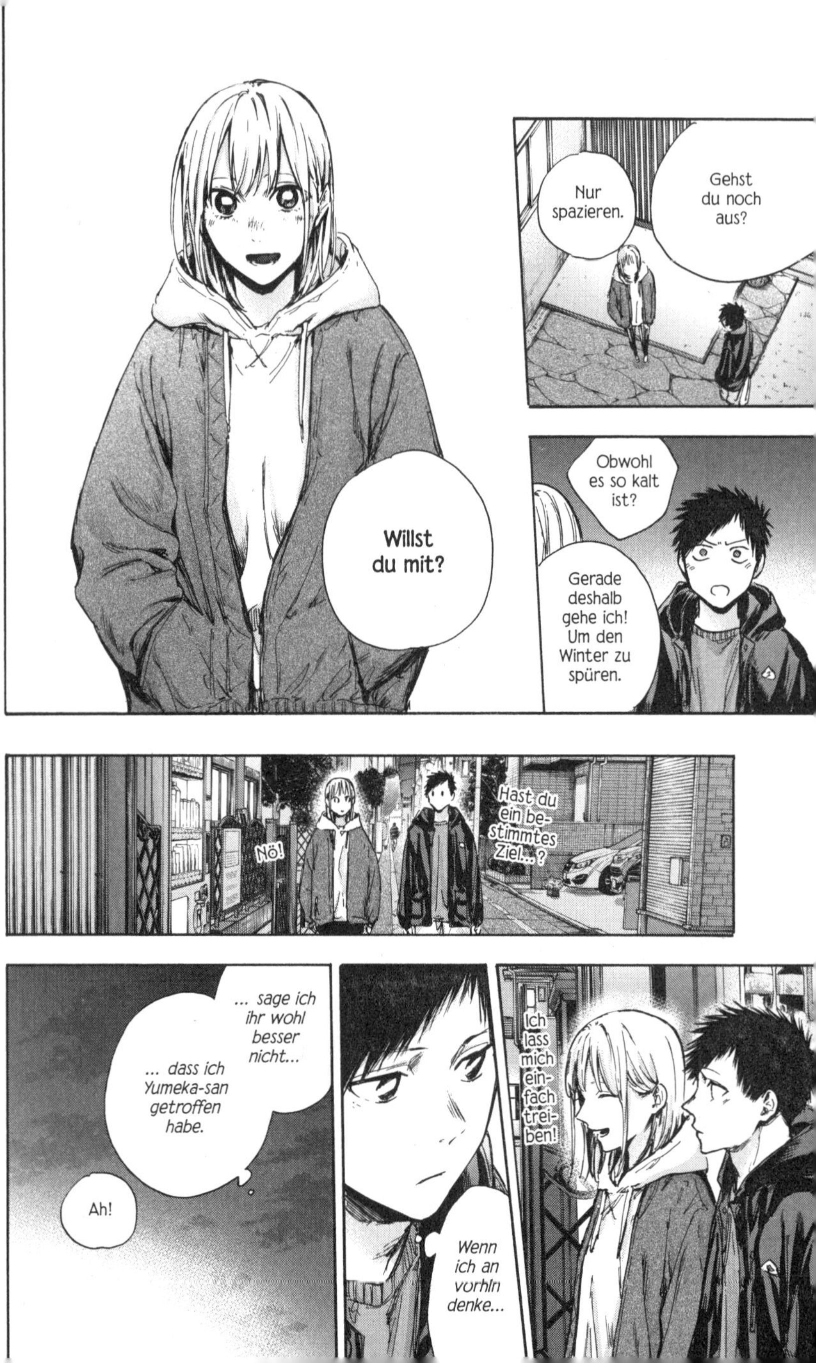

Gehst du noch aus?
Nur spazieren.
Obwohl es so kalt ist?
Gerade deshalb gehe ich! Um den Winter zu spüren.
Willst du mit?
Hast du ein bestimmtes Ziel...?
Nö!
Ich lass mich einfach treiben!
Wenn ich an vorhin denke...
... dass ich Yumeka-san getroffen habe.
... sage ich ihr wohl besser nicht...
Ah!

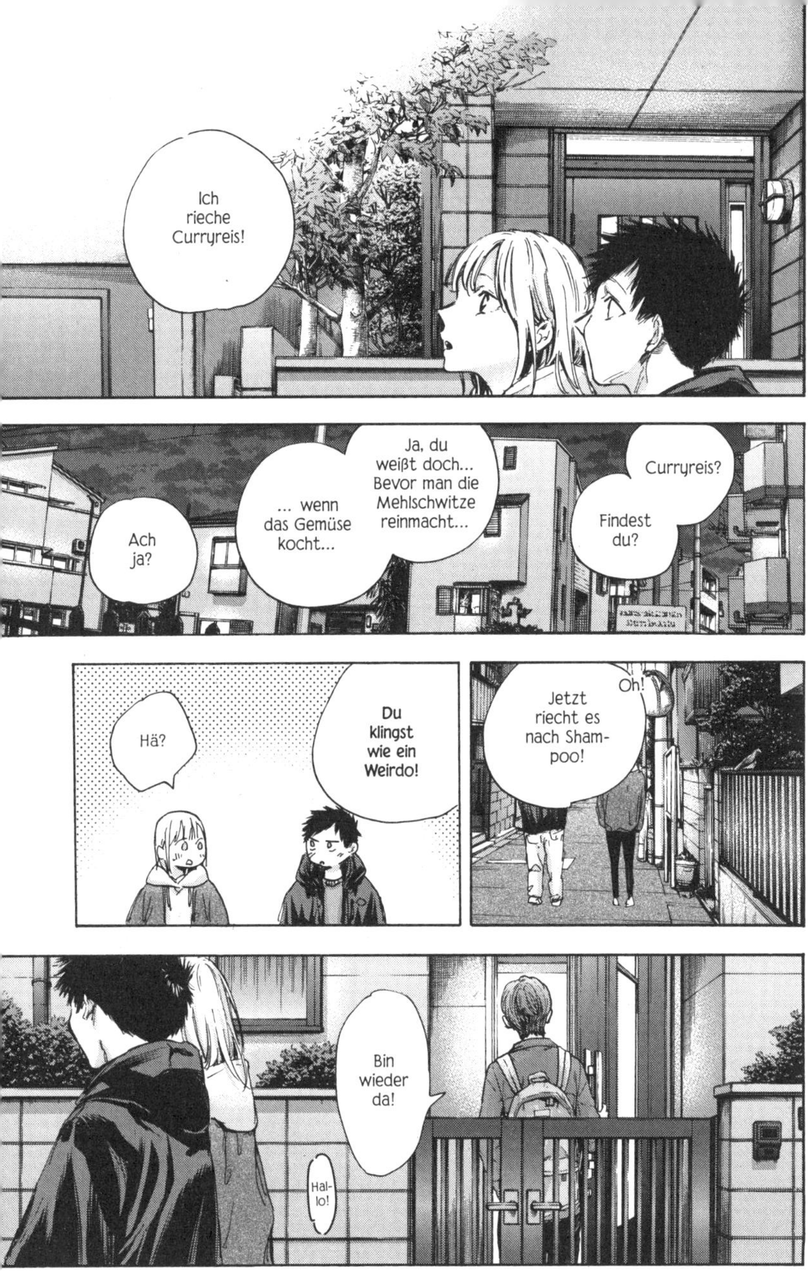
Ich rieche Curryreis!
Curryreis?
Findest du?
Ja, du weißt doch... Bevor man die Mehlschwitze reinmacht...
... wenn das Gemüse kocht...
Ach ja?
Oh!
Jetzt riecht es nach Shampoo!
Du klingst wie ein Weirdo!
Hä?
Bin wieder da!
Hallo!

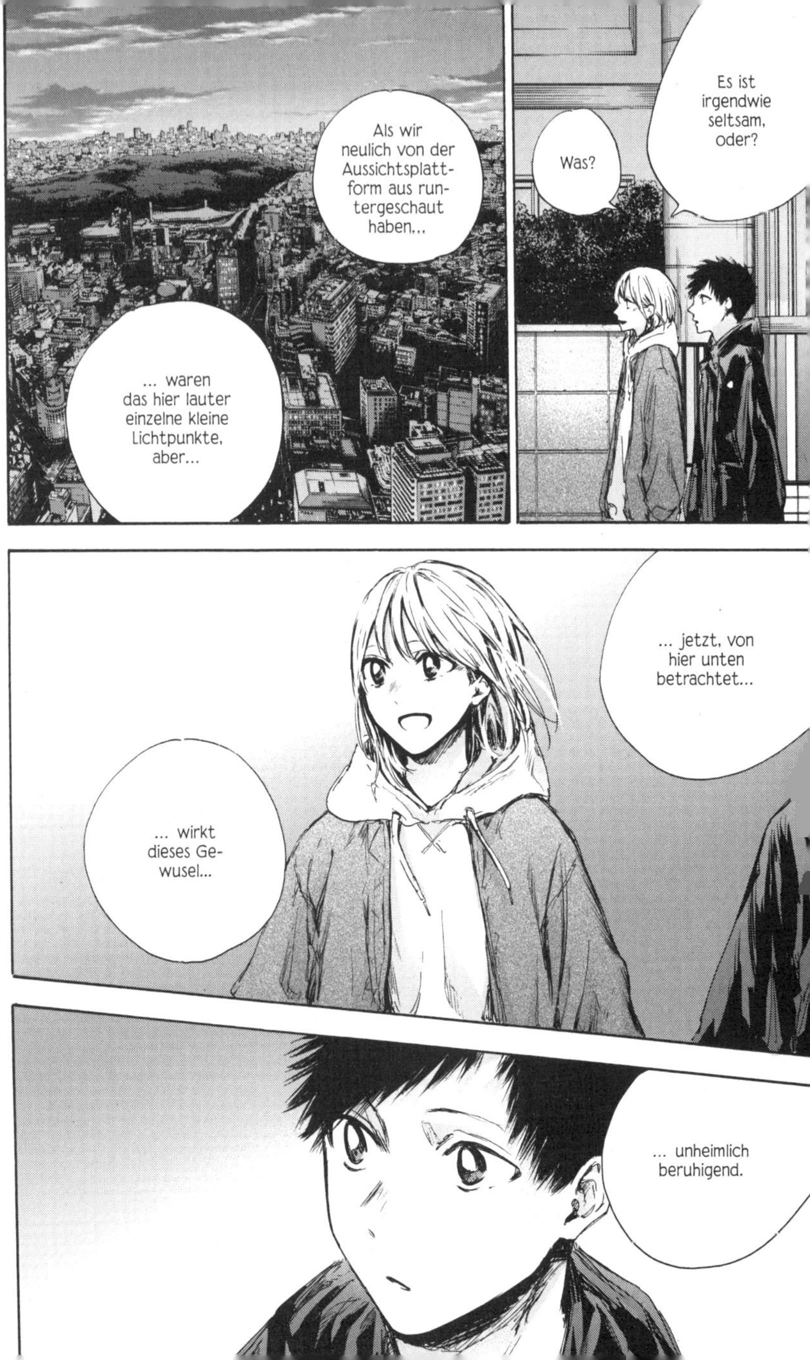
Es ist irgendwie seltsam, oder?
Was?
Als wir neulich von der Aussichtsplatt-form aus run-tergeschaut haben...
... waren das hier lauter einzelne kleine Lichtpunkte, aber...
... jetzt, von hier unten betrachtet...
... wirkt dieses Ge-wusel...
... unheimlich beruhigend.

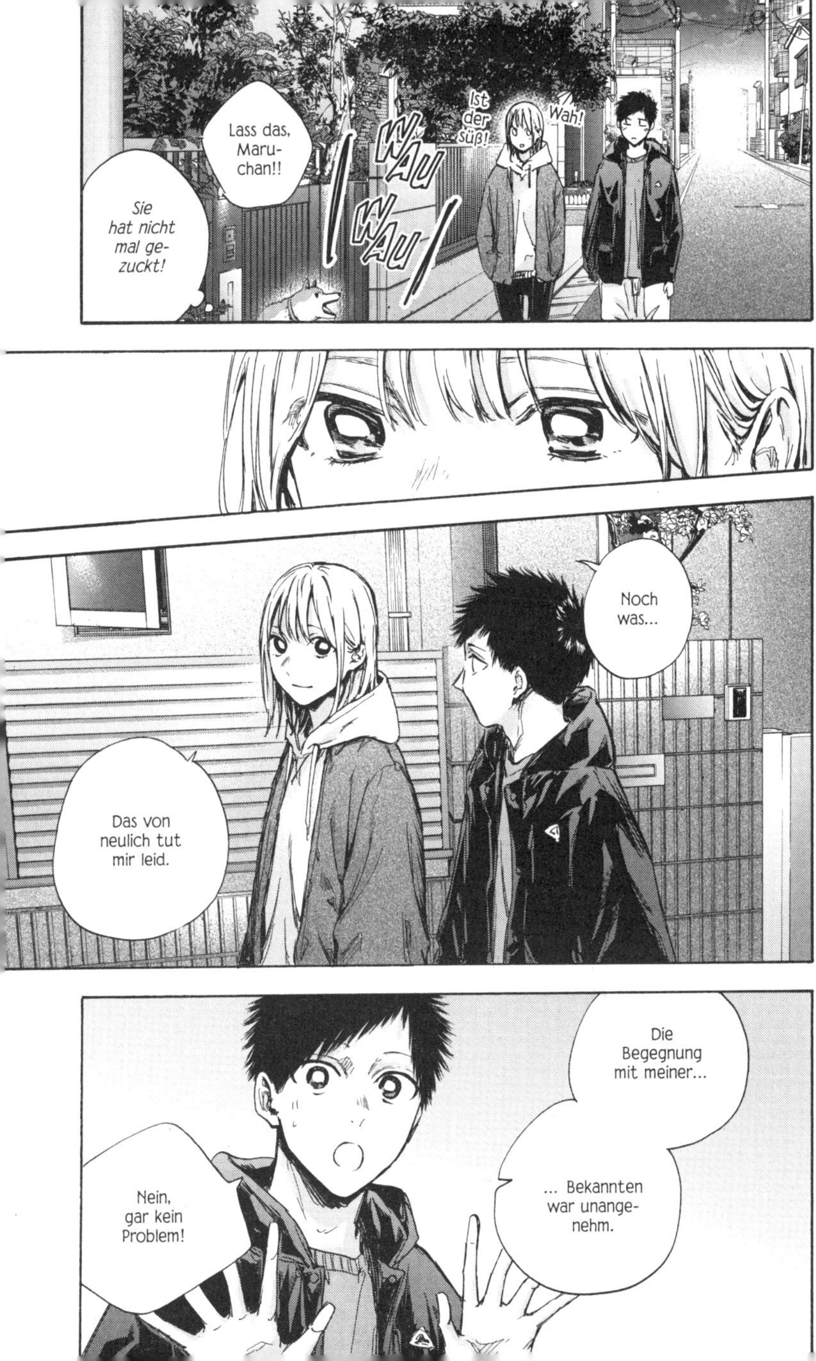
Wah!
Ist der süß!
WAU WAU
Lass das, Maru-chan!!
Sie hat nicht mal ge-zuckt!
Noch was...
Das von neulich tut mir leid.
Die Begegnung mit meiner...
... Bekannten war unange-nehm.
Nein, gar kein Problem!

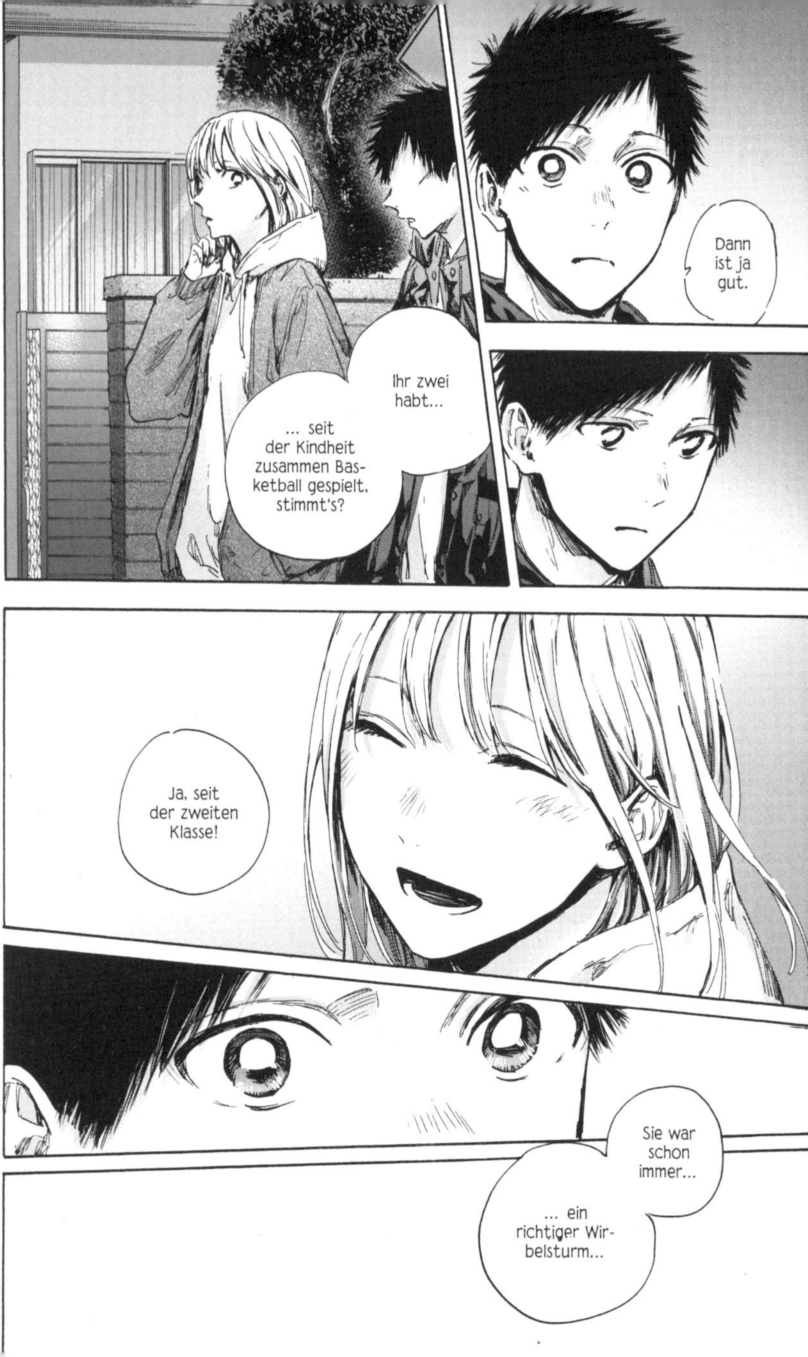
Dann ist ja gut.
Ihr zwei habt...
... seit der Kindheit zusammen Basketball gespielt, stimmt‘s?
Ja, seit der zweiten Klasse!
Sie war schon immer...
... ein richtiger Wirbelsturm...

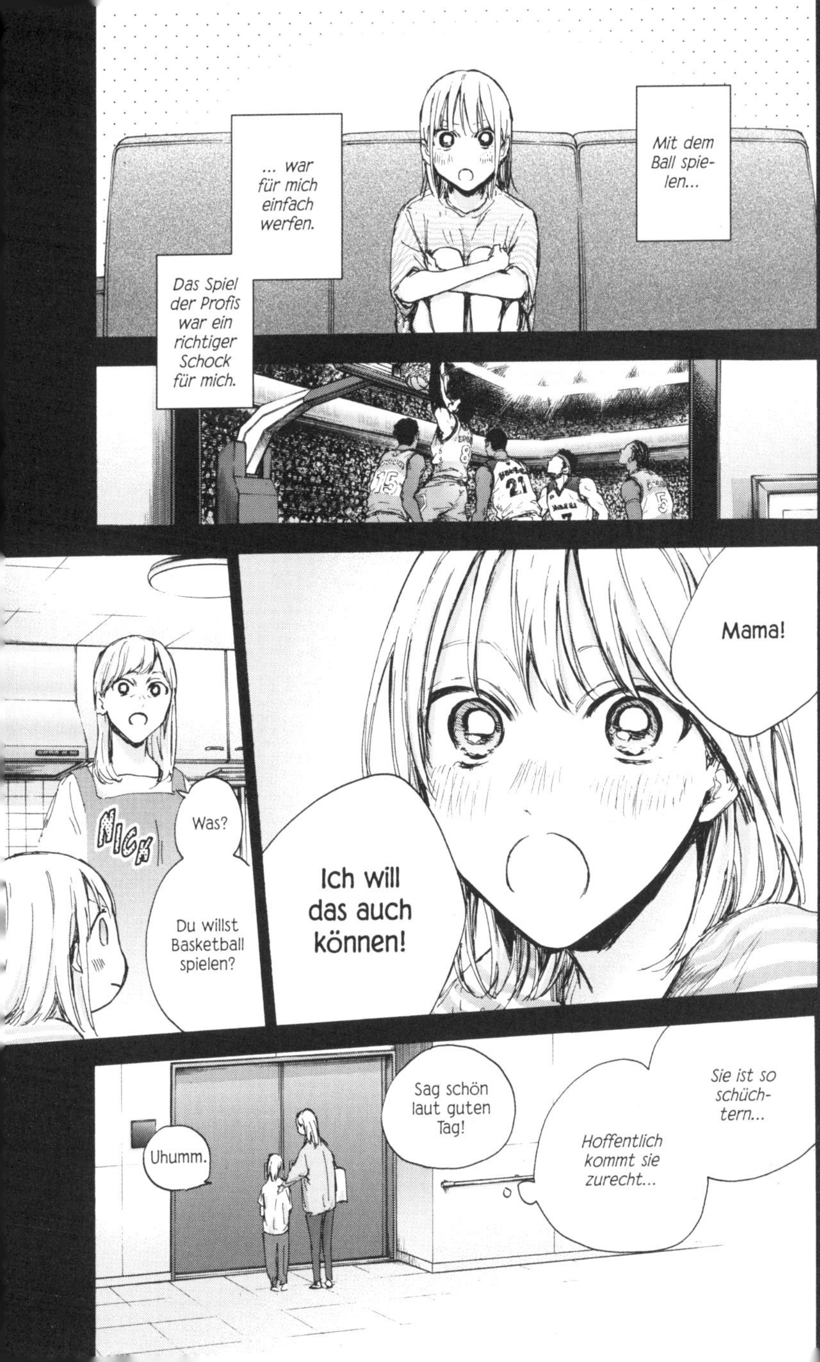

Mit dem Ball spielen...
... war für mich einfach werfen.
Das Spiel der Profis war ein richtiger Schock für mich.
Mama!
Ich will das auch können!
Was?
Du willst Basketball spielen?
Sie ist so schüchtern...
Hoffentlich kommt sie zurecht...
Sag schön laut guten Tag!
Uhumm.

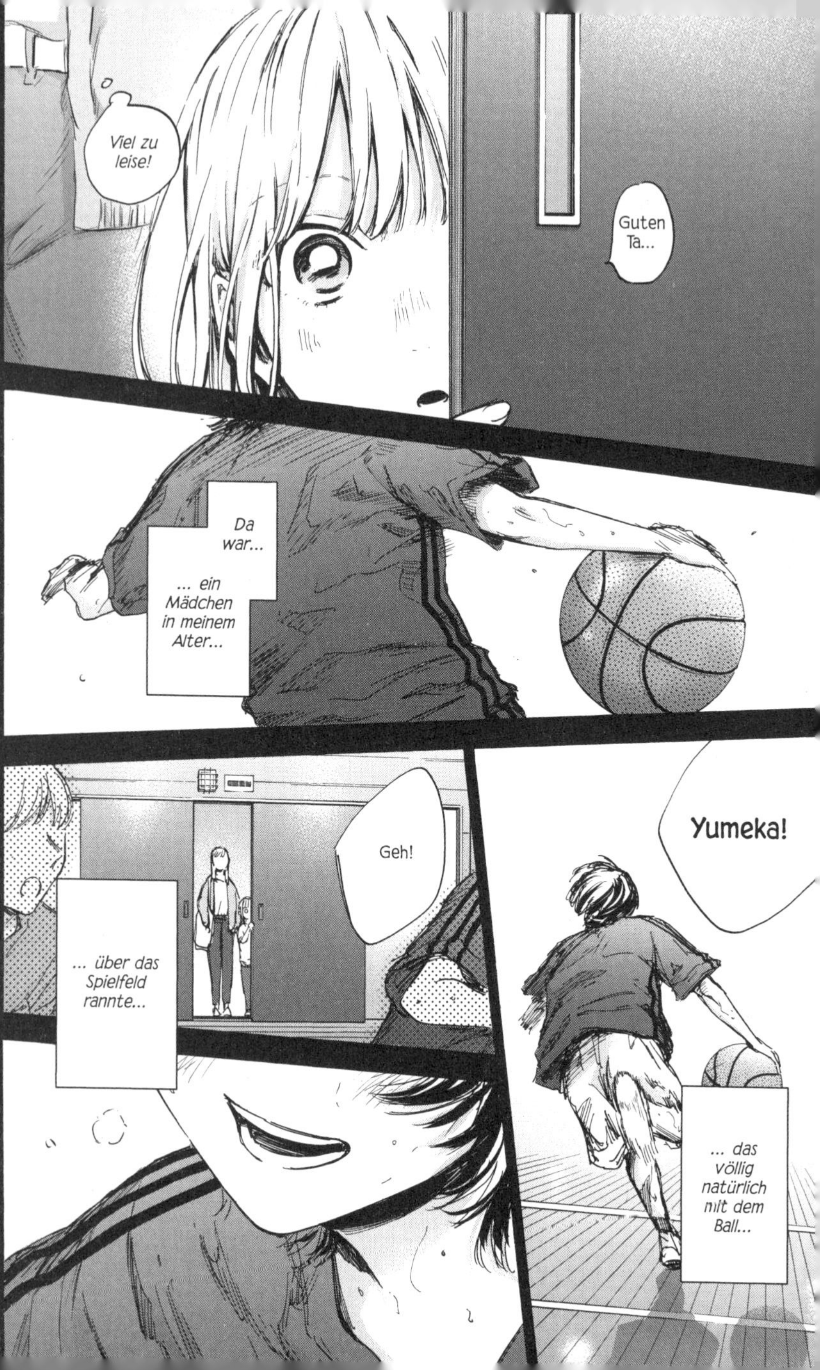
Guten Ta...
Viel zu leise!
Da war...
... ein Mädchen in meinem Alter...
Yumeka!
Geh!
... das völlig natürlich mit dem Ball...
... über das Spielfeld rannte...

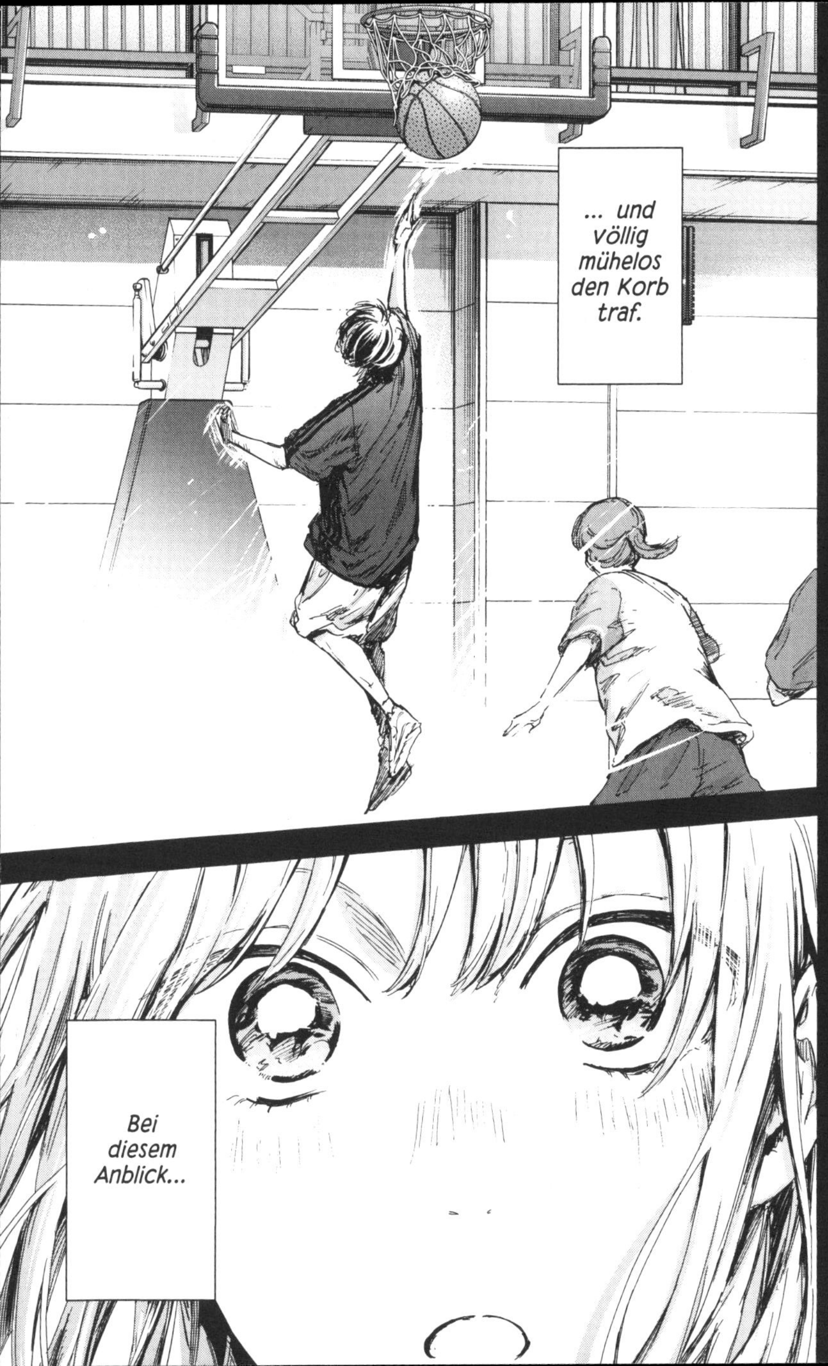
... und völlig mühelos den Korb traf.
Bei diesem Anblick...

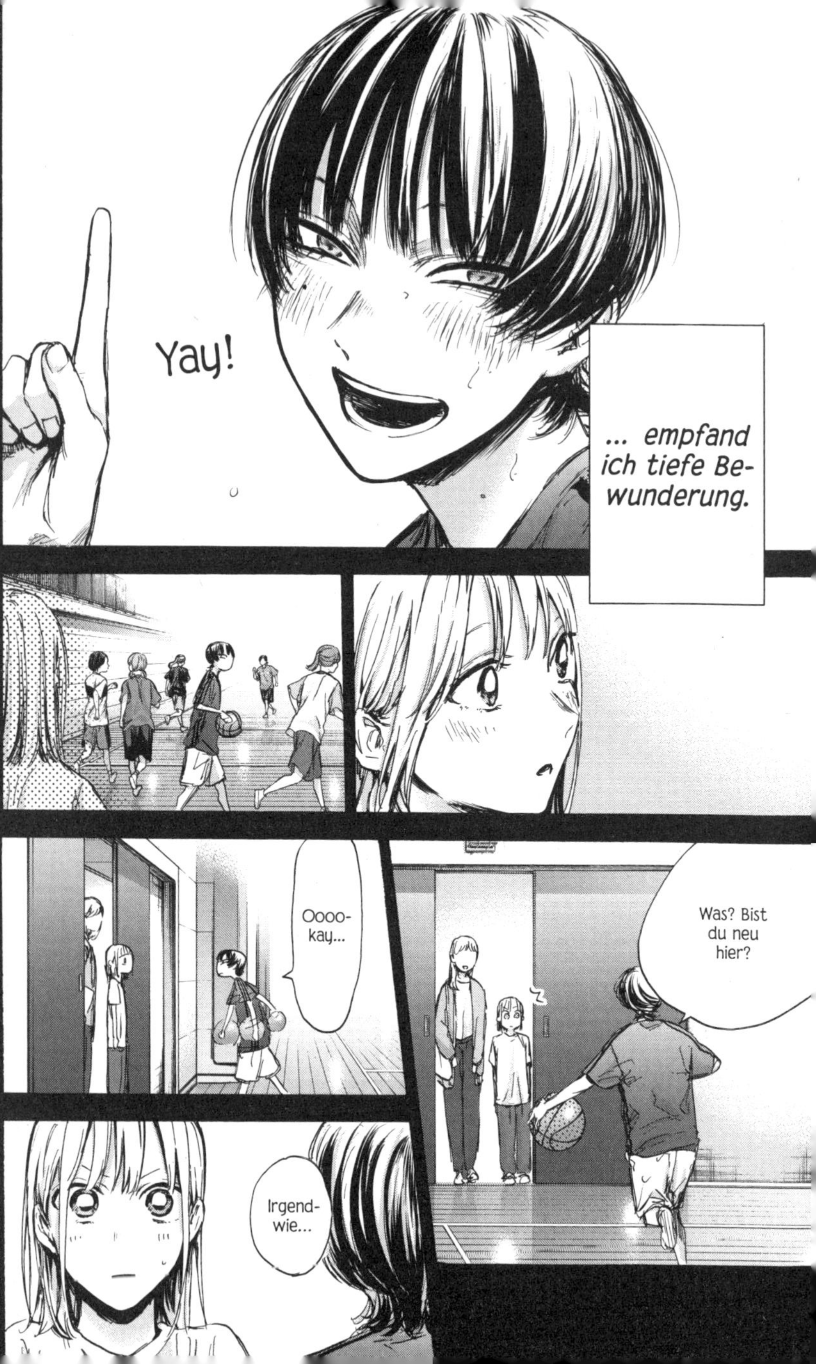
... empfand ich tiefe Bewunderung.
Yay!
Was? Bist du neu hier?
Oooo-kay...
Irgend-wie...

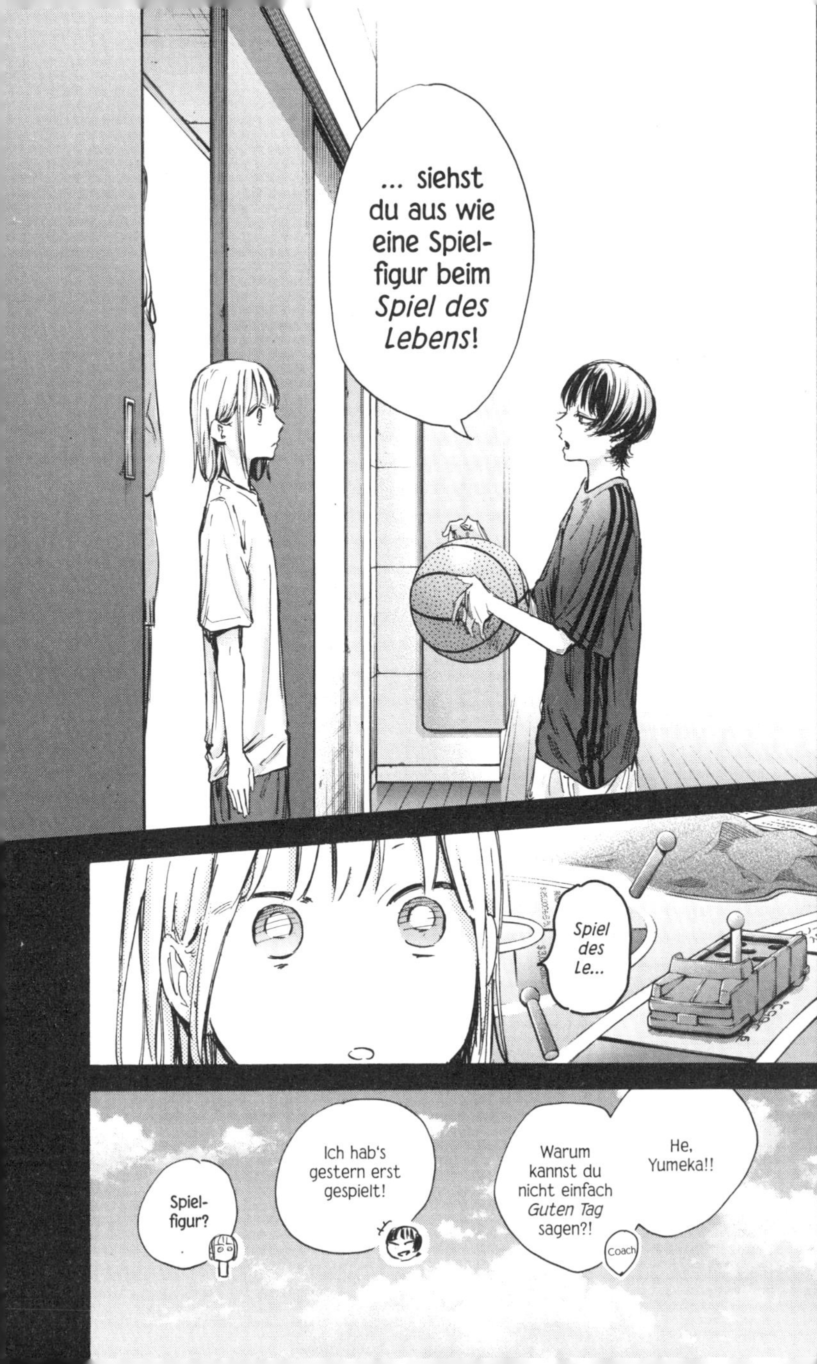
... siehst du aus wie eine Spielfigur beim *Spiel des Lebens*!
Spiel des Le...
He, Yumeka!!
Warum kannst du nicht einfach *Guten Tag* sagen?!
Coach
Ich hab‘s gestern erst gespielt!
Spielfigur?

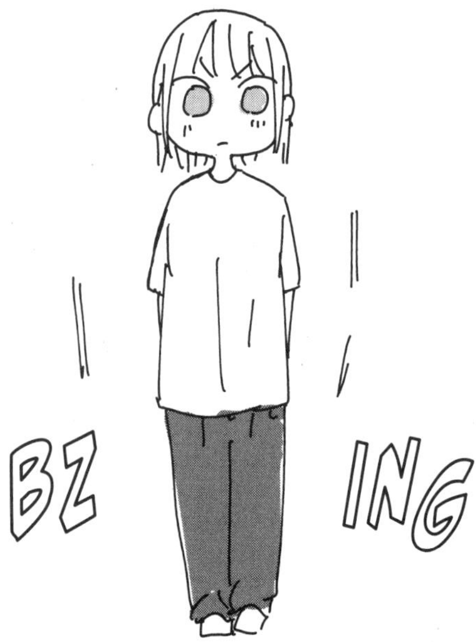
BZ ING

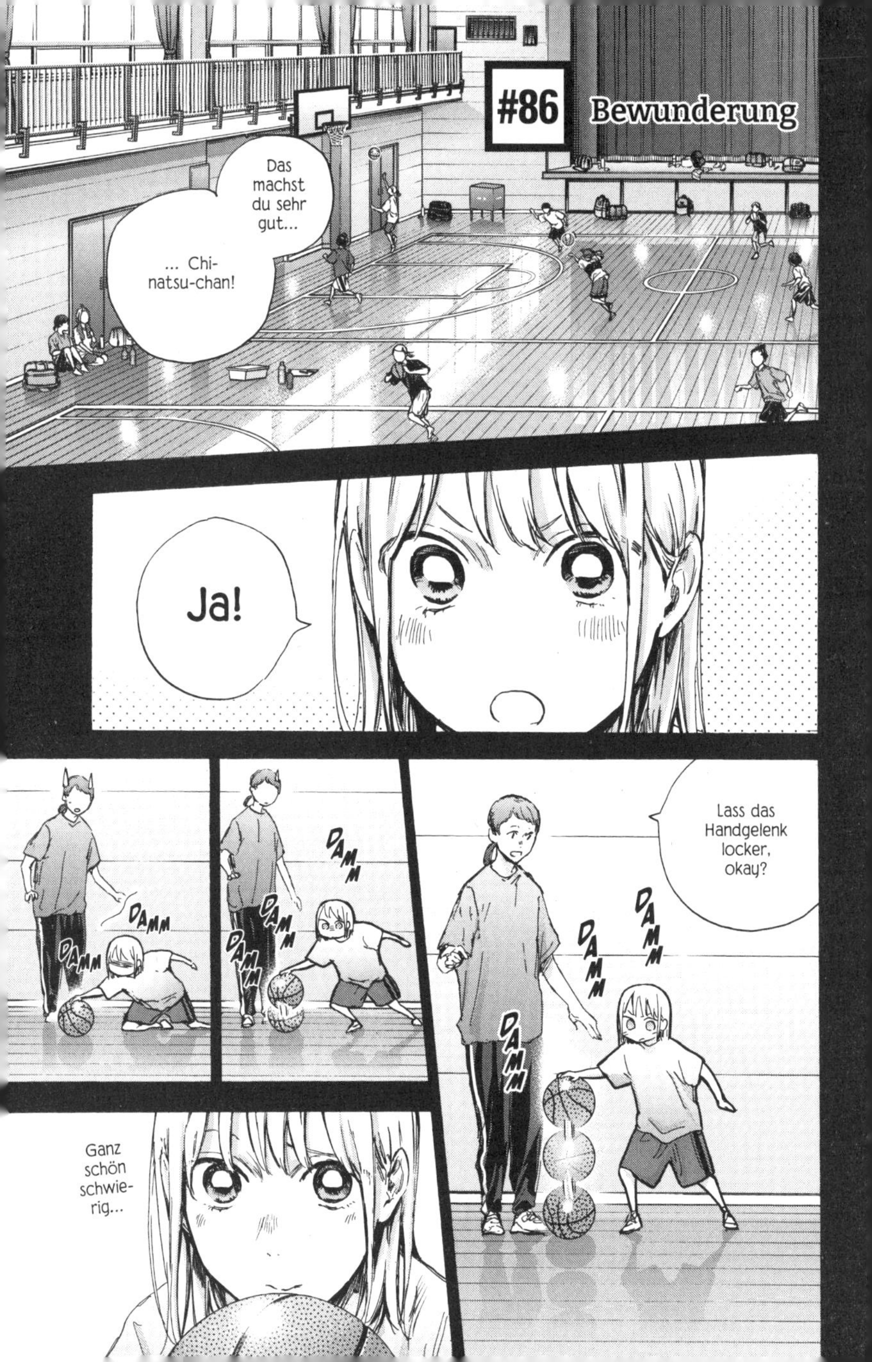
#86 Bewunderung
Das machst du sehr gut...
... Chi-natsu-chan!
Ja!
Lass das Handgelenk locker, okay?
DAMM
DAMM
DAMM
DAMM
DAMM
DAMM
DAMM
DAMM
DAMM
Ganz schön schwie-rig...

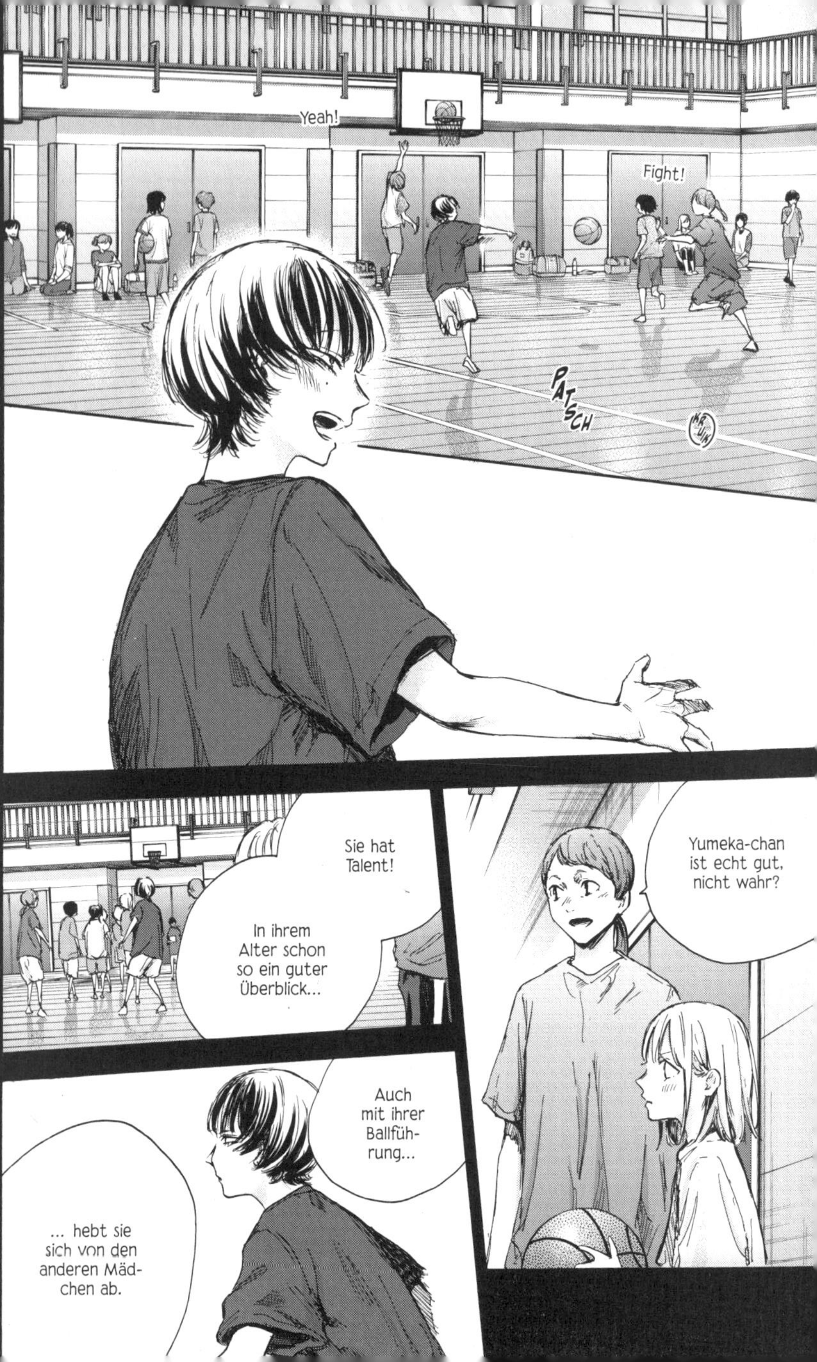

Fight!
Yeah!
PATSCH
Yumeka-chan ist echt gut, nicht wahr?
Sie hat Talent!
In ihrem Alter schon so ein guter Überblick...
Auch mit ihrer Ballführung...
... hebt sie sich von den anderen Mädchen ab.

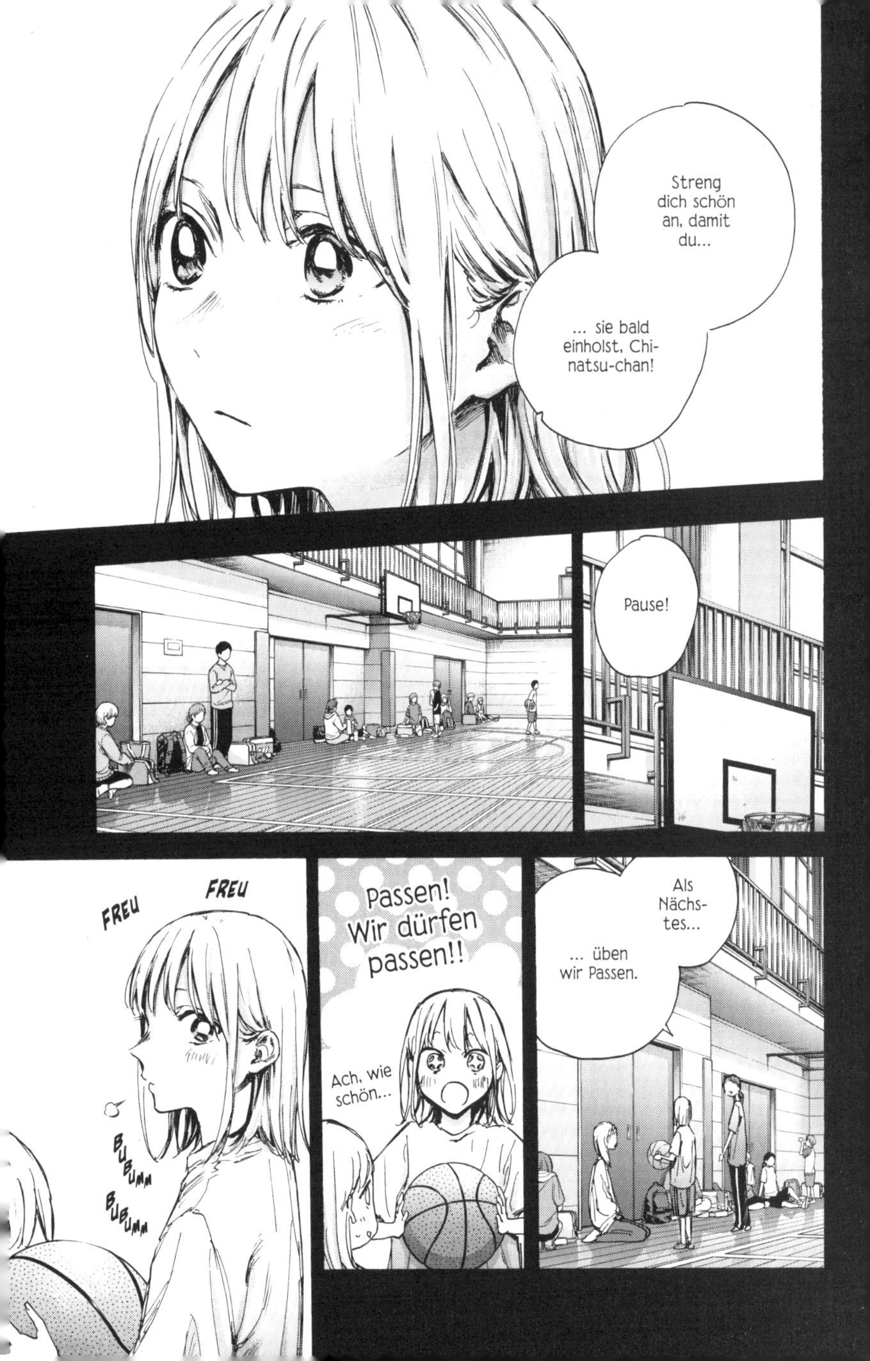
Streng dich schön an, damit du...
... sie bald einholst, Chinatsu-chan!
Pause!
Als Nächstes...
... üben wir Passen.
Passen! Wir dürfen passen!!
Ach, wie schön...
FREU
FREU
BUBUMM
BUBUMM

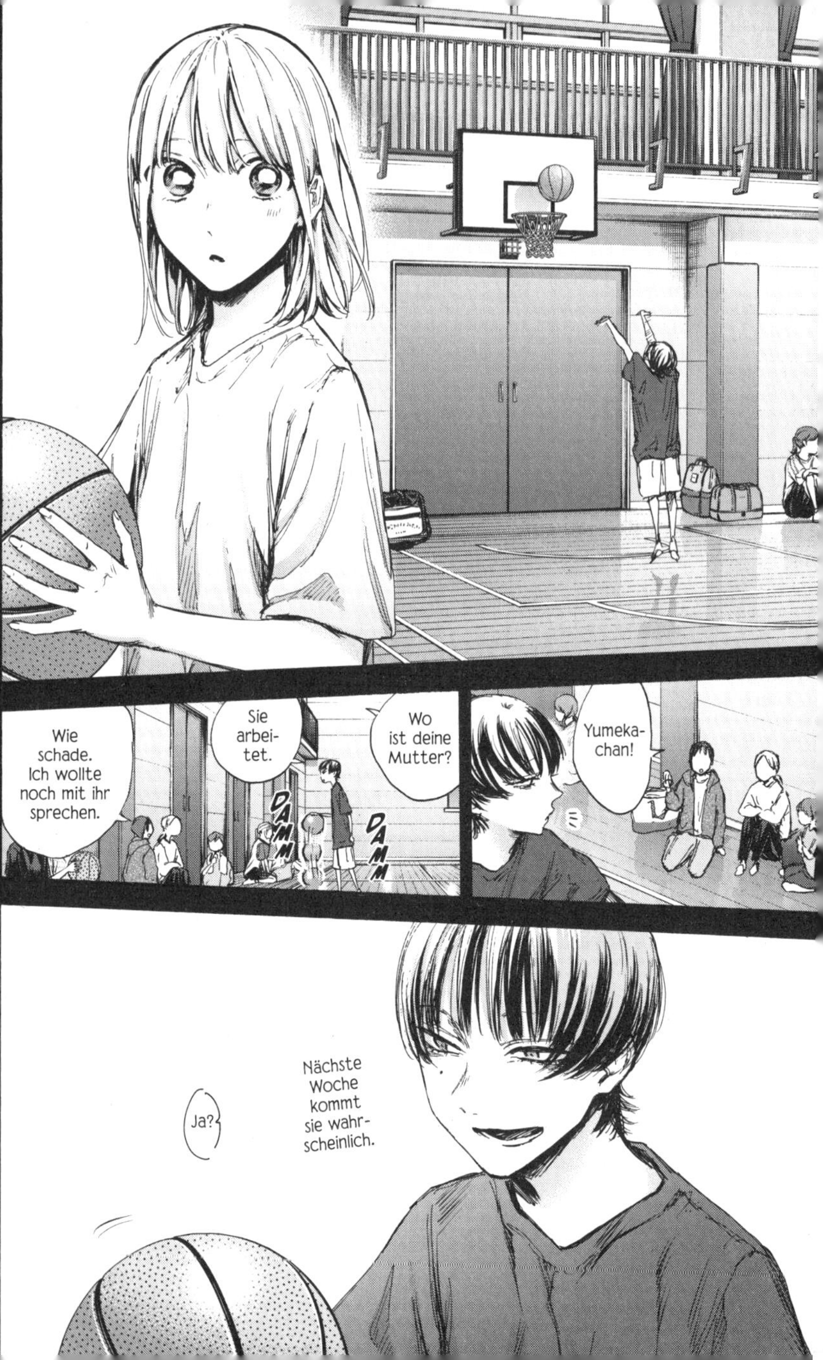
Yumeka-chan!
Wo ist deine Mutter?
Sie arbeitet.
DAMM
DAMM
Wie schade. Ich wollte noch mit ihr sprechen.
Nächste Woche kommt sie wahrscheinlich.
Ja?

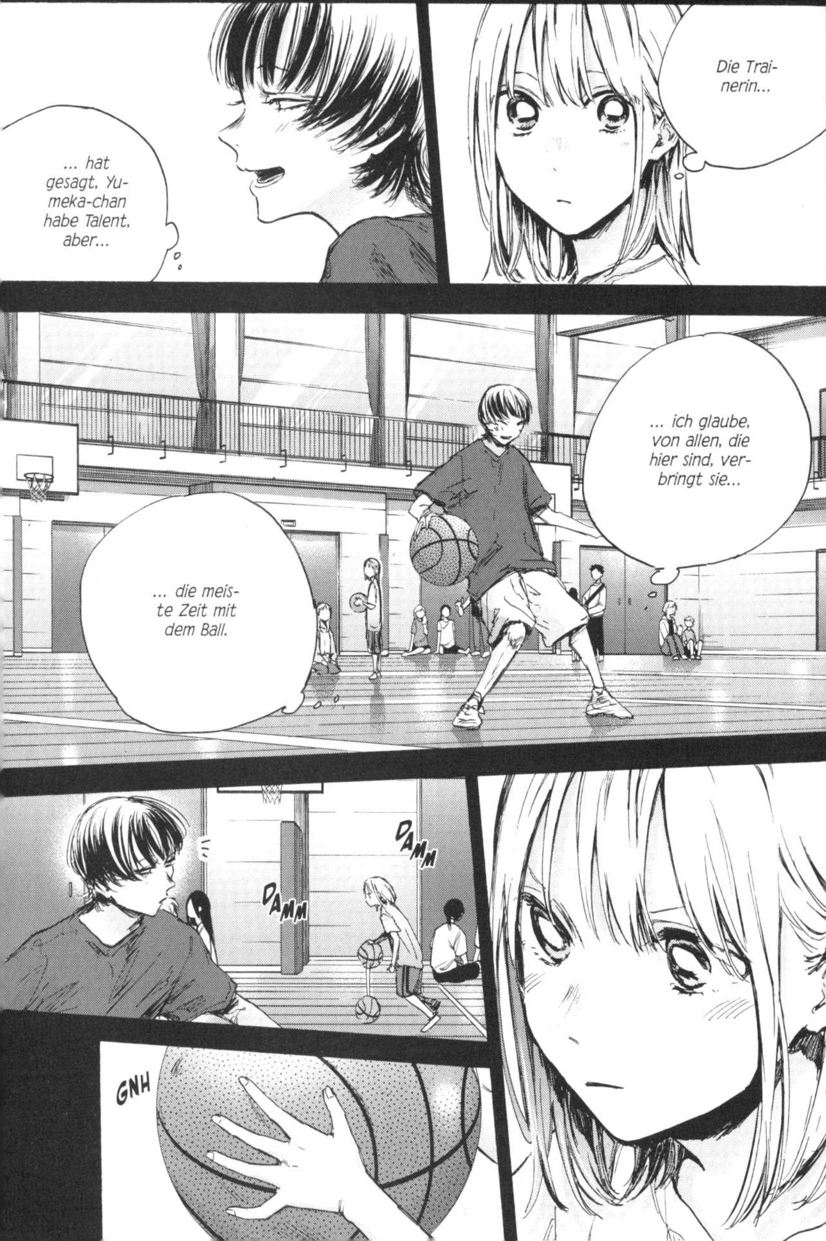
Die Trainerin...
... hat gesagt, Yumeka-chan habe Talent, aber...
... ich glaube, von allen, die hier sind, verbringt sie...
... die meiste Zeit mit dem Ball.
DAMM
DAMM
GNH

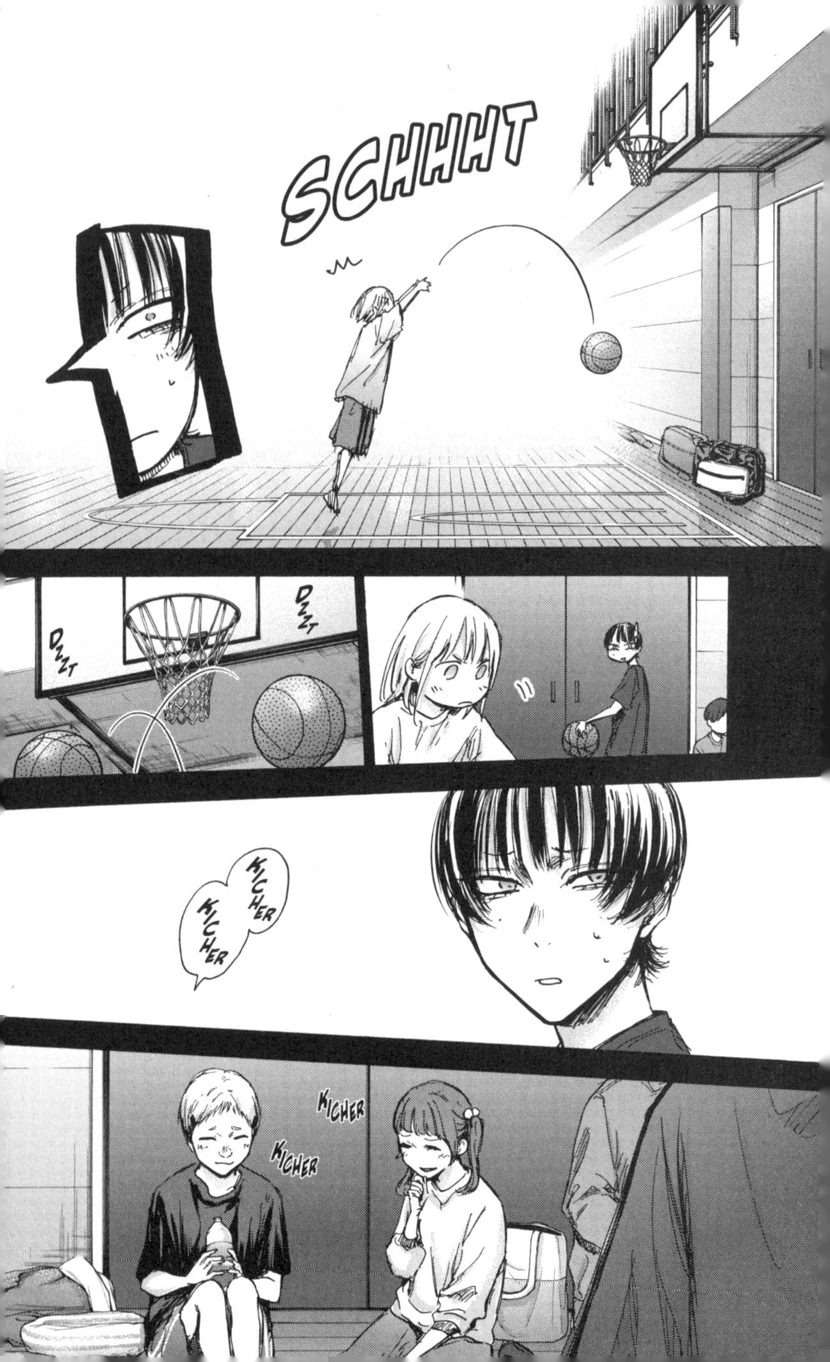
SCHHHT
DZZZT
DZZZT
KICHER KICHER
KICHER
KICHER

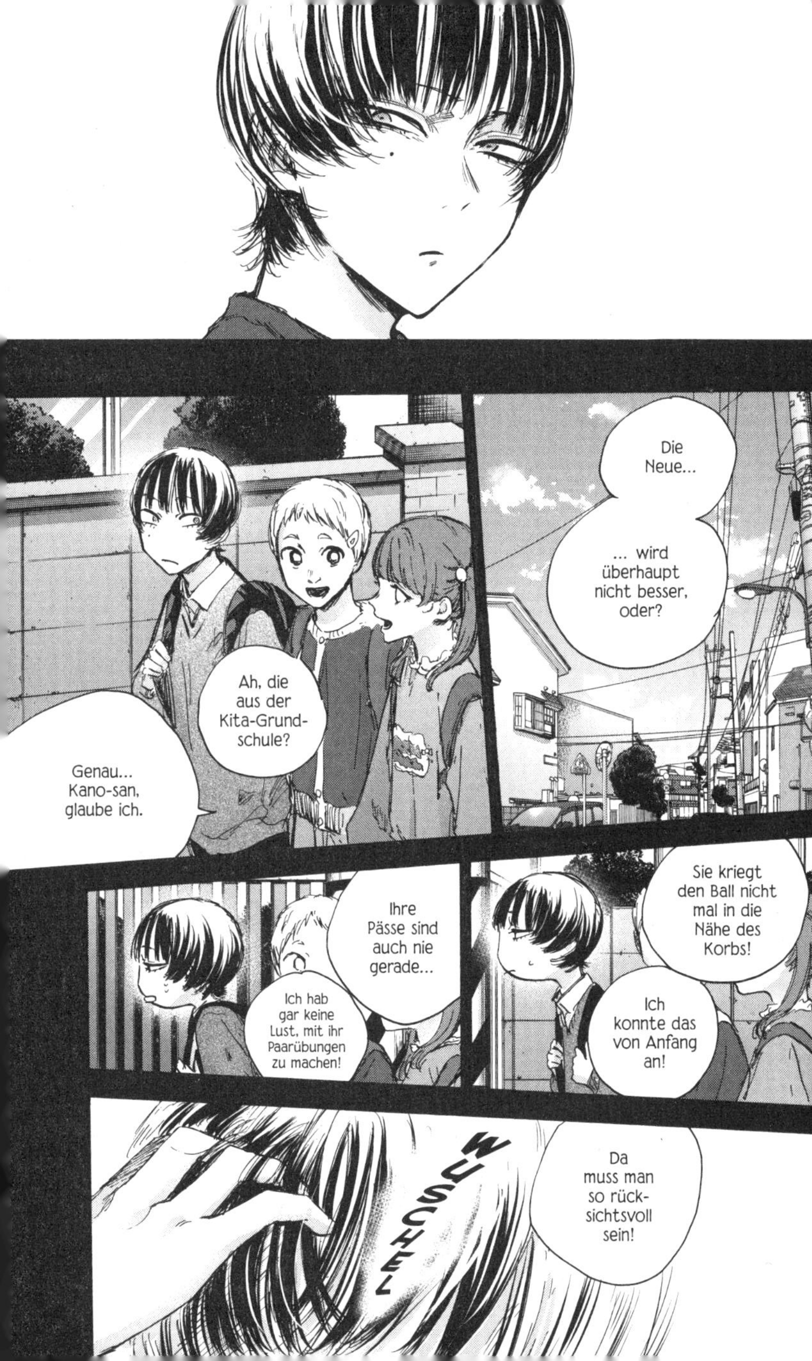
Die Neue...
... wird überhaupt nicht besser, oder?
Ah, die aus der Kita-Grundschule?
Genau... Kano-san, glaube ich.
Sie kriegt den Ball nicht mal in die Nähe des Korbs!
Ich konnte das von Anfang an!
Ihre Pässe sind auch nie gerade...
Ich hab gar keine Lust, mit ihr Paarübungen zu machen!
Da muss man so rücksichtsvoll sein!
WUSCHEL

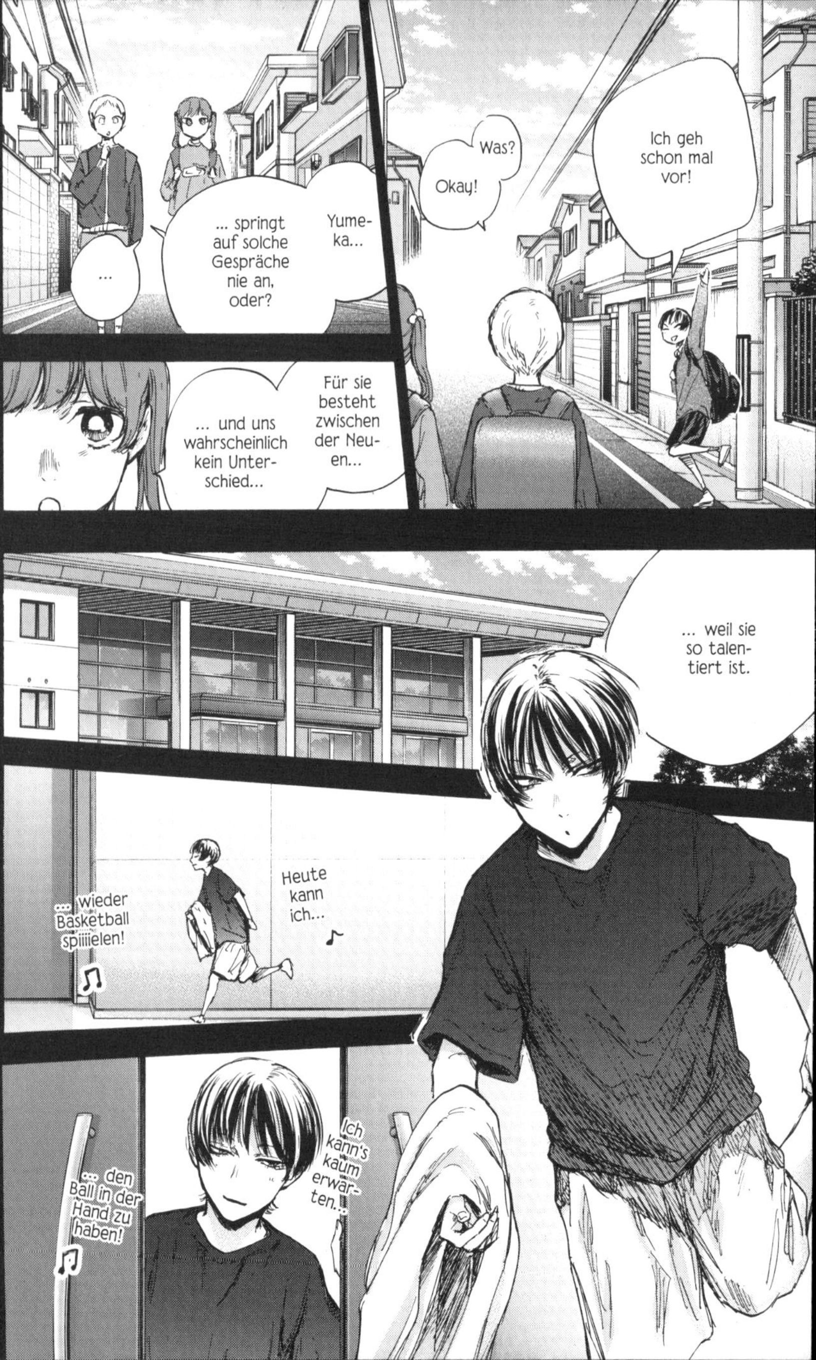
Ich geh schon mal vor!
Was?
Okay!
Yumeka...
... springt auf solche Gespräche nie an, oder?
...
Für sie besteht zwischen der Neuen...
... und uns wahrscheinlich kein Unterschied...
... weil sie so talentiert ist.
Heute kann ich...
... wieder Basketball spiiiielen!
Ich kann's kaum erwarten...
... den Ball in der Hand zu haben!

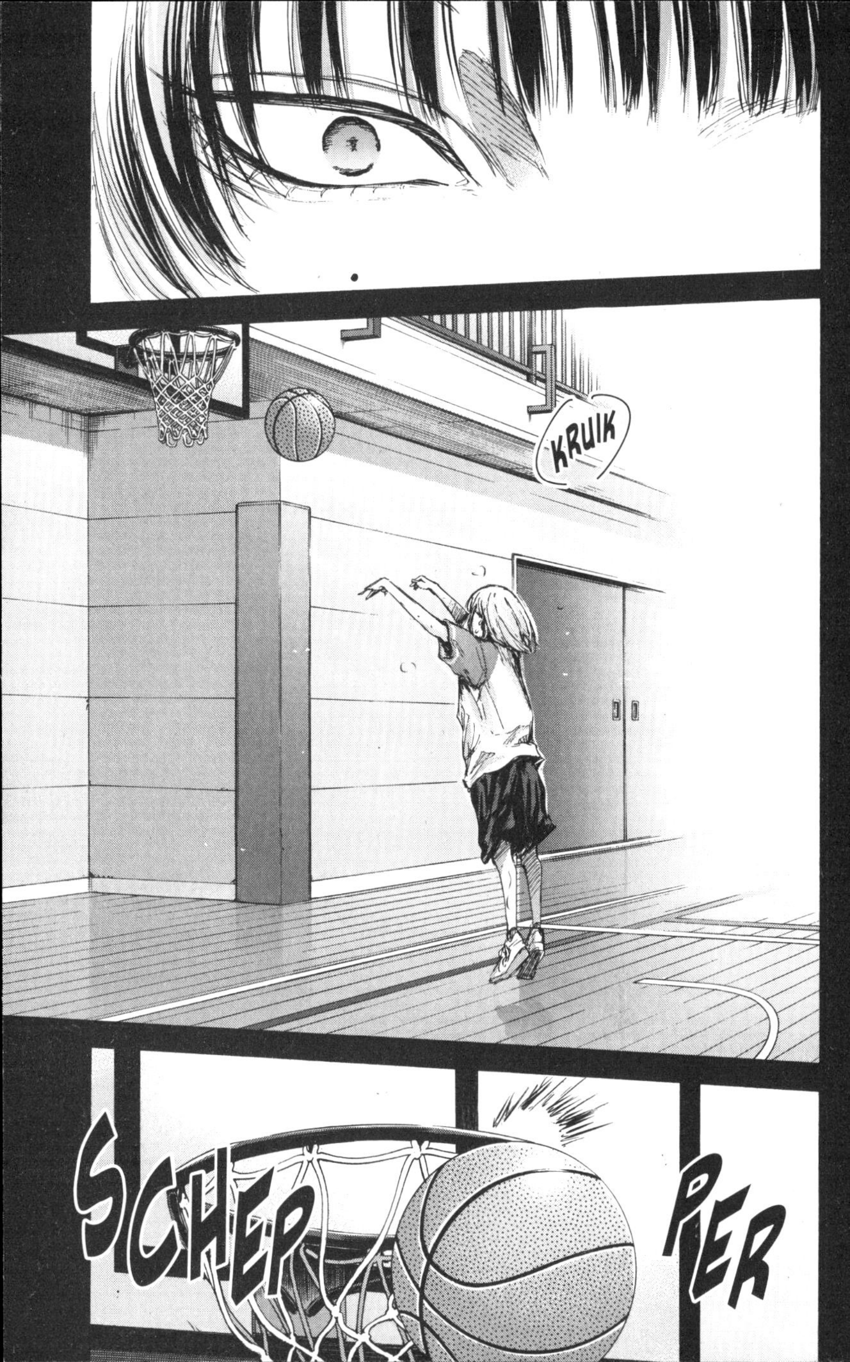
KRUIK
SCHEP
PER

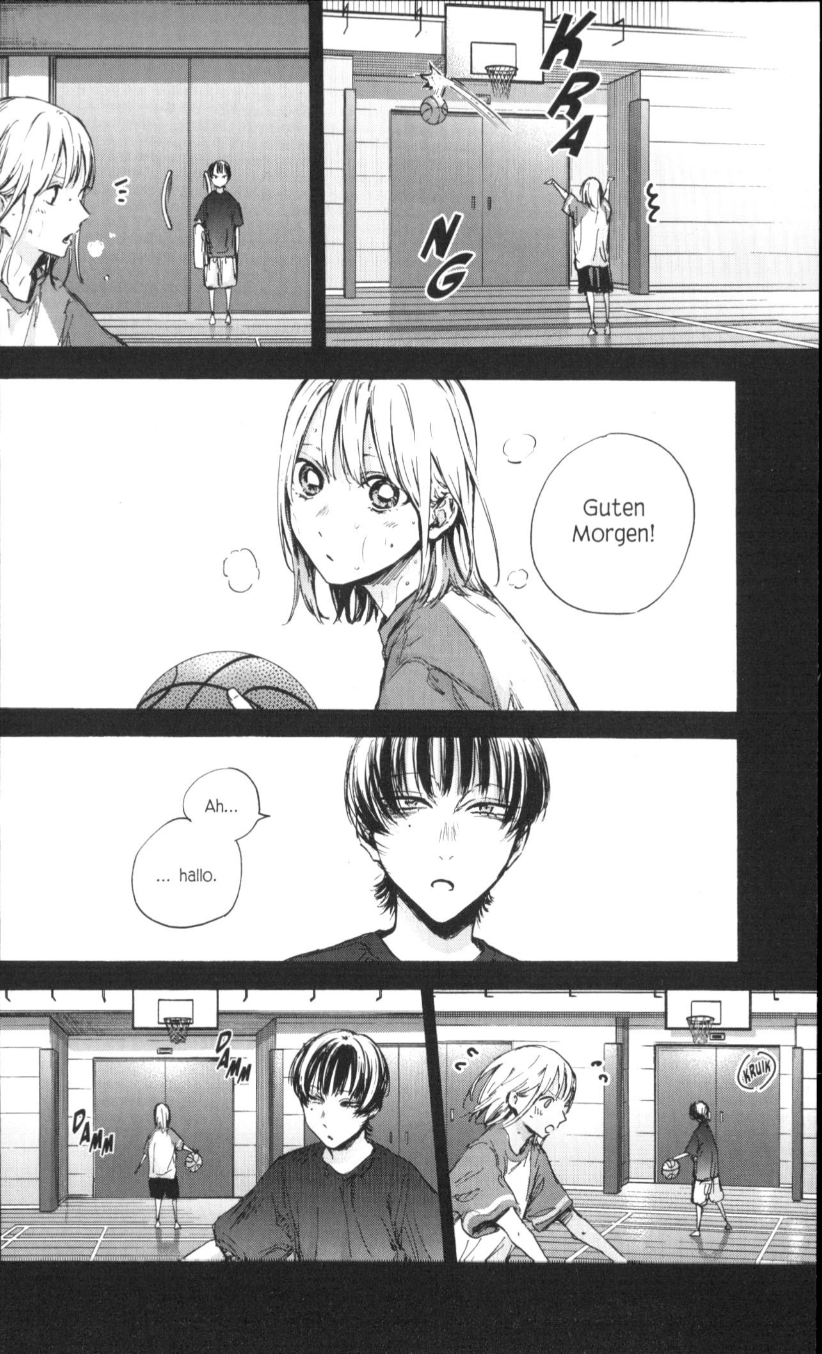
KRA
NG
Guten
Morgen!
Ah...
... hallo.
KNUK
DAMM
DAMM

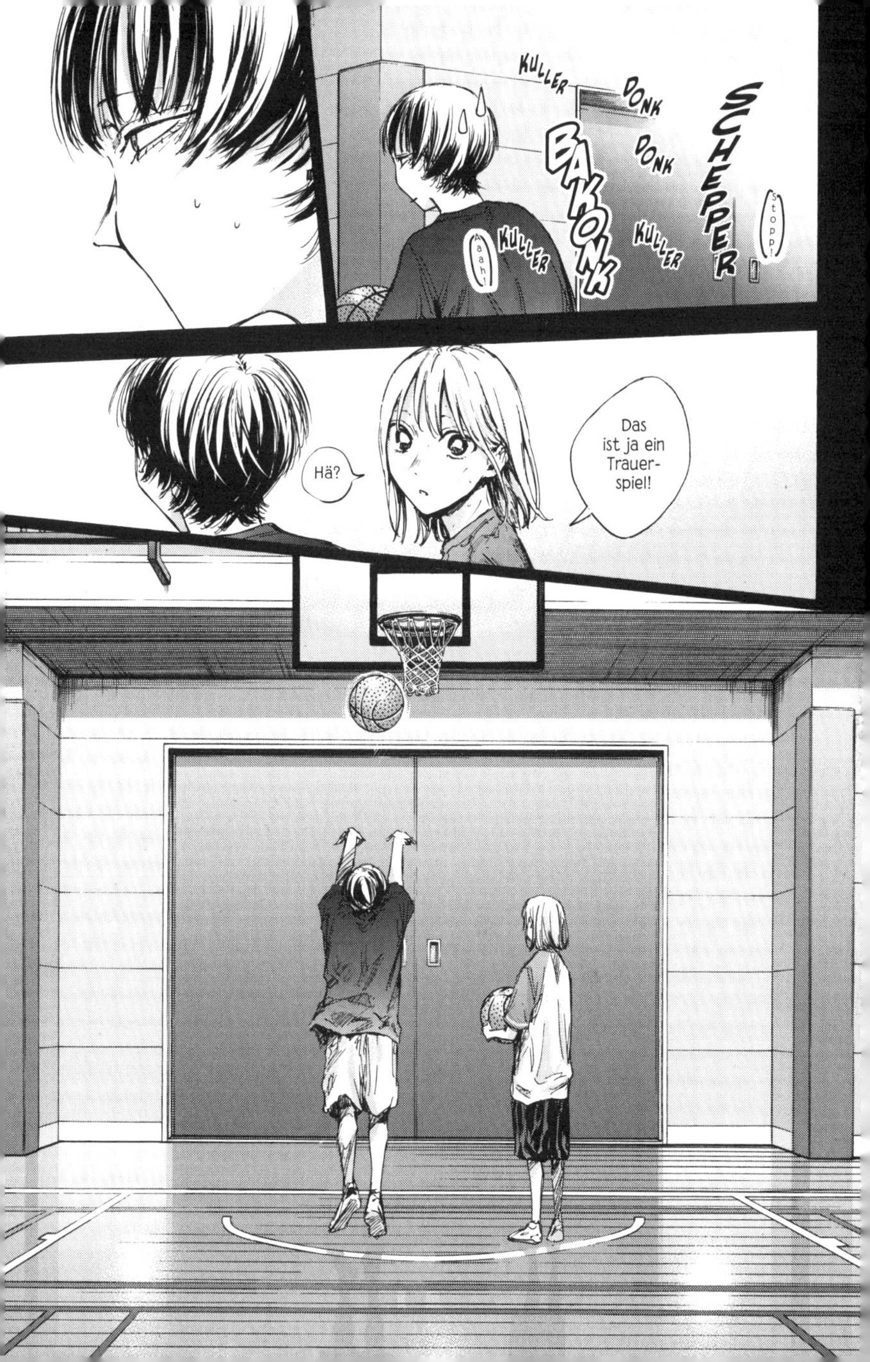
Stopp!
SCHEPPER
DONK
DONK
KULLER
BAKONK
KULLER
KULLER
Aaah!
KULLER
Das ist ja ein Trauerspiel!
Hä?

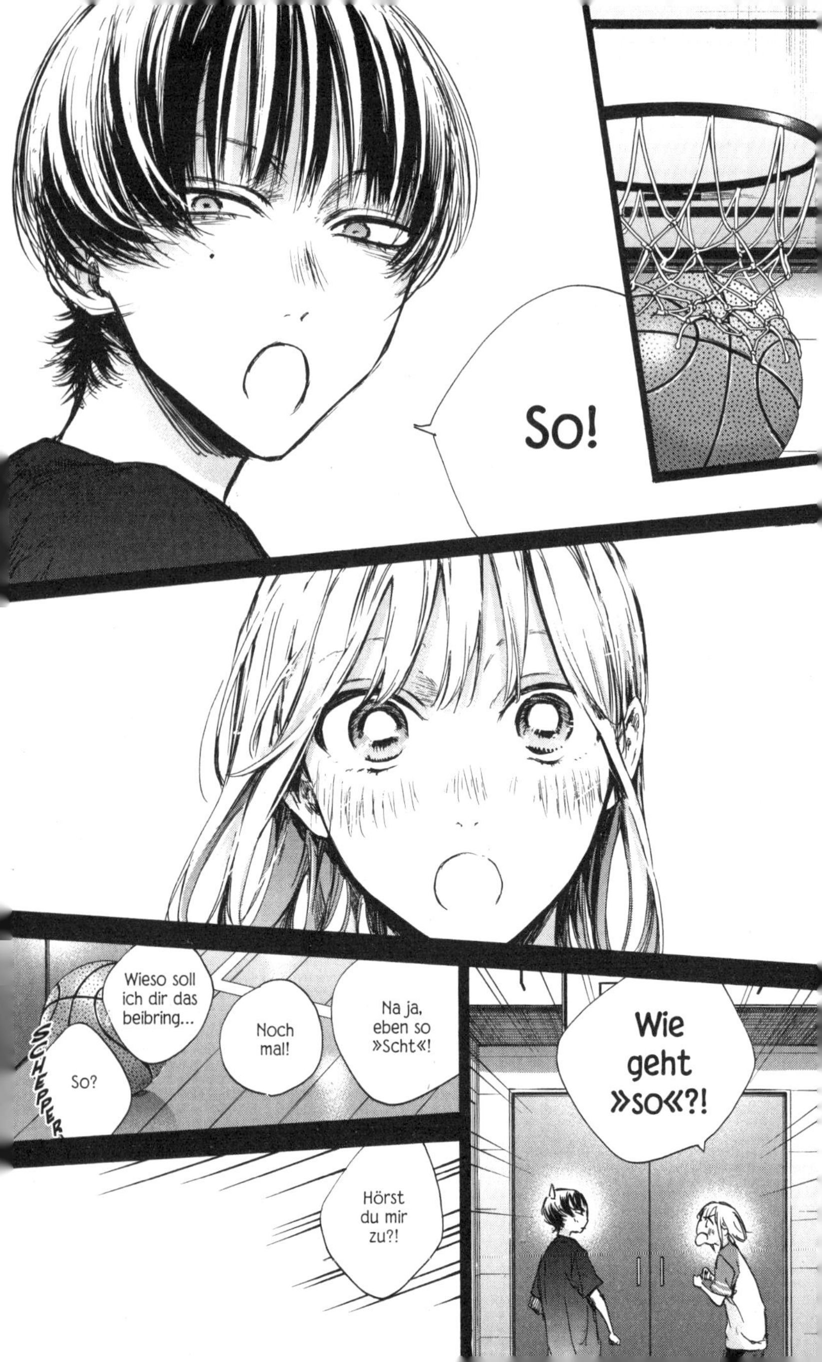
So!
Wie geht »so«?!
Na ja, eben so »Scht«!
Noch mal!
Wieso soll ich dir das beibring...
So?
SCHEPPER
Hörst du mir zu?!

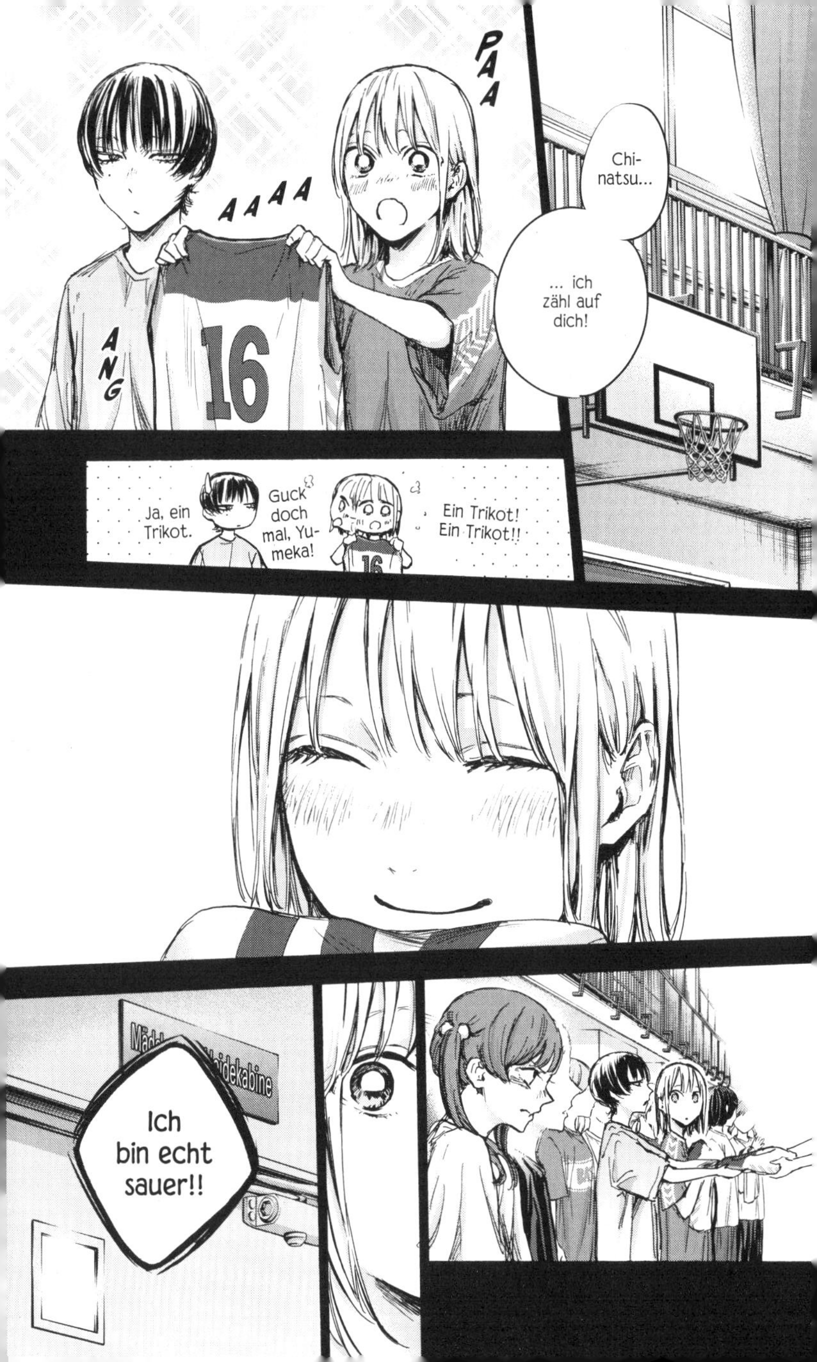
Chi-natsu...
... ich zähl auf dich!
PAAAAAAANG
Ein Trikot! Ein Trikot!!
Guck doch mal, Yu-meka!
Ja, ein Trikot.
Ich bin echt sauer!!

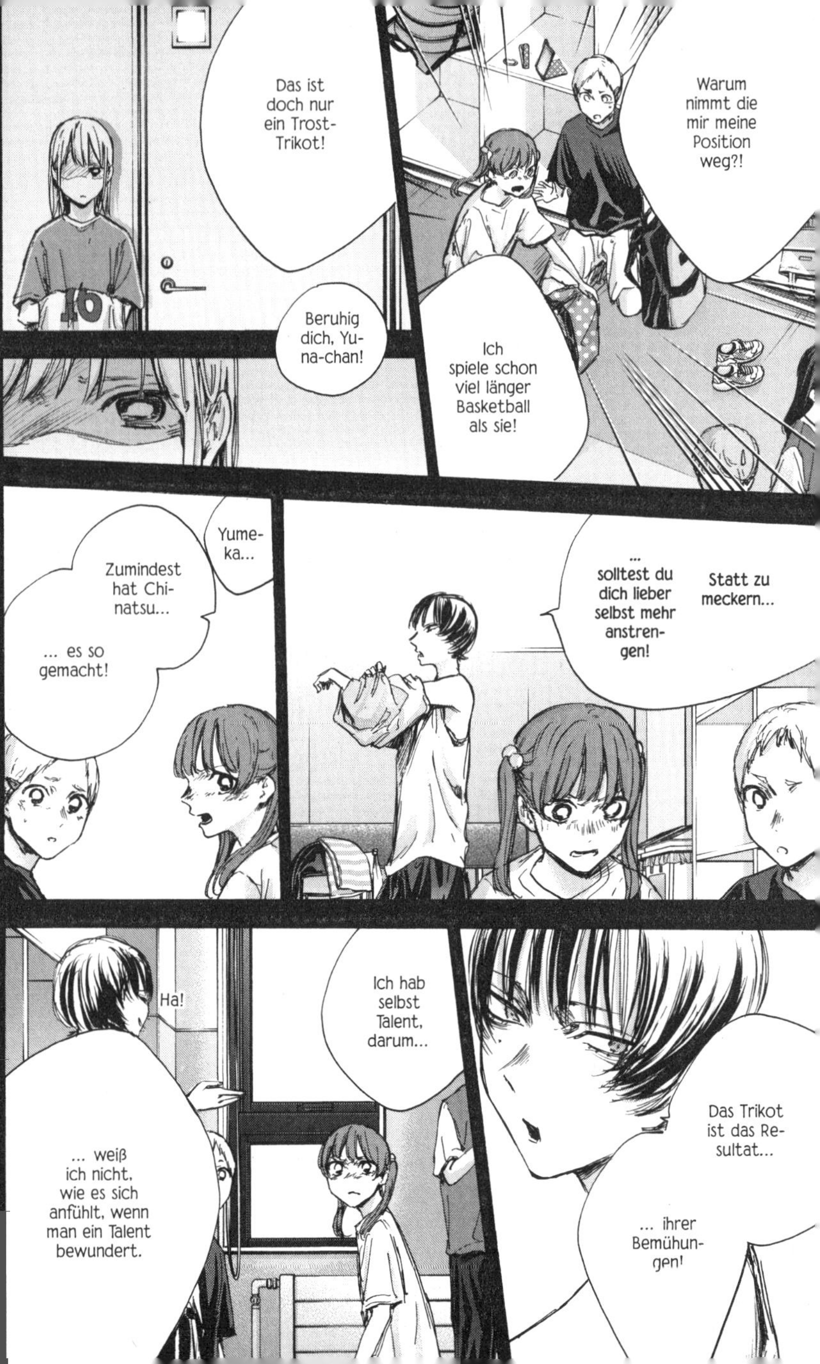
Warum nimmt die mir meine Position weg?!
Ich spiele schon viel länger Basketball als sie!
Das ist doch nur ein Trost-Trikot!
Beruhig dich, Yu-na-chan!
Statt zu meckern...
... solltest du dich lieber selbst mehr anstren-gen!
Yume-ka...
Zumindest hat Chi-natsu...
... es so gemacht!
Das Trikot ist das Re-sultat...
... ihrer Bemühun-gen!
Ha!
Ich hab selbst Talent, darum...
... weiß ich nicht, wie es sich anfühlt, wenn man ein Talent bewundert.

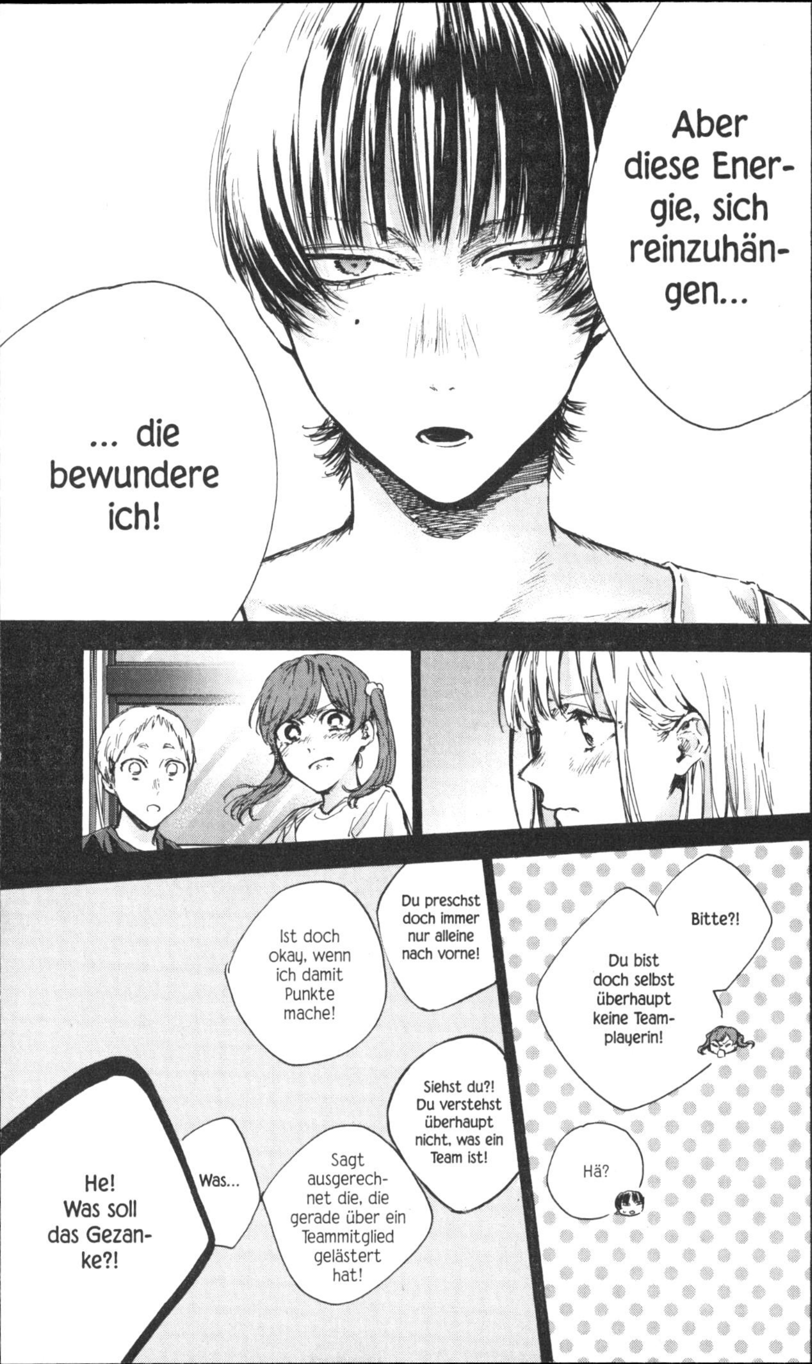
Aber diese Energie, sich reinzuhängen...
... die bewundere ich!
Du preschst doch immer nur alleine nach vorne!
Ist doch okay, wenn ich damit Punkte mache!
Bitte?!
Du bist doch selbst überhaupt keine Teamplayerin!
Hä?
Siehst du?! Du verstehst überhaupt nicht, was ein Team ist!
Sagt ausgerechnet die, die gerade über ein Teammitglied gelästert hat!
Was...
He! Was soll das Gezanke?!

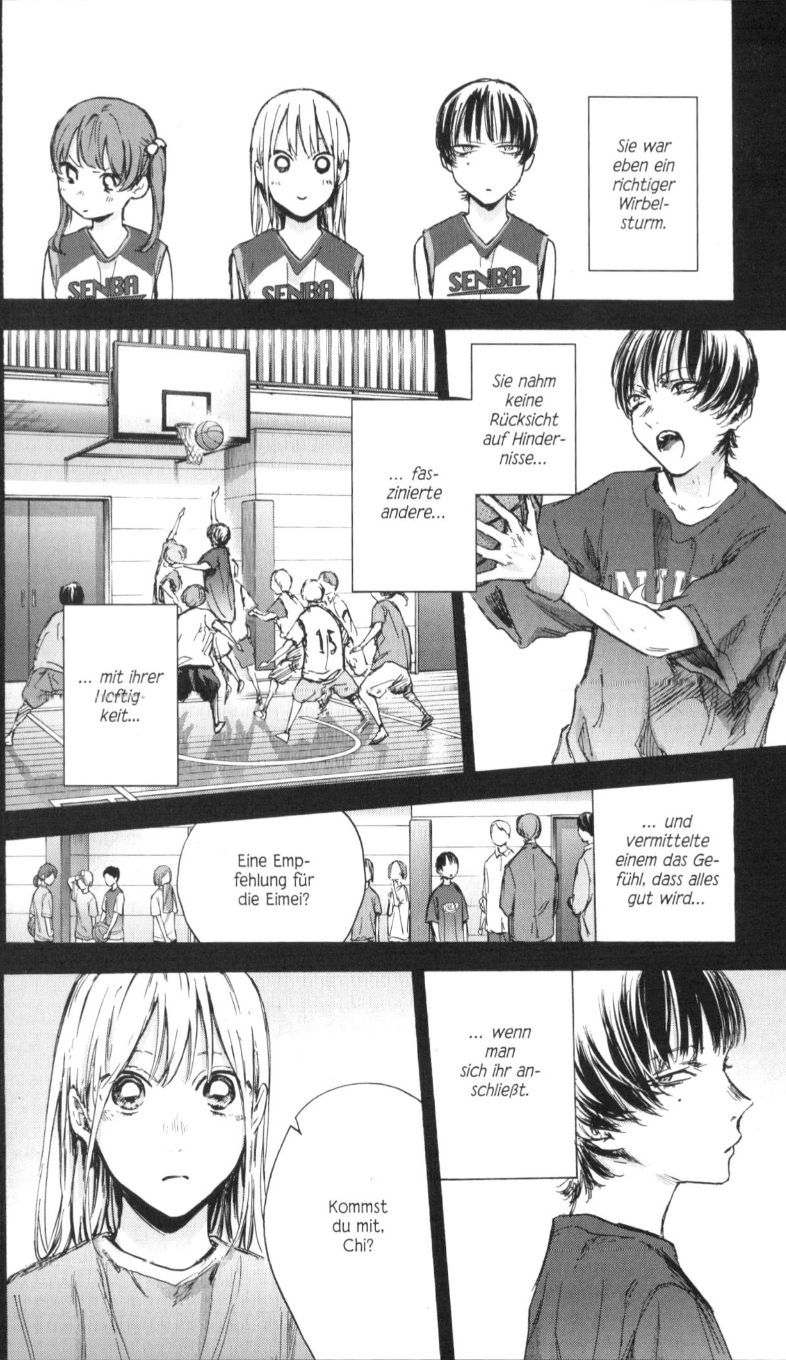
SENBA
Sie war eben ein richtiger Wirbel-sturm.
Sie nahm keine Rücksicht auf Hinder-nisse...
... fas-zinierte andere...
... mit ihrer Heftig-keit...
... und vermittelte einem das Ge-fühl, dass alles gut wird...
Eine Emp-fehlung für die Eimei?
... wenn man sich ihr an-schließt.
Kommst du mit, Chi?

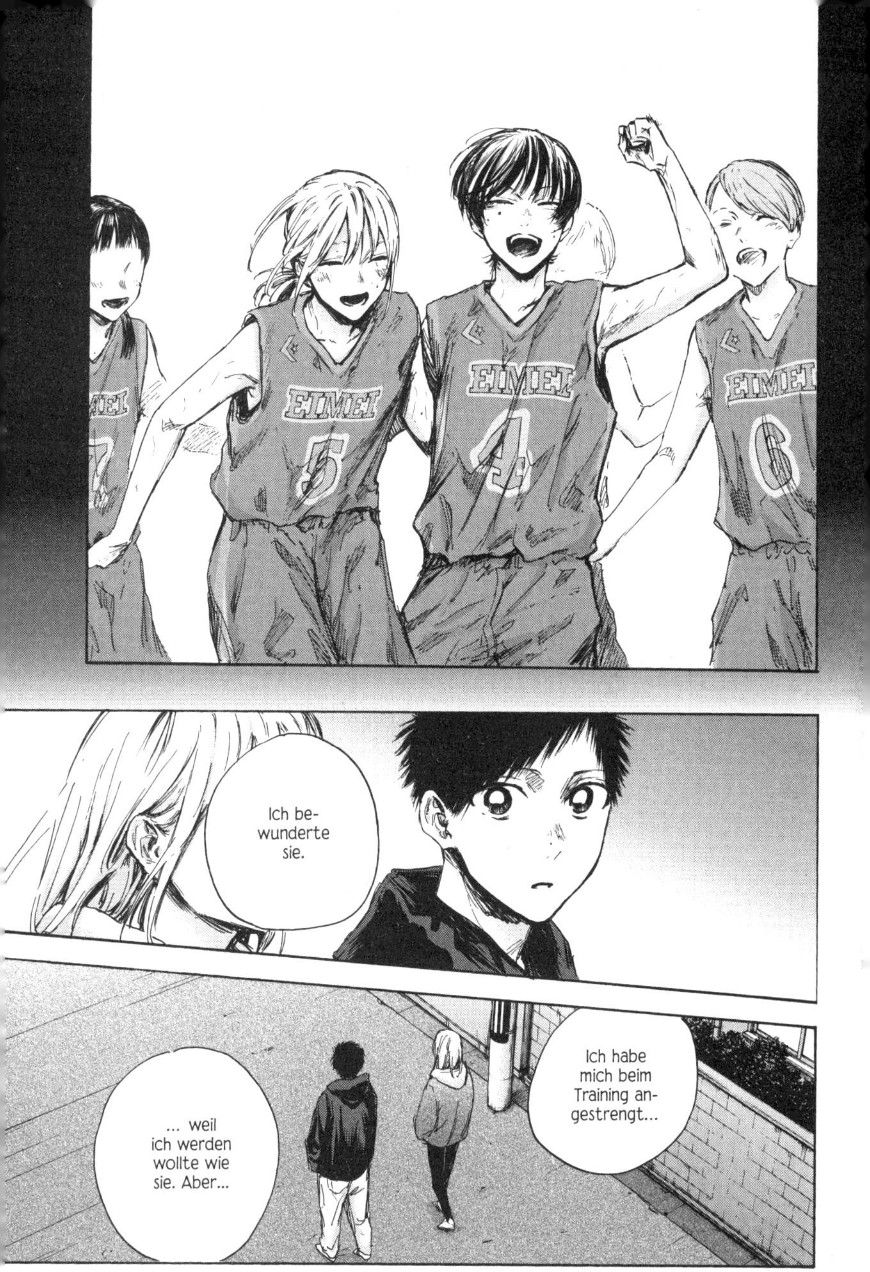
Ich bewunderte sie.
Ich habe mich beim Training angestrengt...
... weil ich werden wollte wie sie. Aber...

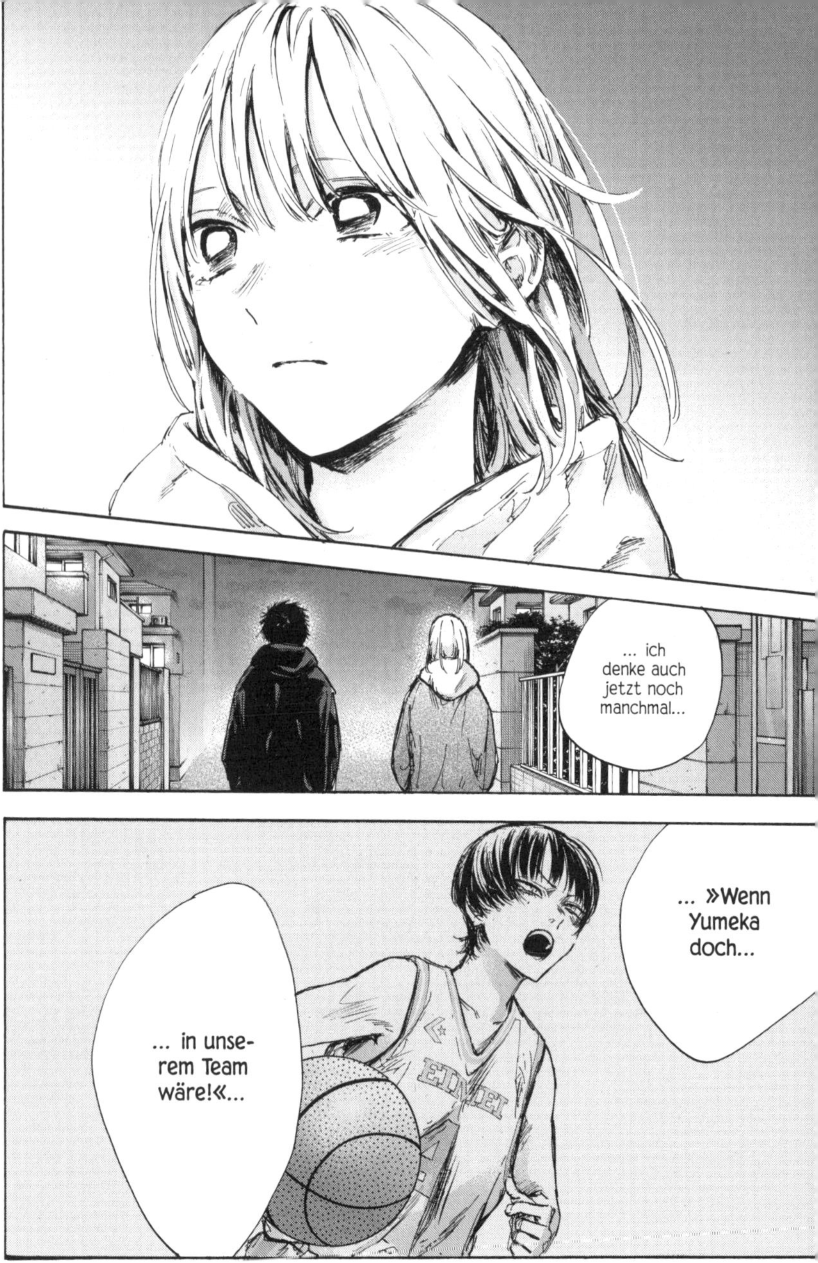
... ich denke auch jetzt noch manchmal...
... »Wenn Yumeka doch...
... in unserem Team wäre!«...

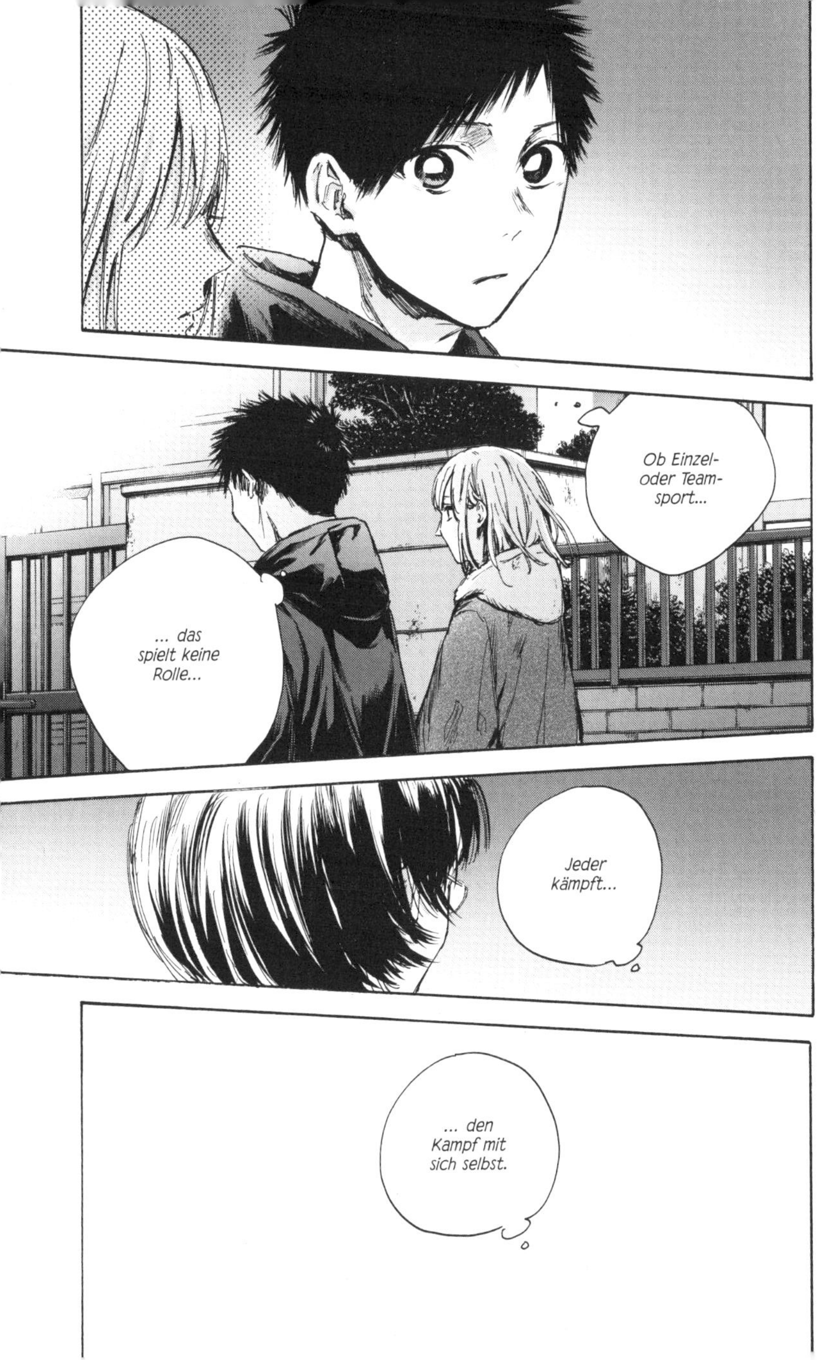
Ob Einzel- oder Team- sport...
... das spielt keine Rolle...
Jeder kämpft...
... den Kampf mit sich selbst.

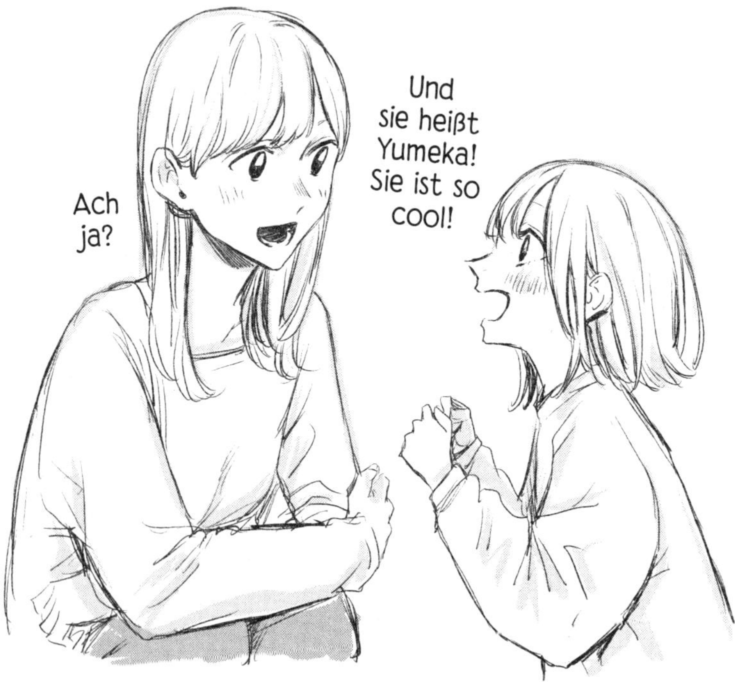
Und sie heißt Yumeka! Sie ist so cool!
Ach ja?

#87

Ausreden und gute Argumente

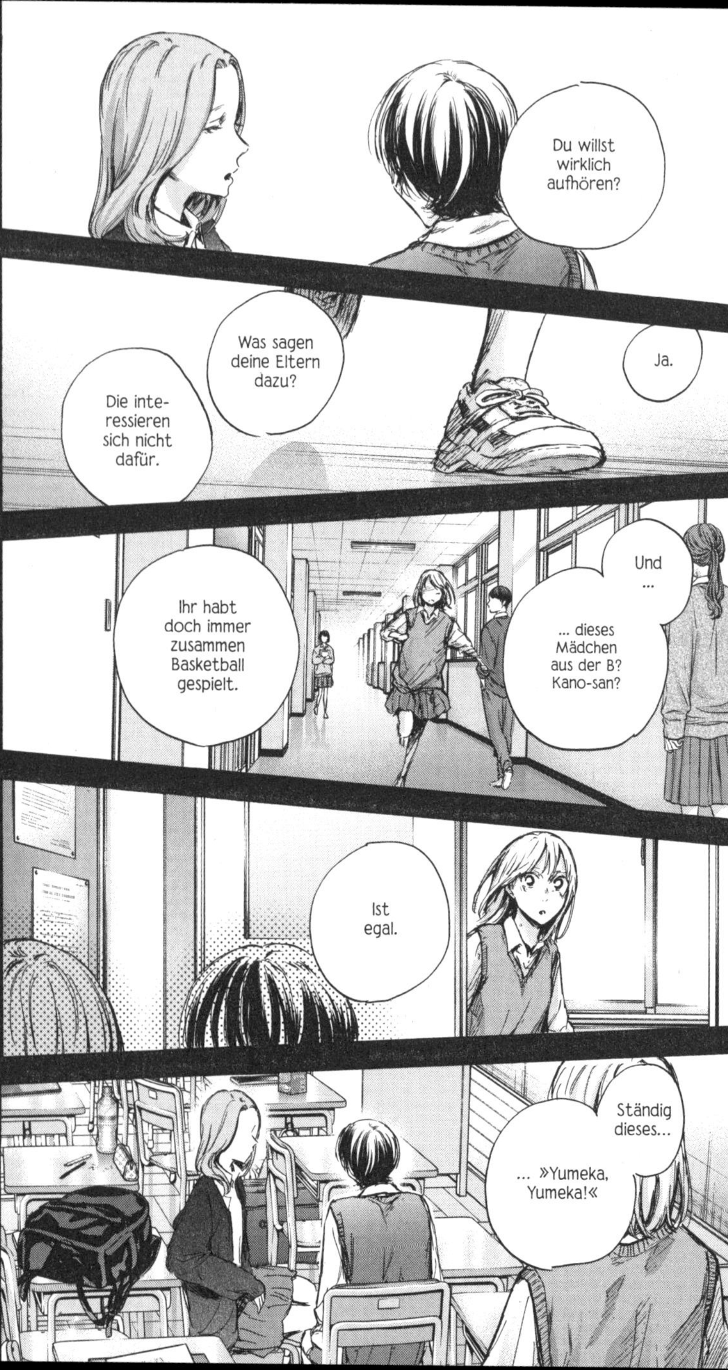
Du willst wirklich aufhören?
Ja.
Was sagen deine Eltern dazu?
Die interessieren sich nicht dafür.
Und ...
... dieses Mädchen aus der B? Kano-san?
Ihr habt doch immer zusammen Basketball gespielt.
Ist egal.
Ständig dieses...
... »Yumeka, Yumeka!«

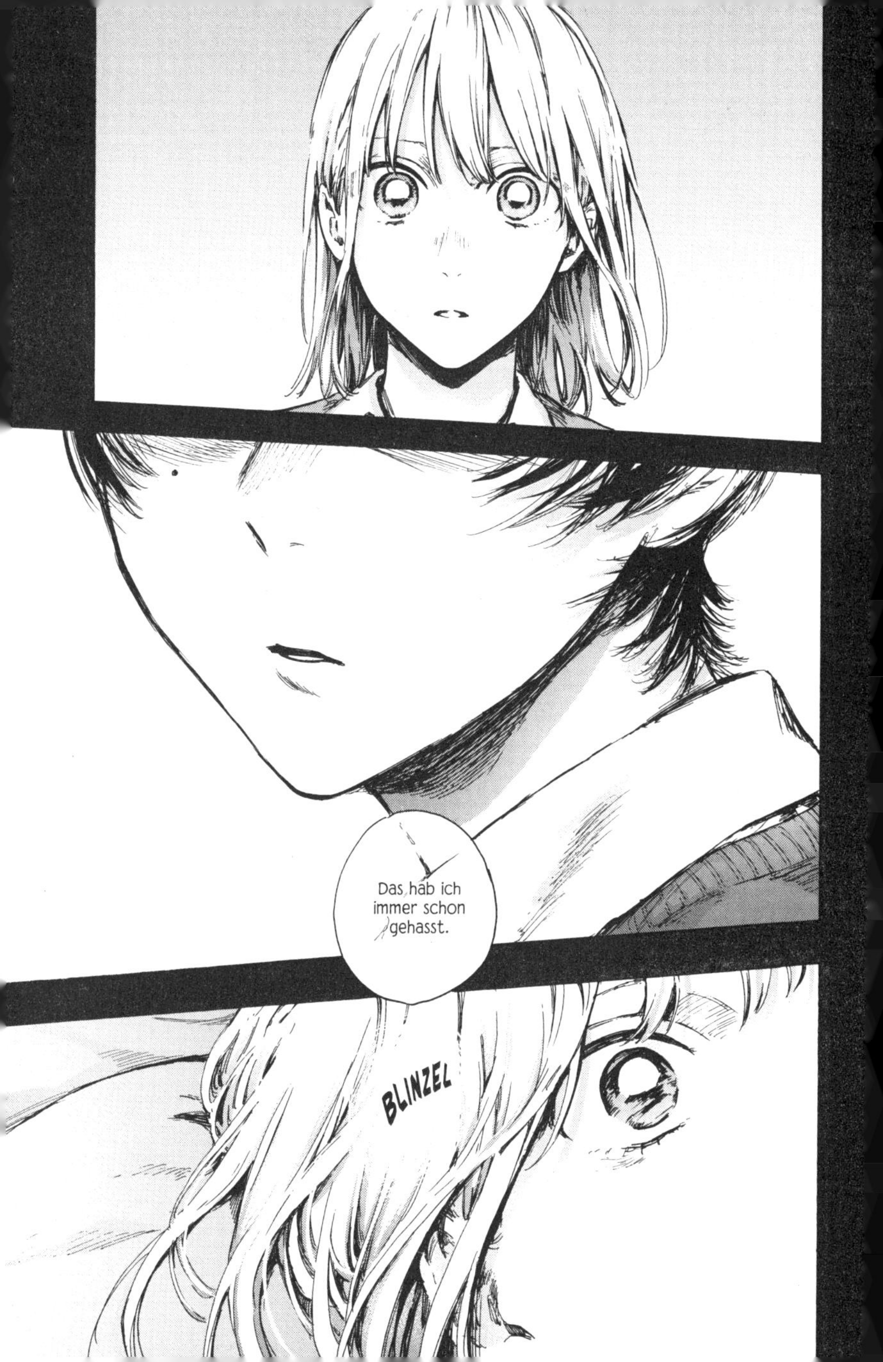
Das hab ich immer schon gehasst.
BLINZEL

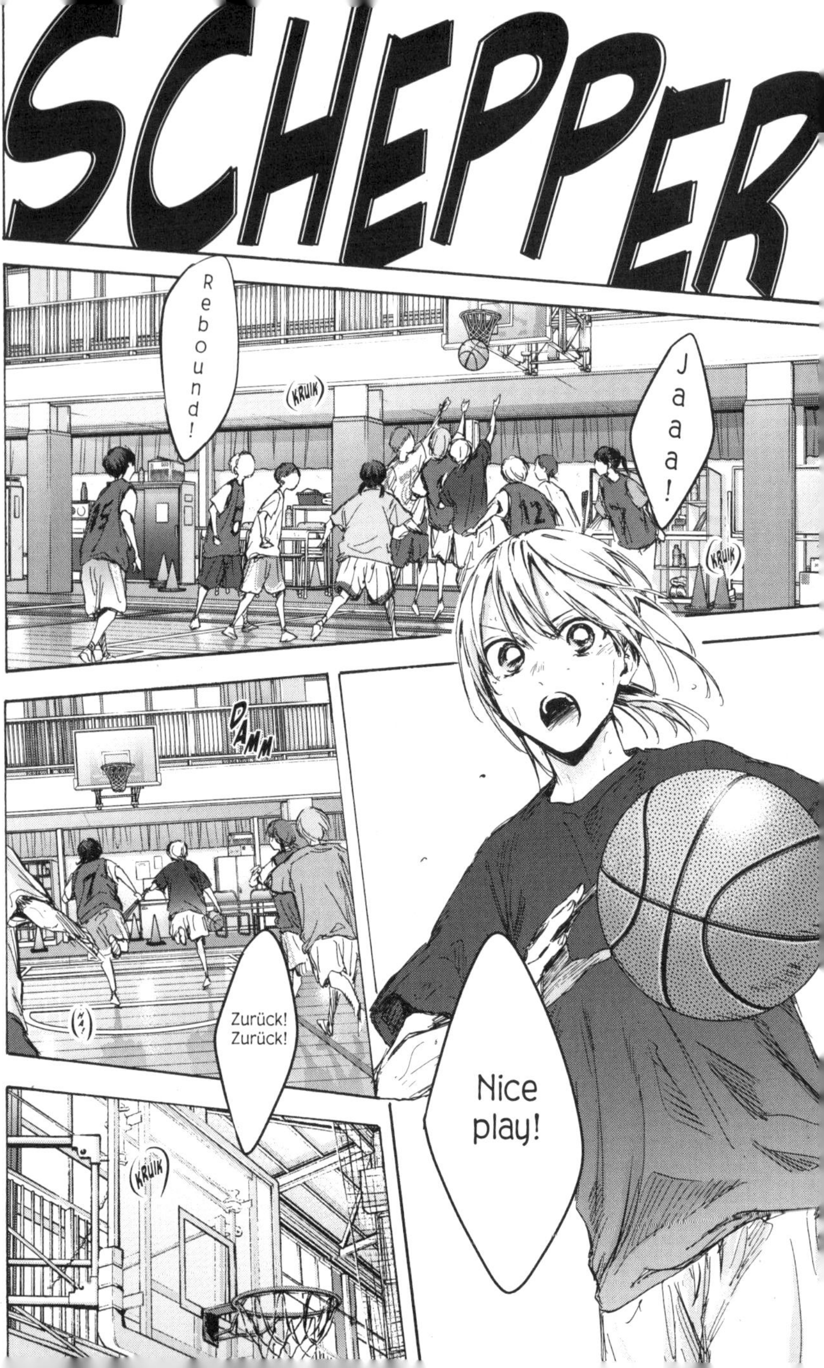
SCHEPPER
Jaaa!
KRUIK
Rebound!
KRUIK
Nice play!
DAMM
Zurück! Zurück!
KRUIK

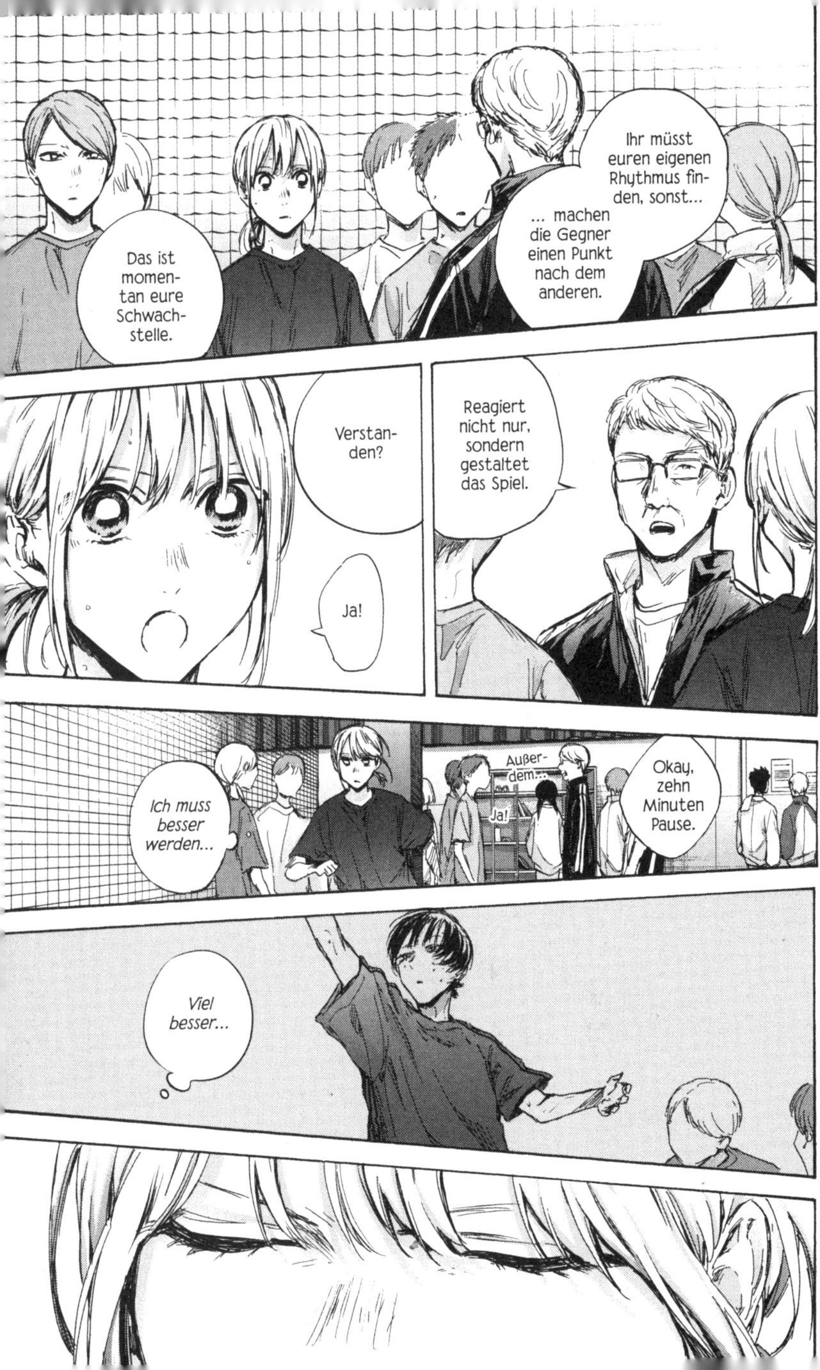
Ihr müsst euren eigenen Rhythmus finden, sonst...
... machen die Gegner einen Punkt nach dem anderen.
Das ist momentan eure Schwachstelle.
Reagiert nicht nur, sondern gestaltet das Spiel.
Verstanden?
Ja!
Okay, zehn Minuten Pause.
Außerdem...
Ja!
Ich muss besser werden...
Viel besser...

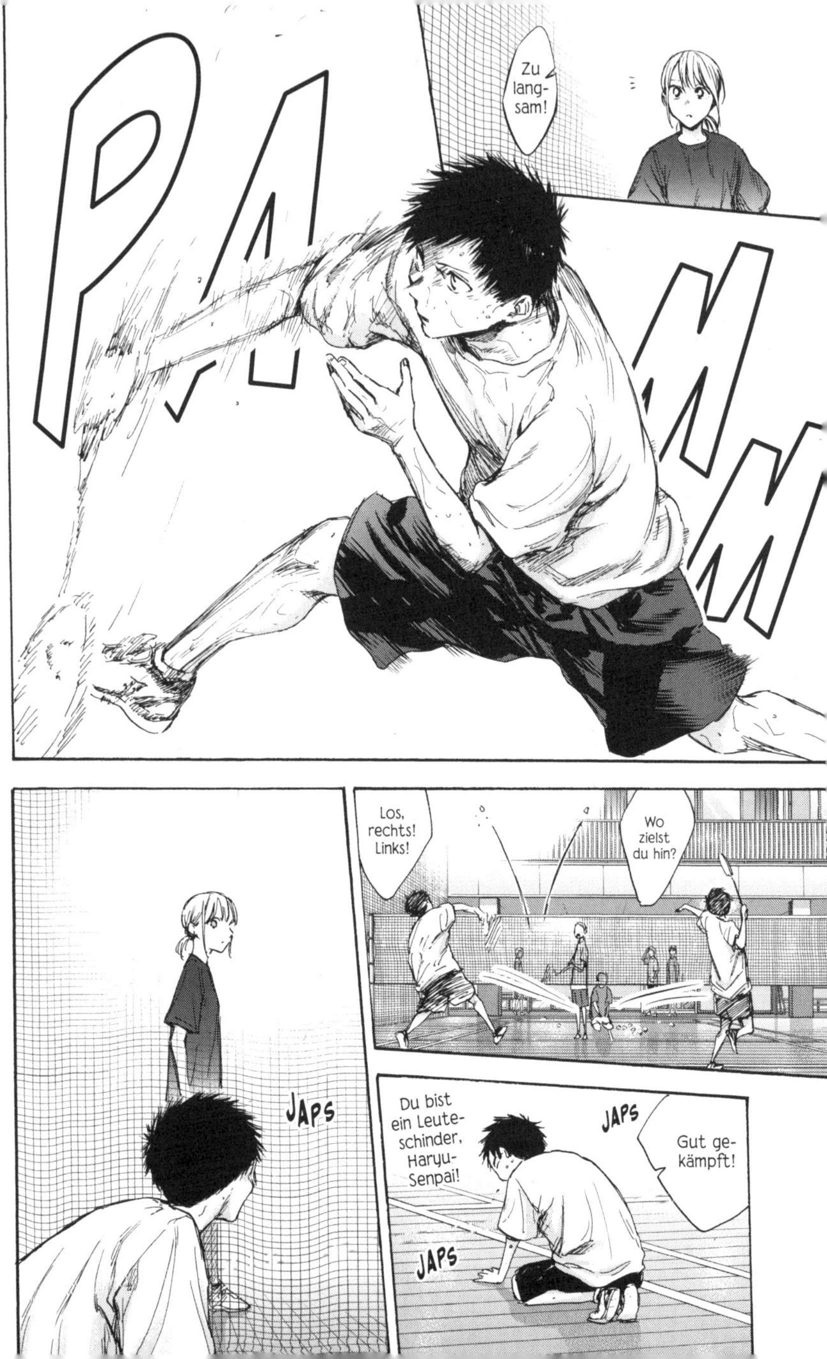
Zu langsam!
PAMMM
Wo zielst du hin?
Los, rechts! Links!
Gut gekämpft!
JAPS
Du bist ein Leuteschinder, Haryu-Senpai!
JAPS
JAPS

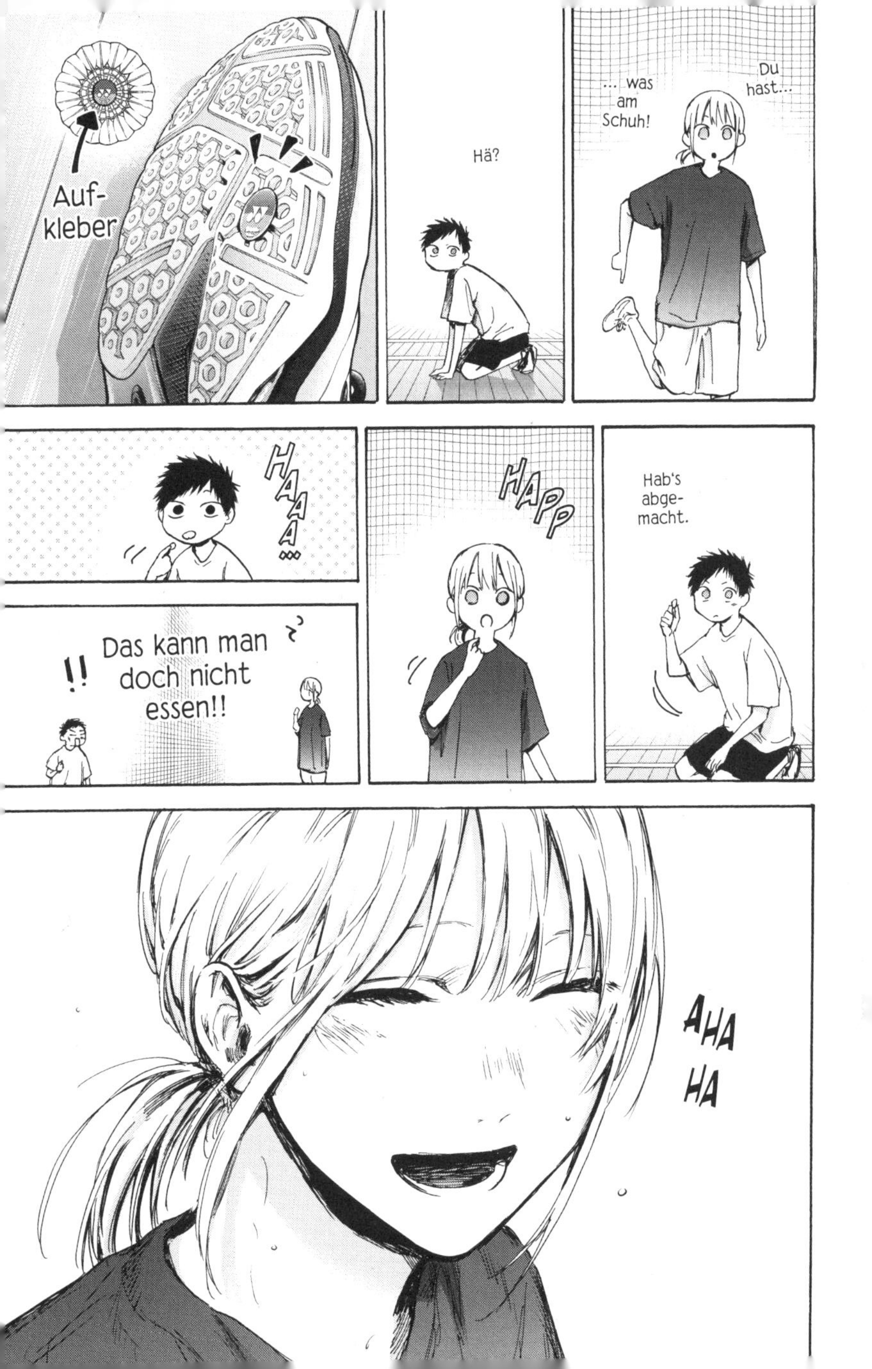
Du hast...
... was am Schuh!
Hä?
Auf-kleber
Hab's abge-macht.
HAPP
HAAAA...
!!
Das kann man doch nicht essen!!
AHA HA HA

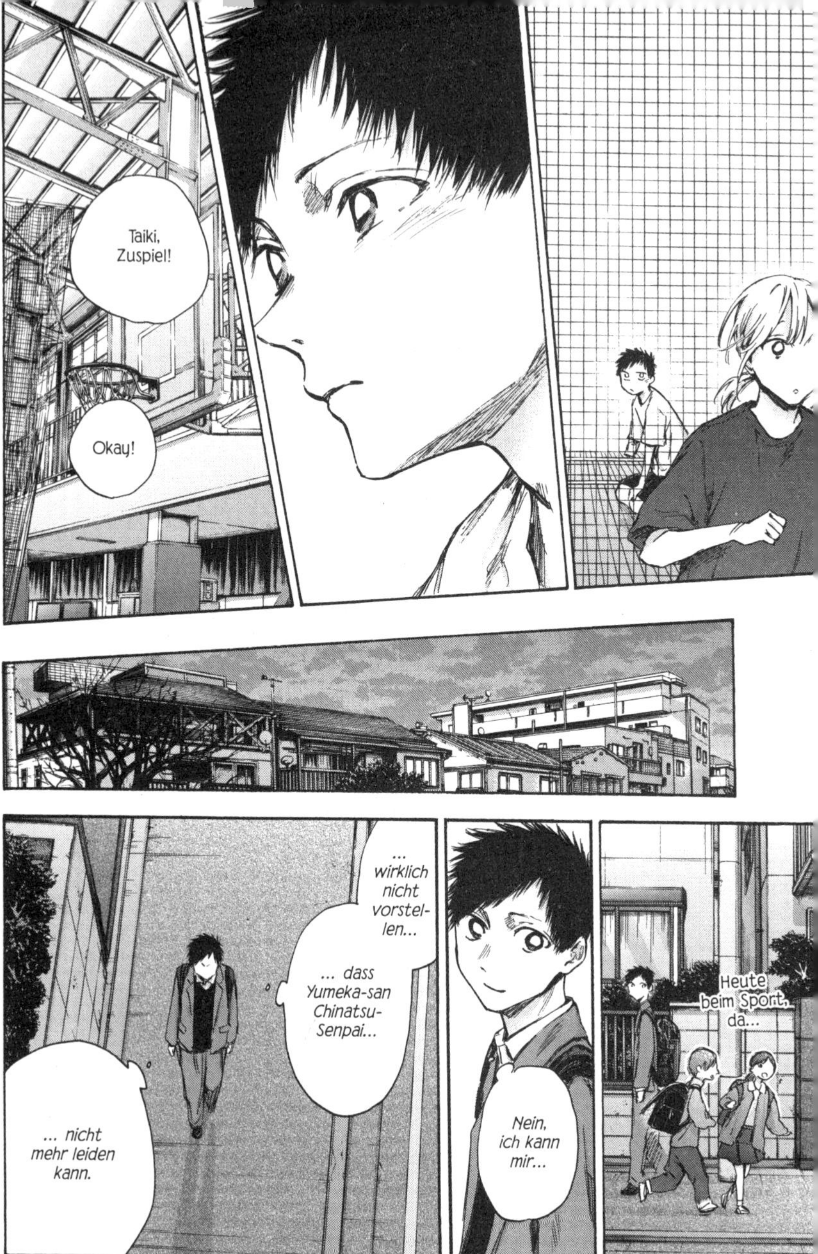
Taiki, Zuspiel!
Okay!
Heute beim Sport, da...
Nein, ich kann mir...
... wirklich nicht vorstellen...
... dass Yumeka-san Chinatsu-Senpai...
... nicht mehr leiden kann.

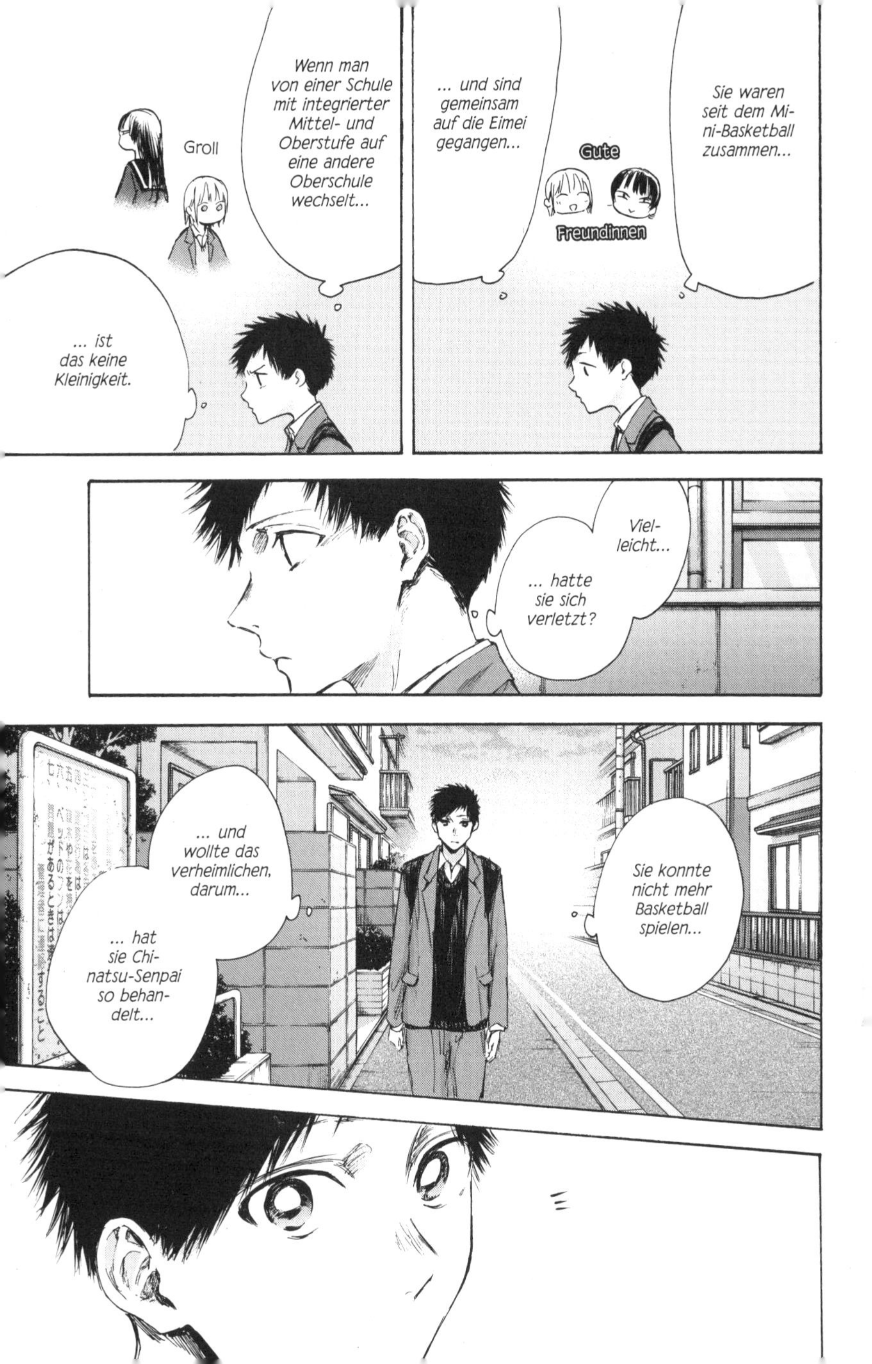
Sie waren seit dem Mini-Basketball zusammen...
Gute Freundinnen
... und sind gemeinsam auf die Eimei gegangen...
Wenn man von einer Schule mit integrierter Mittel- und Oberstufe auf eine andere Oberschule wechselt...
Groll
... ist das keine Kleinigkeit.
Vielleicht...
... hatte sie sich verletzt?
Sie konnte nicht mehr Basketball spielen...
... und wollte das verheimlichen, darum...
... hat sie Chinatsu-Senpai so behandelt...

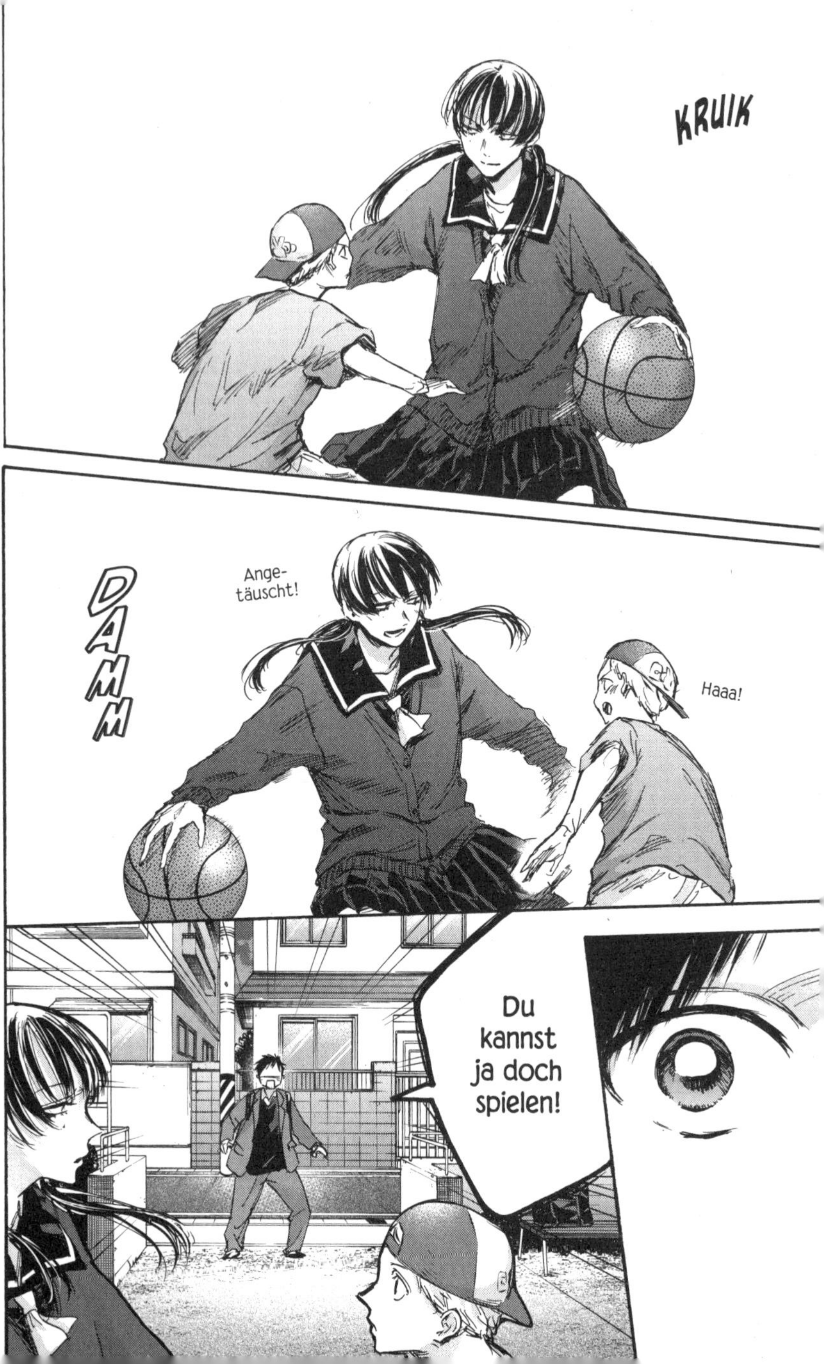
KRUIK
Ange-täuscht!
Haaa!
DAMM
Du kannst ja doch spielen!

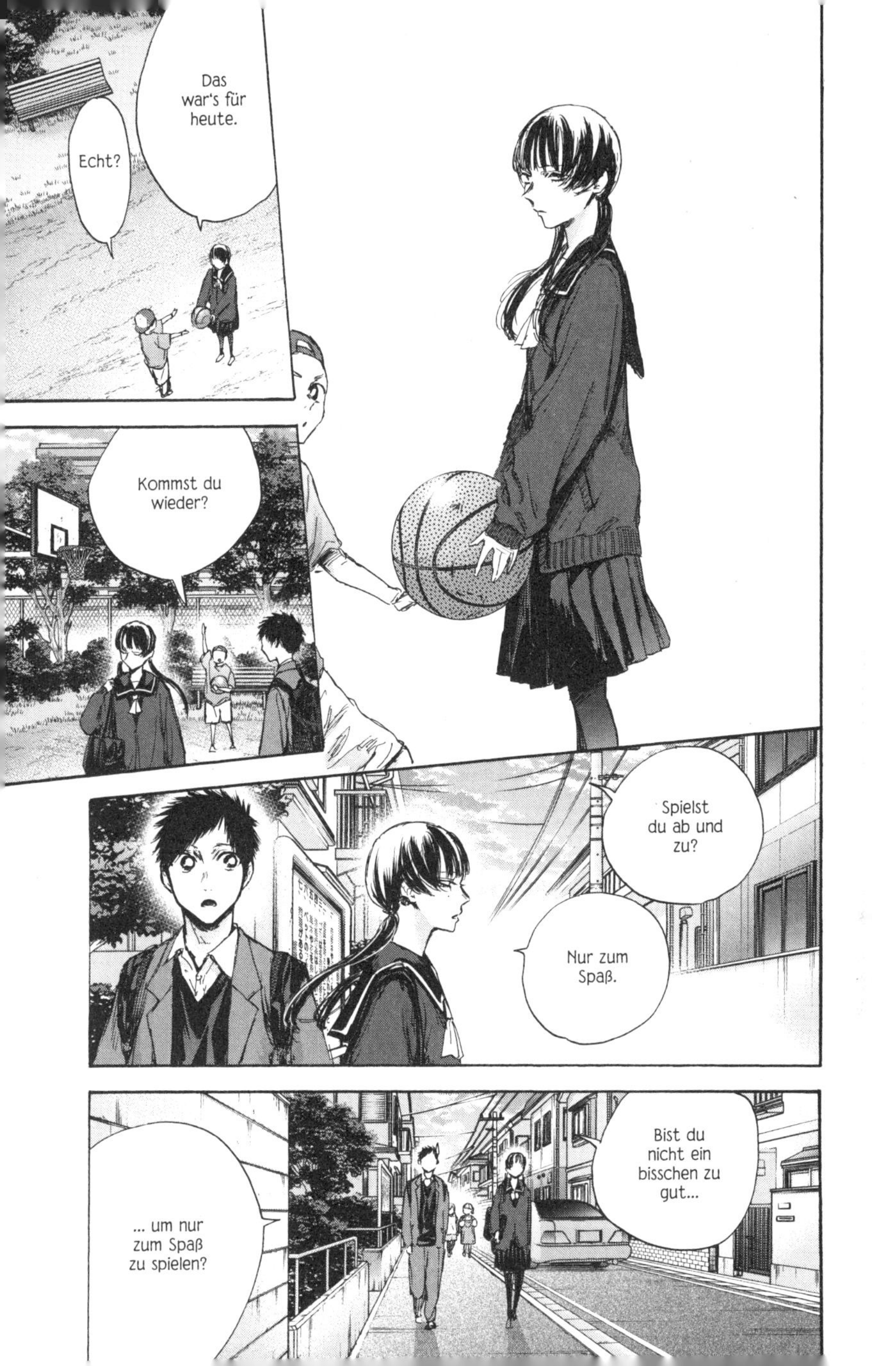
Das war's für heute.
Echt?
Kommst du wieder?
Spielst du ab und zu?
Nur zum Spaß.
Bist du nicht ein bisschen zu gut...
... um nur zum Spaß zu spielen?

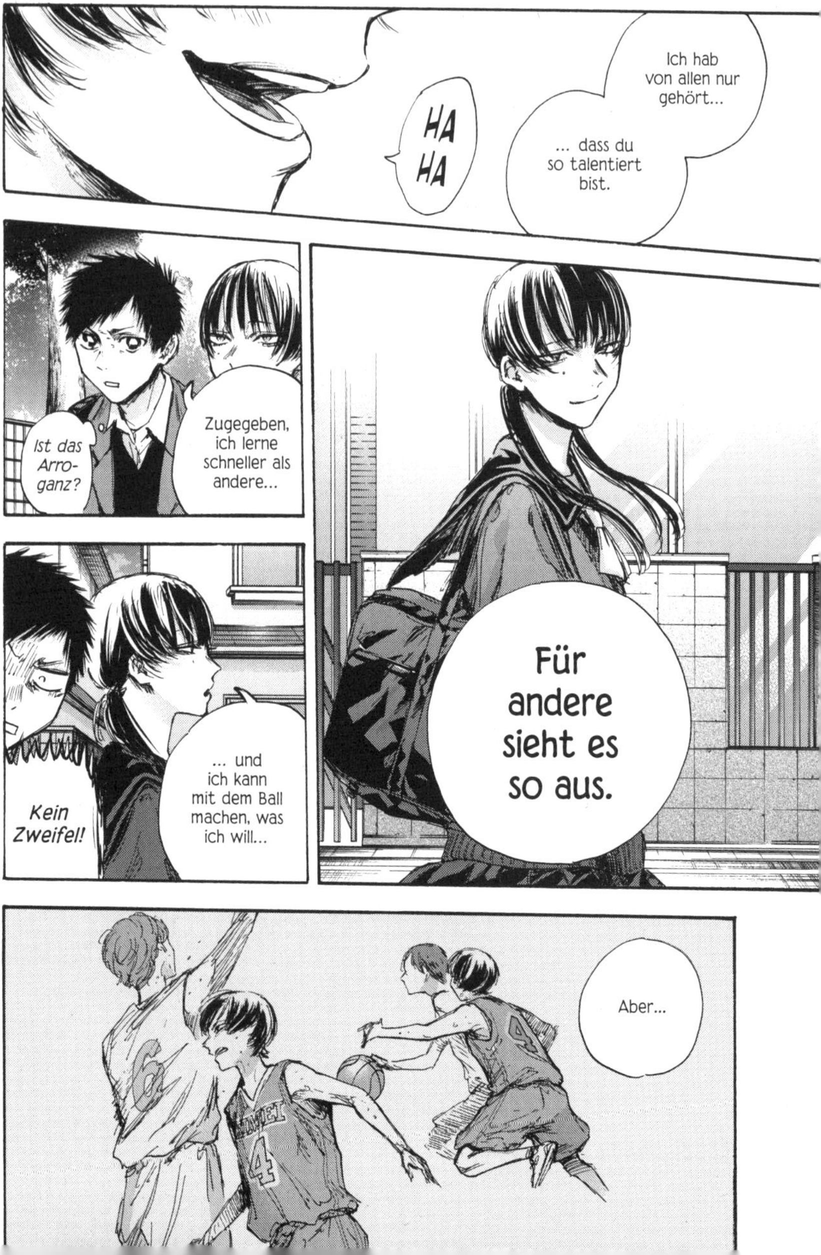
Ich hab von allen nur gehört...
... dass du so talentiert bist.
HA HA
Zugegeben, ich lerne schneller als andere...
Ist das Arroganz?
Für andere sieht es so aus.
... und ich kann mit dem Ball machen, was ich will...
Kein Zweifel!
Aber...

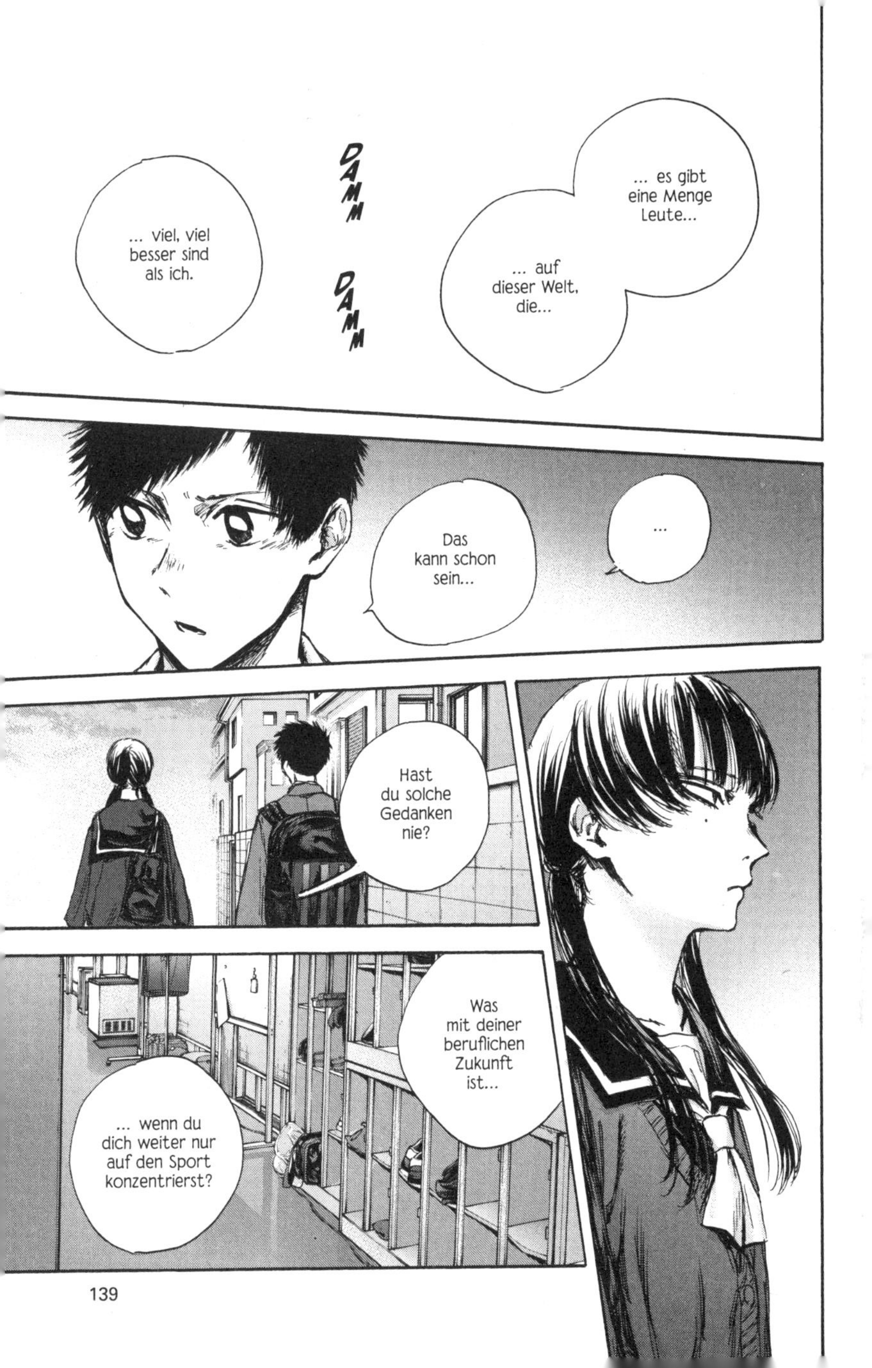
... es gibt eine Menge Leute...
... auf dieser Welt, die...
DAMM DAMM
... viel, viel besser sind als ich.
...
Das kann schon sein...
Hast du solche Gedanken nie?
Was mit deiner beruflichen Zukunft ist...
... wenn du dich weiter nur auf den Sport konzentrierst?

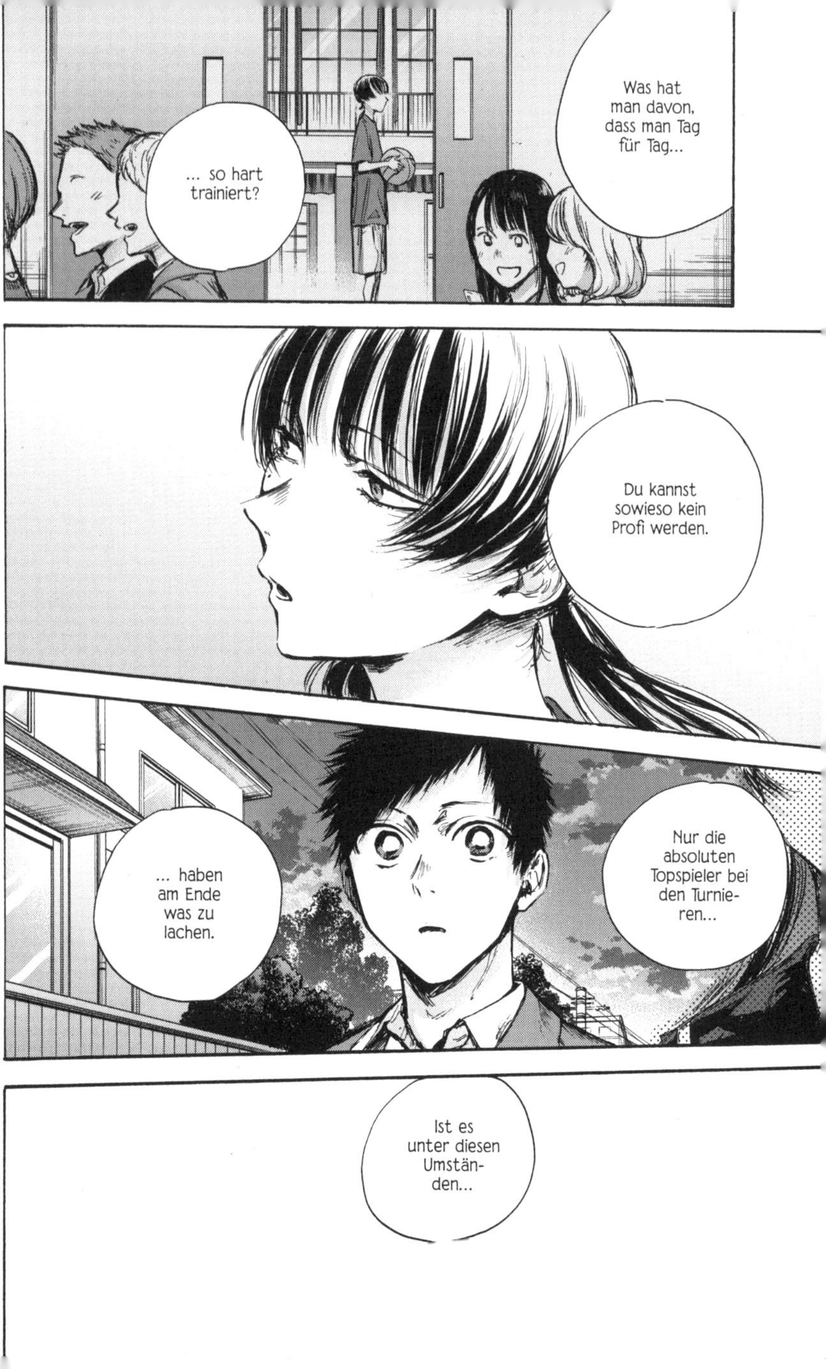
Was hat man davon, dass man Tag für Tag...
... so hart trainiert?
Du kannst sowieso kein Profi werden.
Nur die absoluten Topspieler bei den Turnie-ren...
... haben am Ende was zu lachen.
Ist es unter diesen Umstän-den...

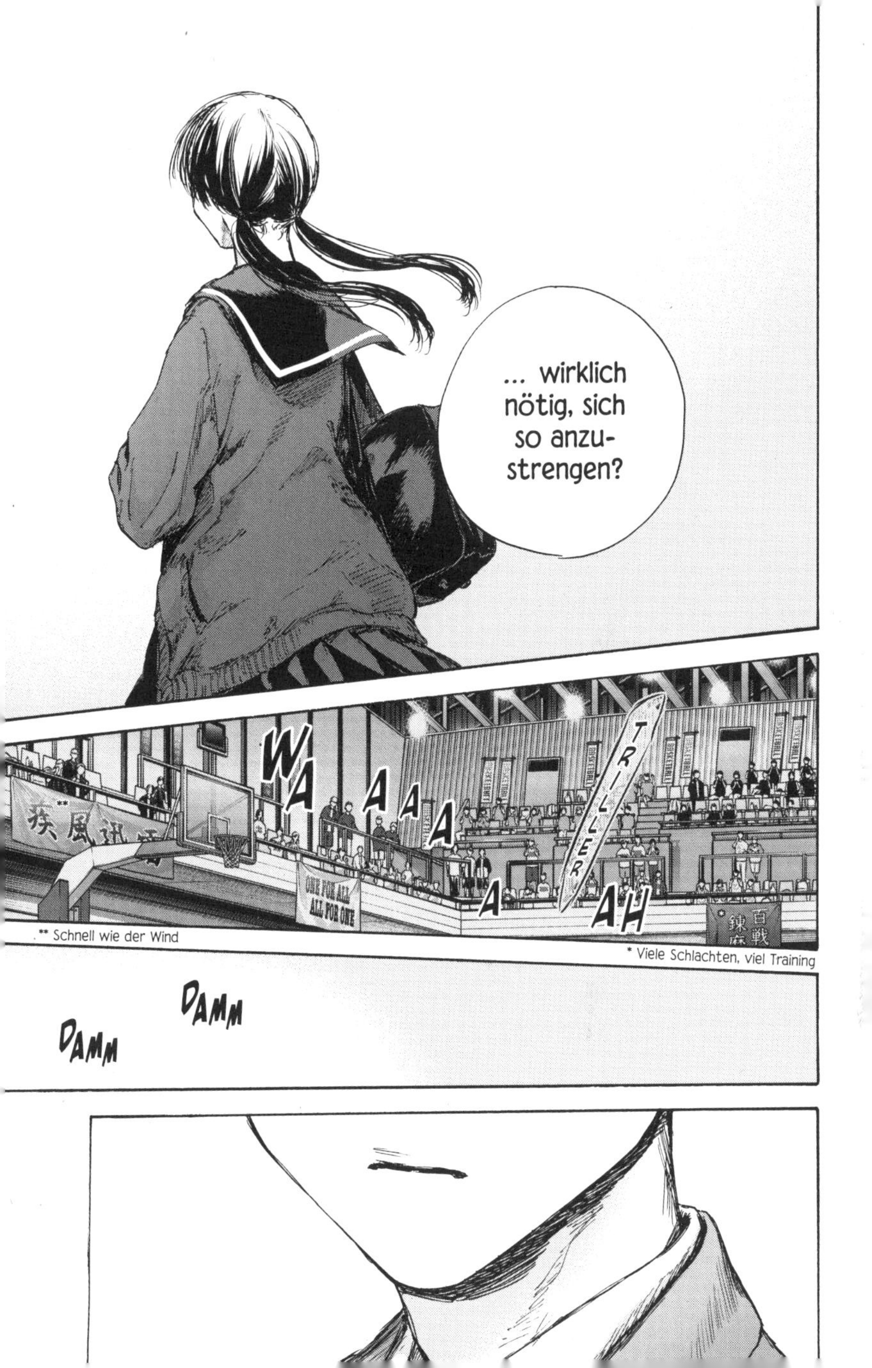
... wirklich nötig, sich so anzu-strengen?
WAAAAAAAH
TRILLER
** Schnell wie der Wind
* Viele Schlachten, viel Training
DAMM
DAMM

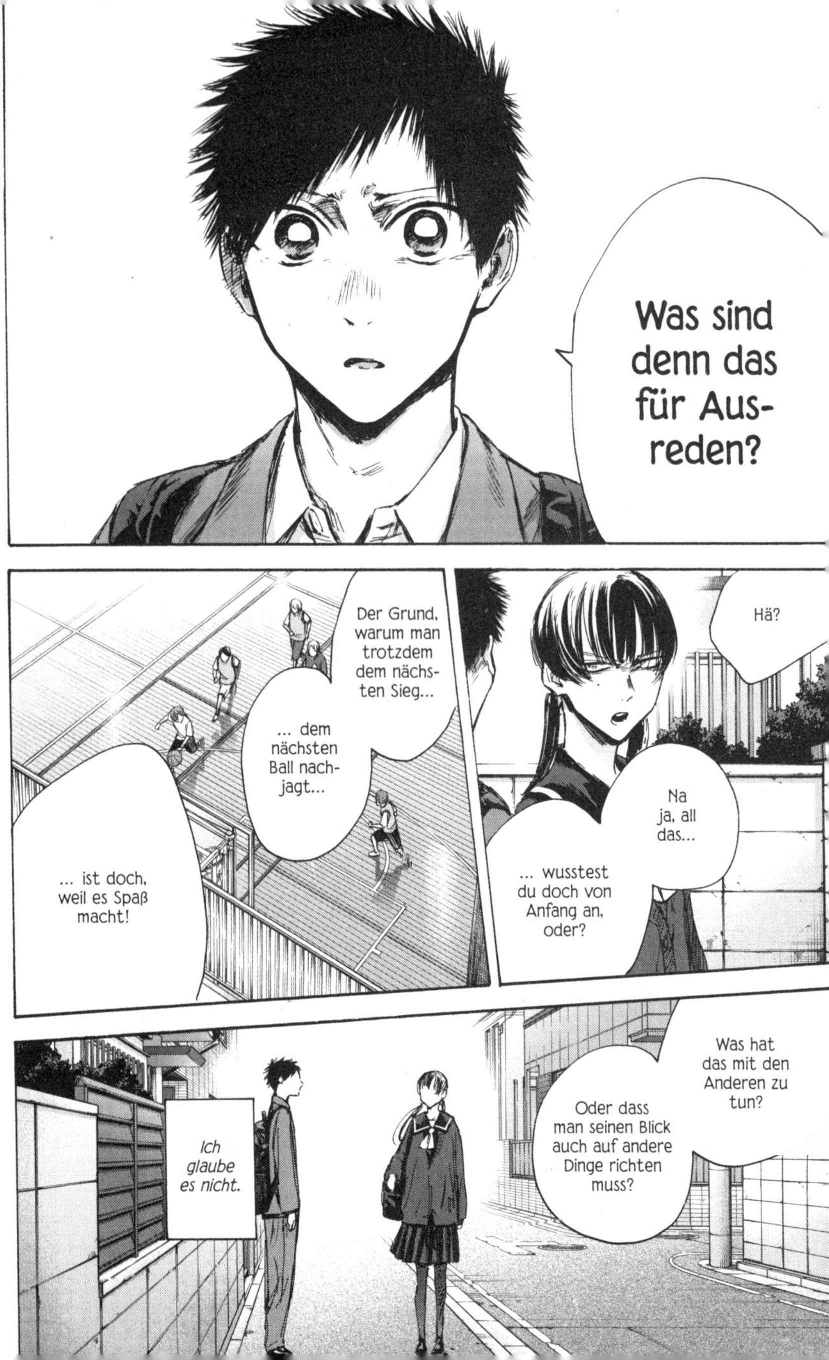
Was sind denn das für Ausreden?
Hä?
Na ja, all das...
... wusstest du doch von Anfang an, oder?
Der Grund, warum man trotzdem dem nächsten Sieg...
... dem nächsten Ball nachjagt...
... ist doch, weil es Spaß macht!
Was hat das mit den Anderen zu tun?
Oder dass man seinen Blick auch auf andere Dinge richten muss?
Ich glaube es nicht.

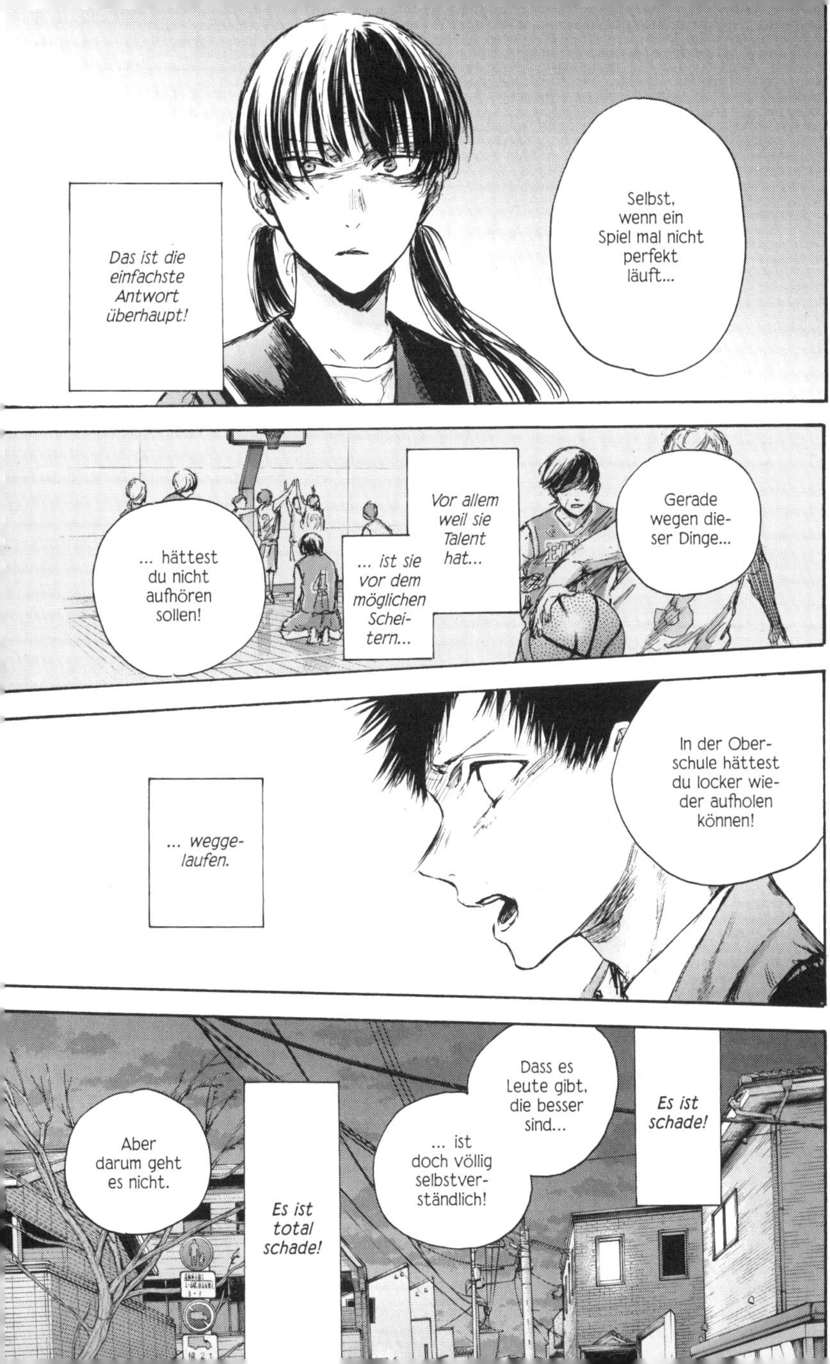
Selbst, wenn ein Spiel mal nicht perfekt läuft...
Das ist die einfachste Antwort überhaupt!
Gerade wegen dieser Dinge...
Vor allem weil sie Talent hat...
... ist sie vor dem möglichen Scheitern...
... hättest du nicht aufhören sollen!
In der Oberschule hättest du locker wieder aufholen können!
... weggelaufen.
Es ist schade!
Dass es Leute gibt, die besser sind...
... ist doch völlig selbstverständlich!
Es ist total schade!
Aber darum geht es nicht.

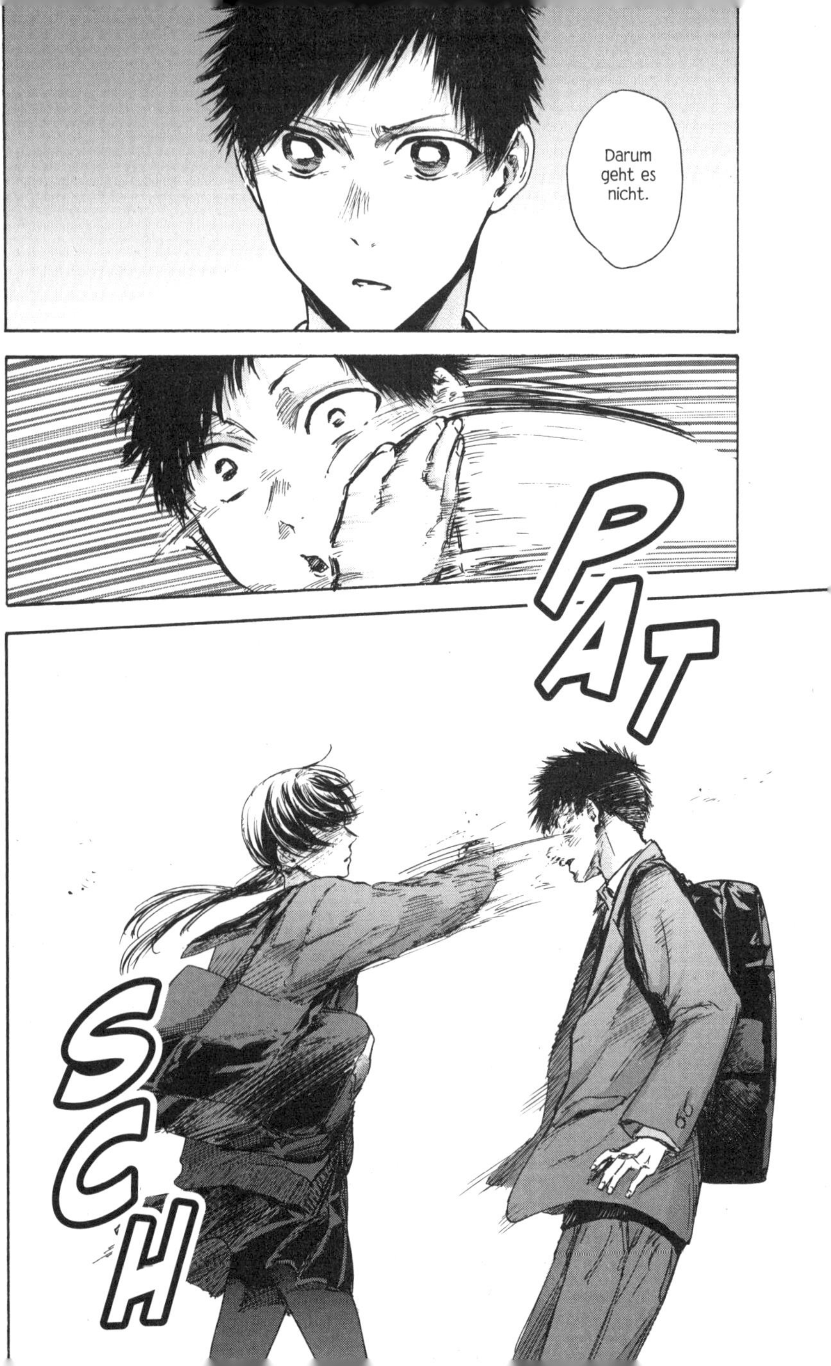
Darum geht es nicht.
PAT
SCH

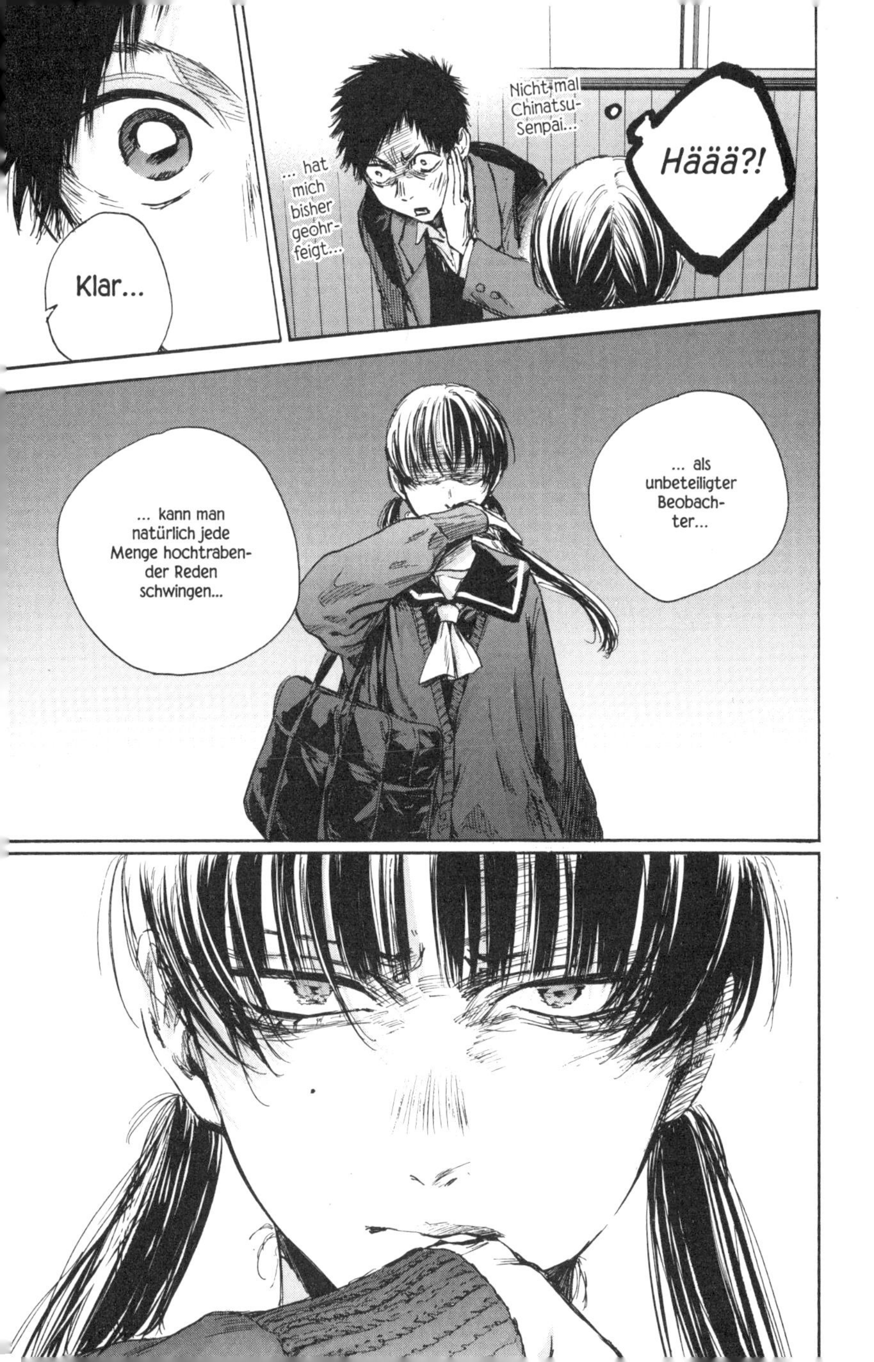
Häää?!
Nicht mal Chinatsu-Senpai...
... hat mich bisher geohrfeigt...
Klar...
... als unbeteiligter Beobachter...
... kann man natürlich jede Menge hochtrabender Reden schwingen...

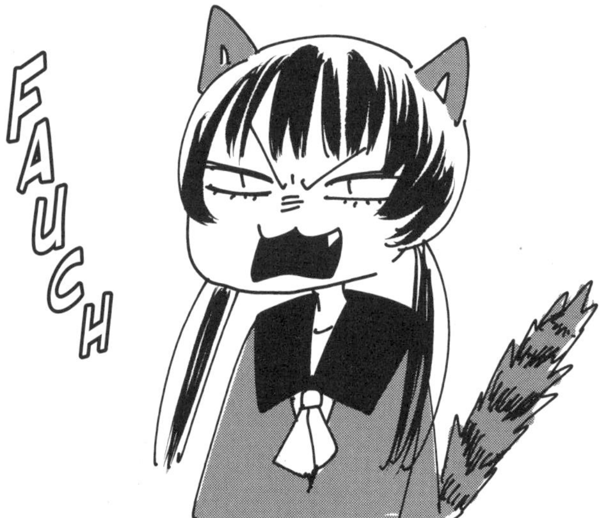
FAUCH

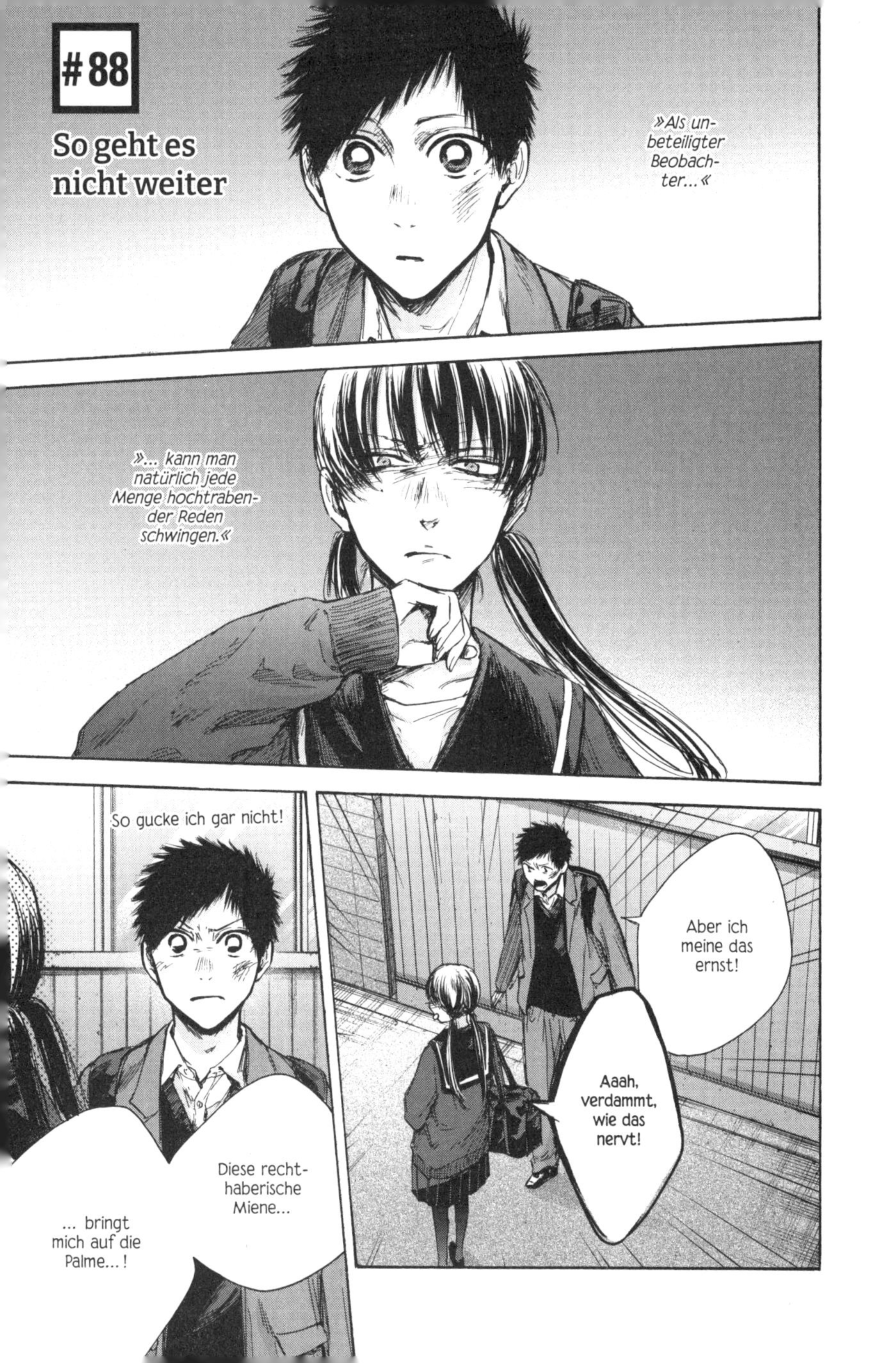

#88
So geht es nicht weiter
»Als unbeteiligter Beobachter...«
»... kann man natürlich jede Menge hochtrabender Reden schwingen.«
So gucke ich gar nicht!
Diese rechthaberische Miene...
... bringt mich auf die Palme...!
Aber ich meine das ernst!
Aaah, verdammt, wie das nervt!

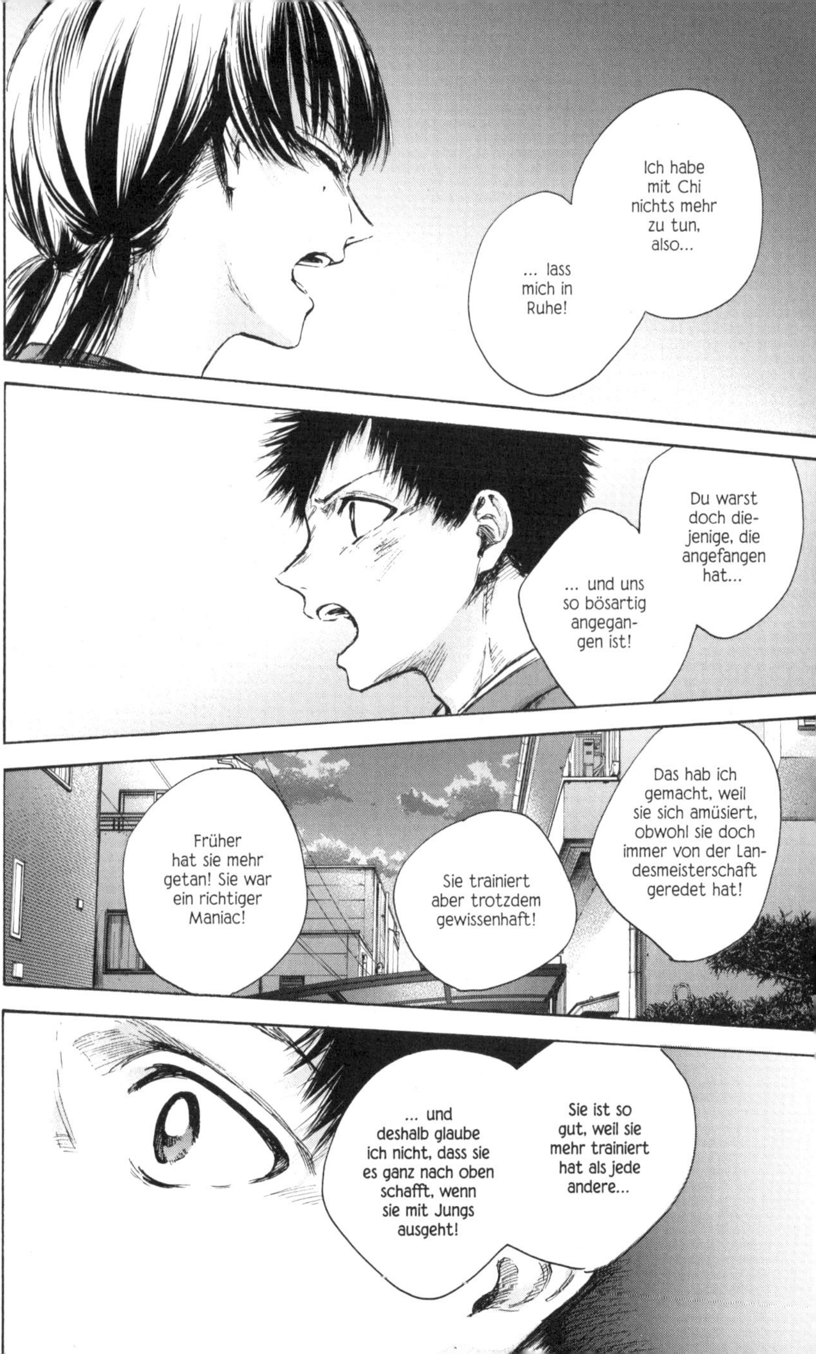
Ich habe mit Chi nichts mehr zu tun, also...
... lass mich in Ruhe!
Du warst doch diejenige, die angefangen hat...
... und uns so bösartig angegangen ist!
Das hab ich gemacht, weil sie sich amüsiert, obwohl sie doch immer von der Landesmeisterschaft geredet hat!
Sie trainiert aber trotzdem gewissenhaft!
Früher hat sie mehr getan! Sie war ein richtiger Maniac!
Sie ist so gut, weil sie mehr trainiert hat als jede andere...
... und deshalb glaube ich nicht, dass sie es ganz nach oben schafft, wenn sie mit Jungs ausgeht!

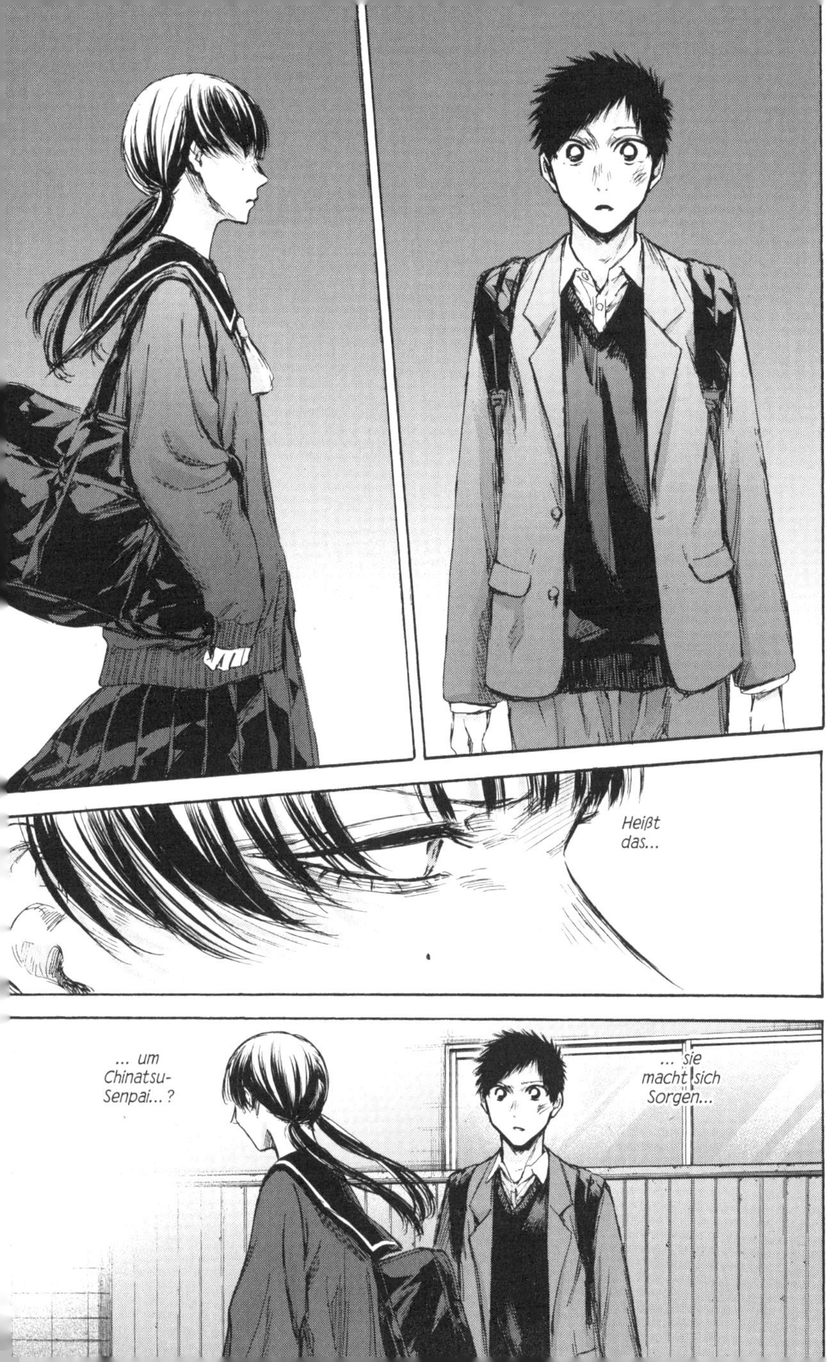
Heißt das...
... sie macht sich Sorgen...
... um Chinatsu-Senpai...?

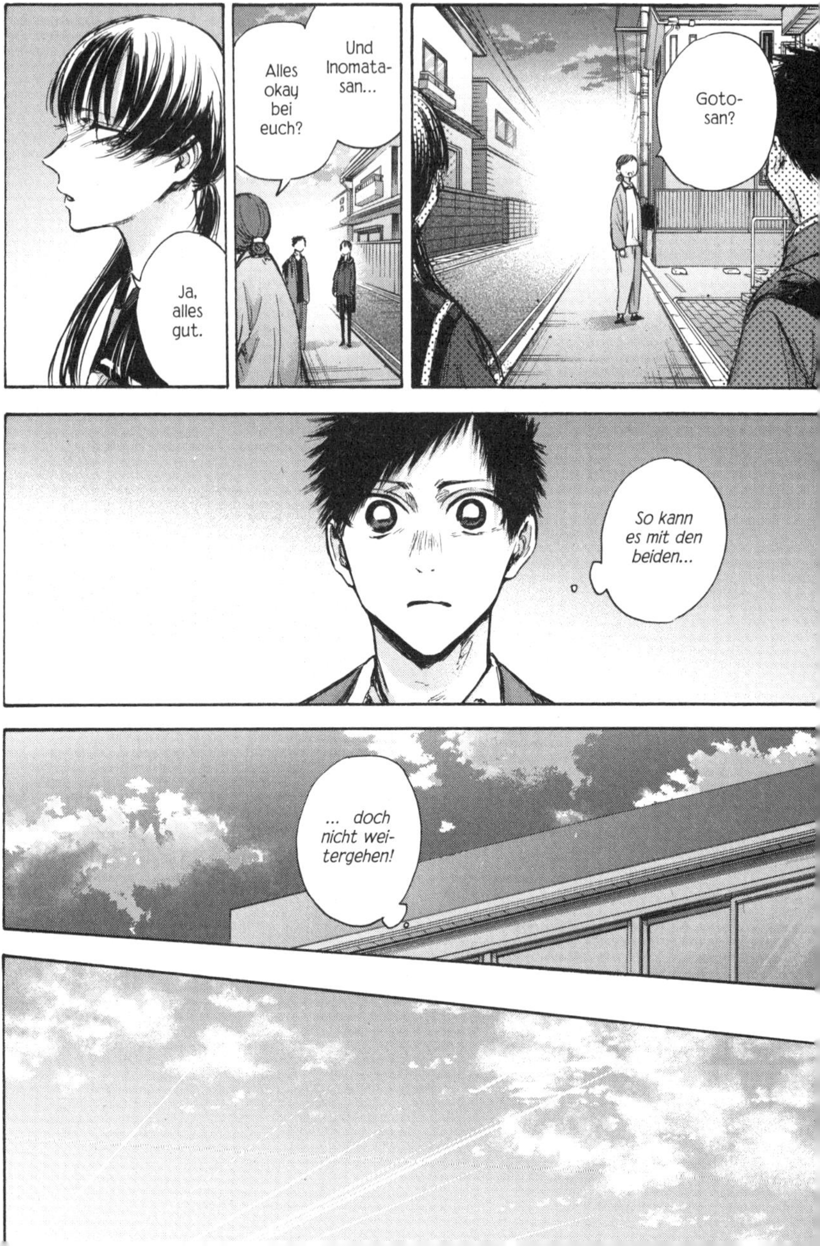
Goto-san?
Und Inomata-san...
Alles okay bei euch?
Ja, alles gut.
So kann es mit den beiden...
... doch nicht weitergehen!

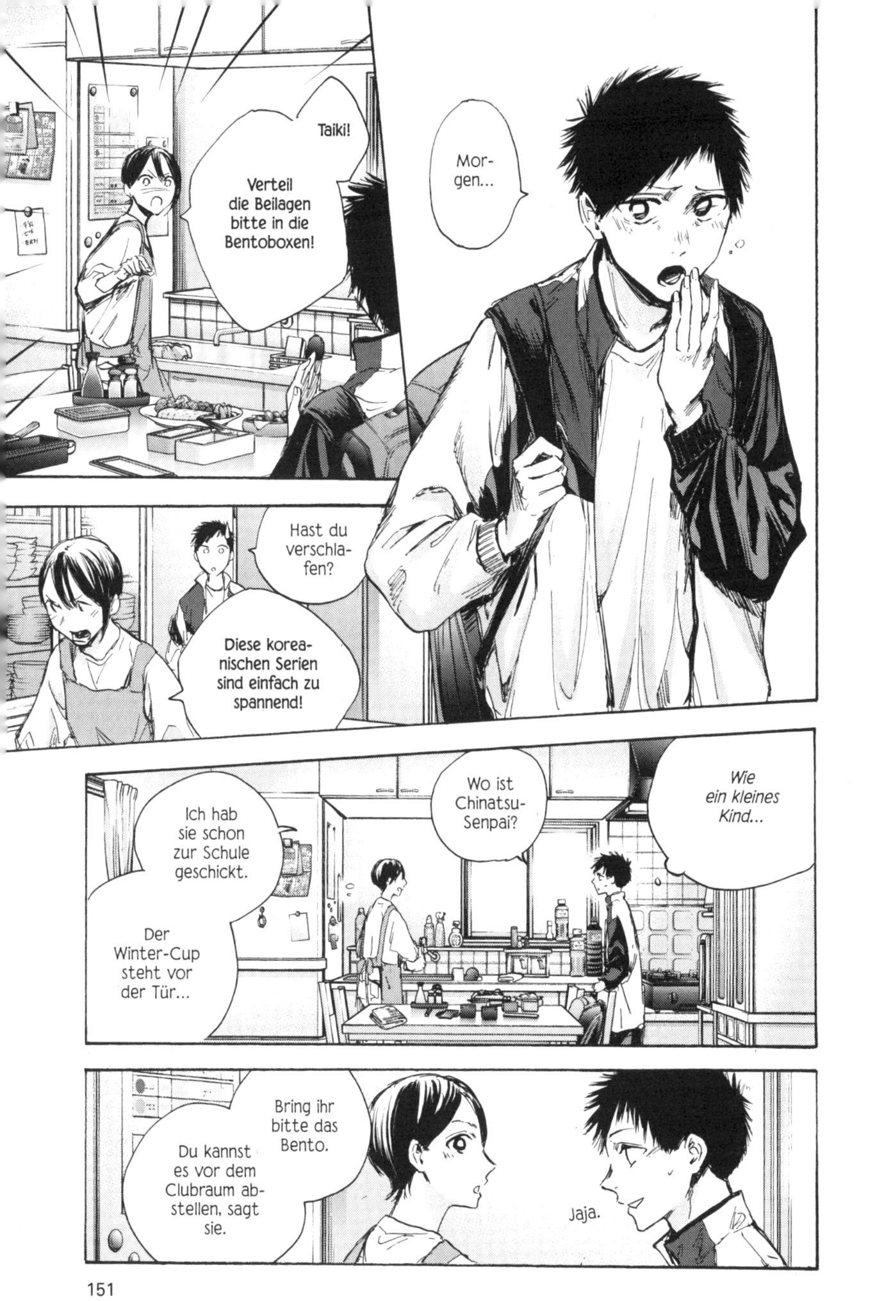
Taiki!
Verteil die Beilagen bitte in die Bentoboxen!
Mor-gen...
Hast du verschla-fen?
Diese korea-nischen Serien sind einfach zu spannend!
Wie ein kleines Kind...
Wo ist Chinatsu-Senpai?
Ich hab sie schon zur Schule geschickt.
Der Winter-Cup steht vor der Tür...
Bring ihr bitte das Bento.
Du kannst es vor dem Clubraum ab-stellen, sagt sie.
Jaja.

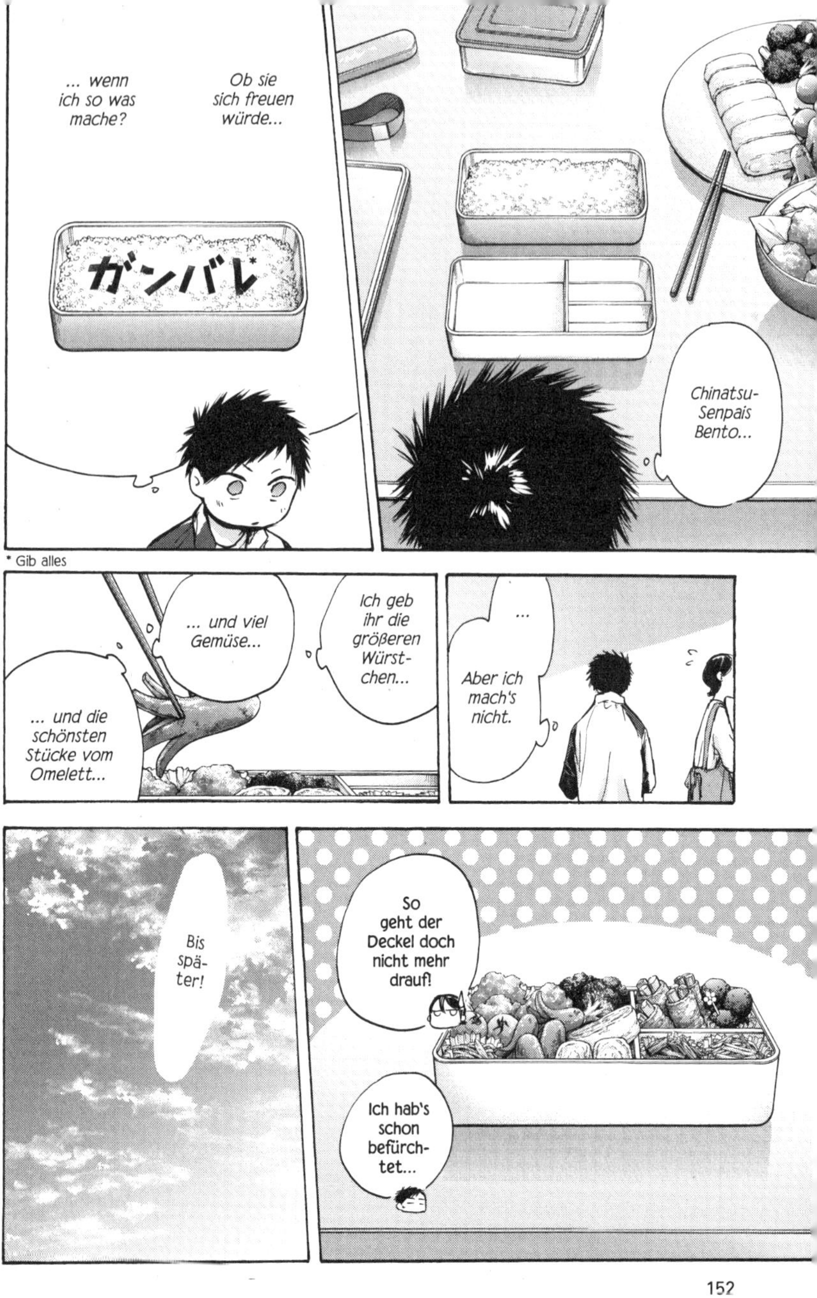
Chinatsu-Senpais Bento...
Ob sie sich freuen würde...
... wenn ich so was mache?
ガンバレ*
...
Aber ich mach's nicht.
Ich geb ihr die größeren Würstchen...
... und viel Gemüse...
... und die schönsten Stücke vom Omelett...
So geht der Deckel doch nicht mehr drauf!
Ich hab's schon befürchtet...
Bis später!

* Gib alles

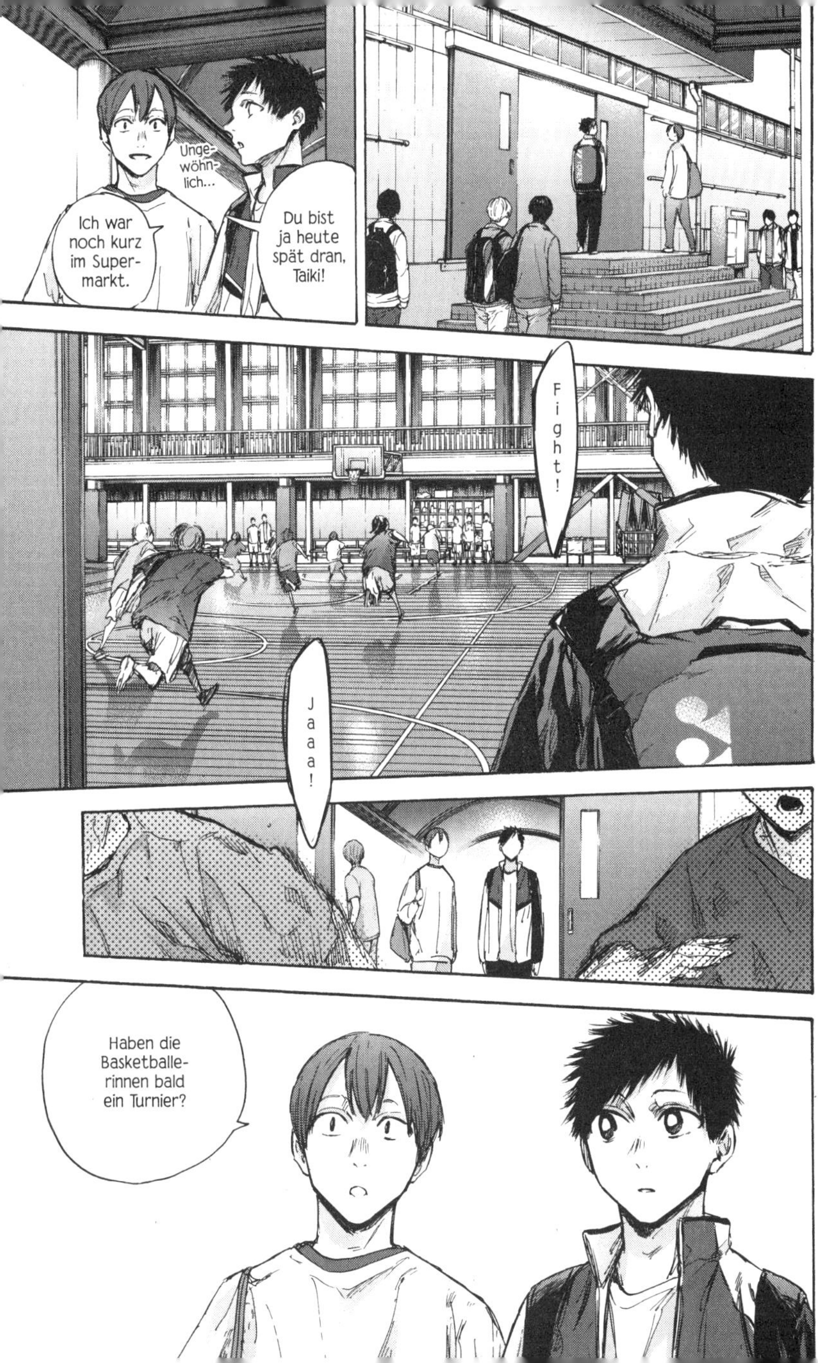
Du bist ja heute spät dran, Taiki!
Unge-wöhn-lich...
Ich war noch kurz im Super-markt.
Fight!
Jaaa!
Haben die Basketballe-rinnen bald ein Turnier?

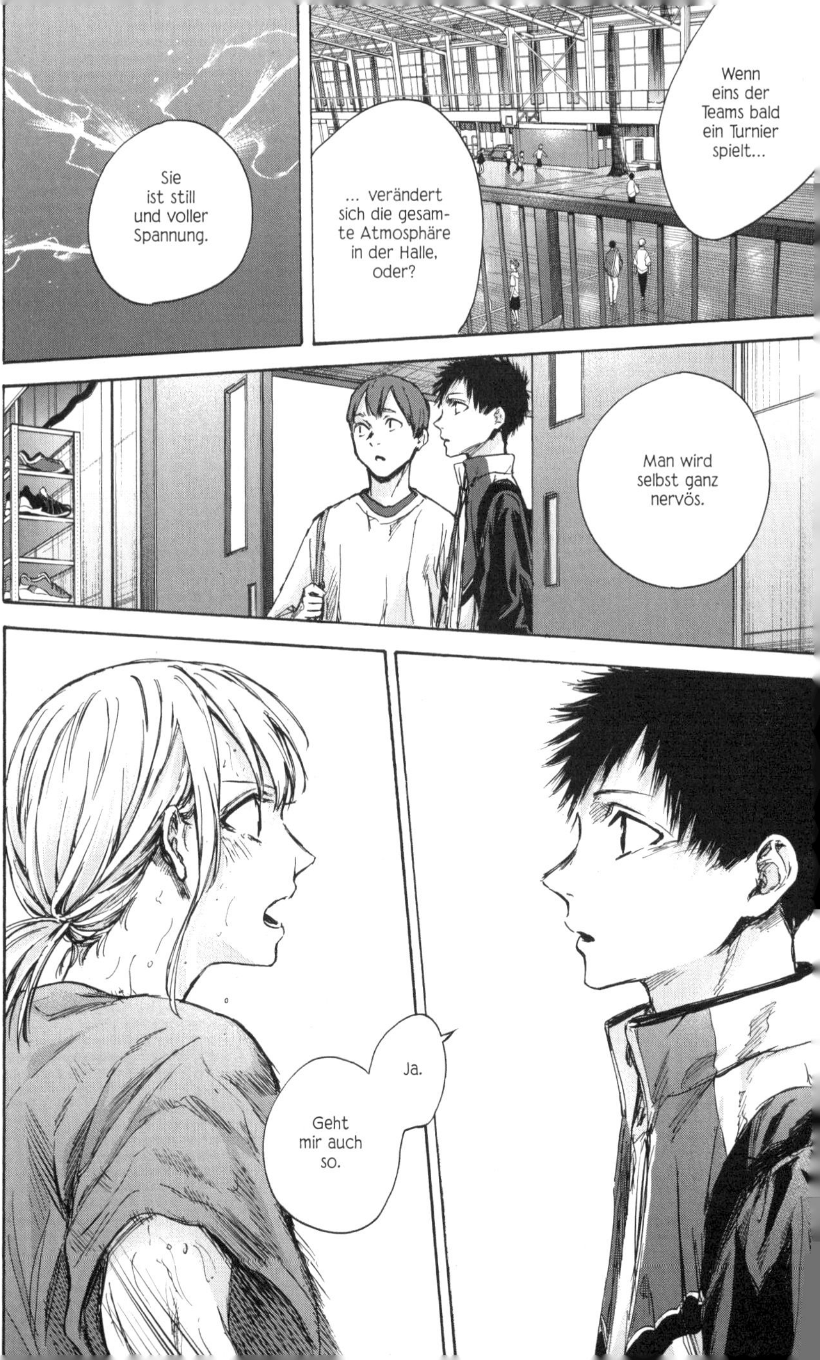
Wenn eins der Teams bald ein Turnier spielt...
... verändert sich die gesamte Atmosphäre in der Halle, oder?
Sie ist still und voller Spannung.
Man wird selbst ganz nervös.
Ja.
Geht mir auch so.

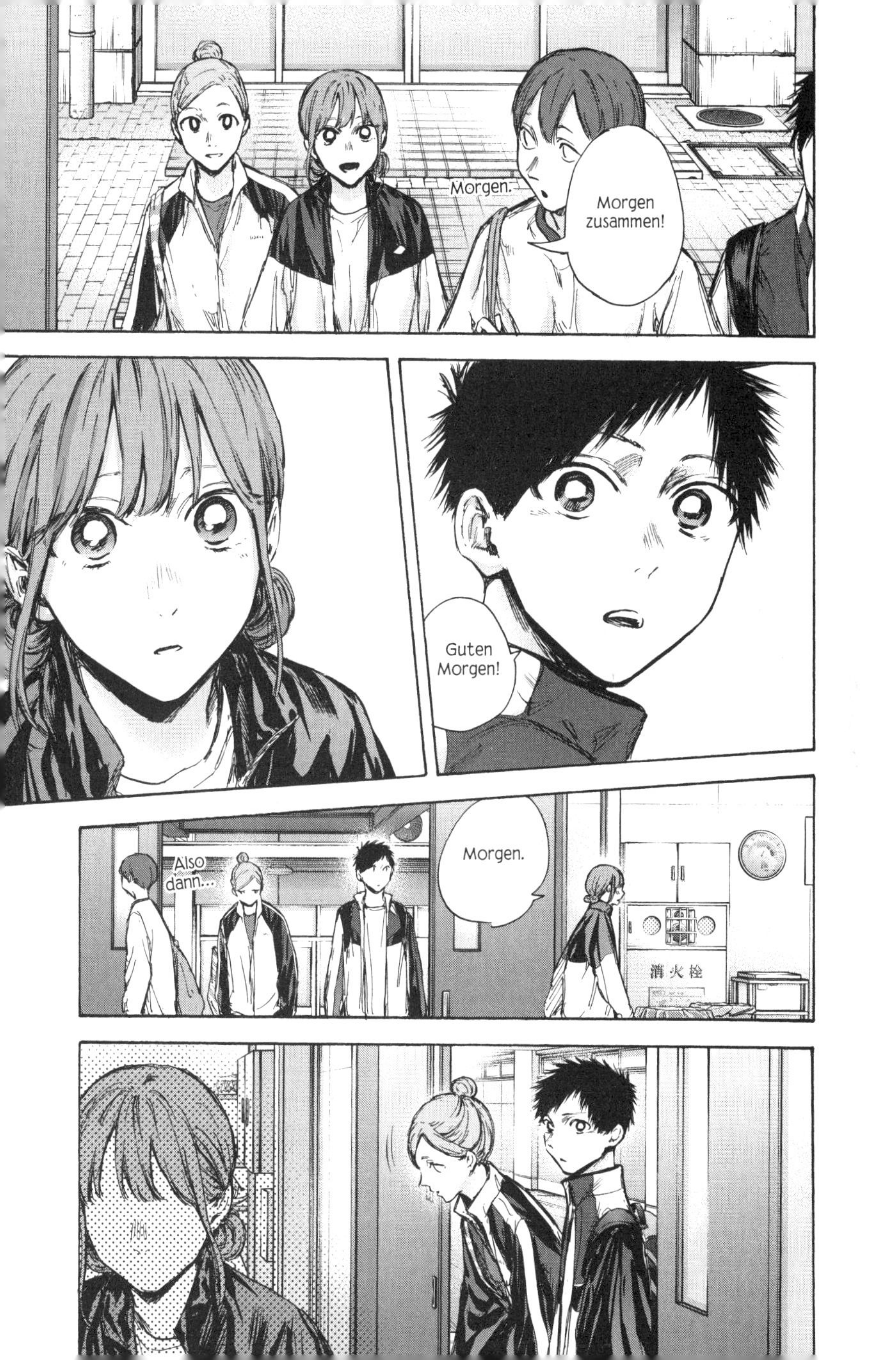
Morgen zusammen!
Morgen.
Guten Morgen!
Morgen.
Also dann...
消火栓

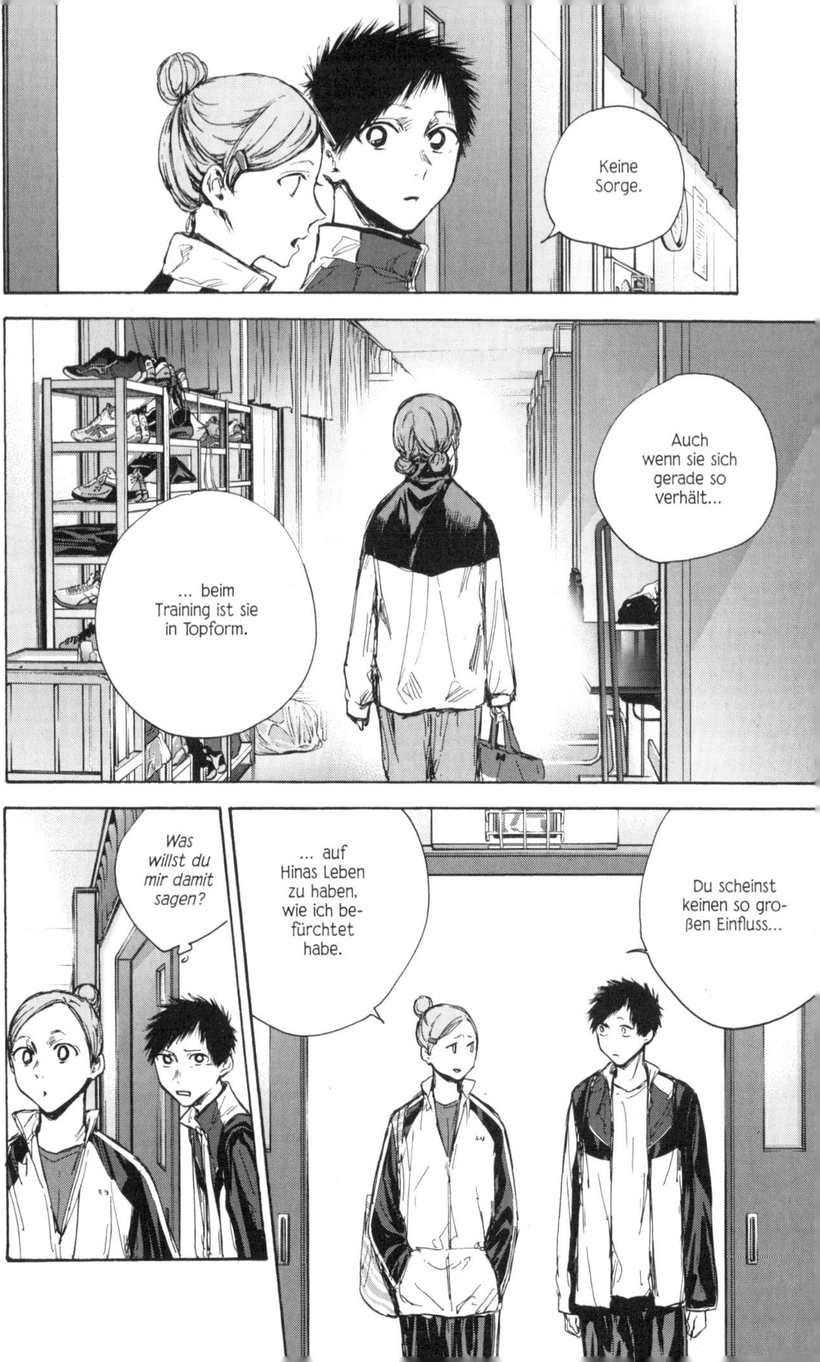
Keine Sorge.
Auch wenn sie sich gerade so verhält...
... beim Training ist sie in Topform.
Du scheinst keinen so gro-ßen Einfluss...
... auf Hinas Leben zu haben, wie ich be-fürchtet habe.
Was willst du mir damit sagen?

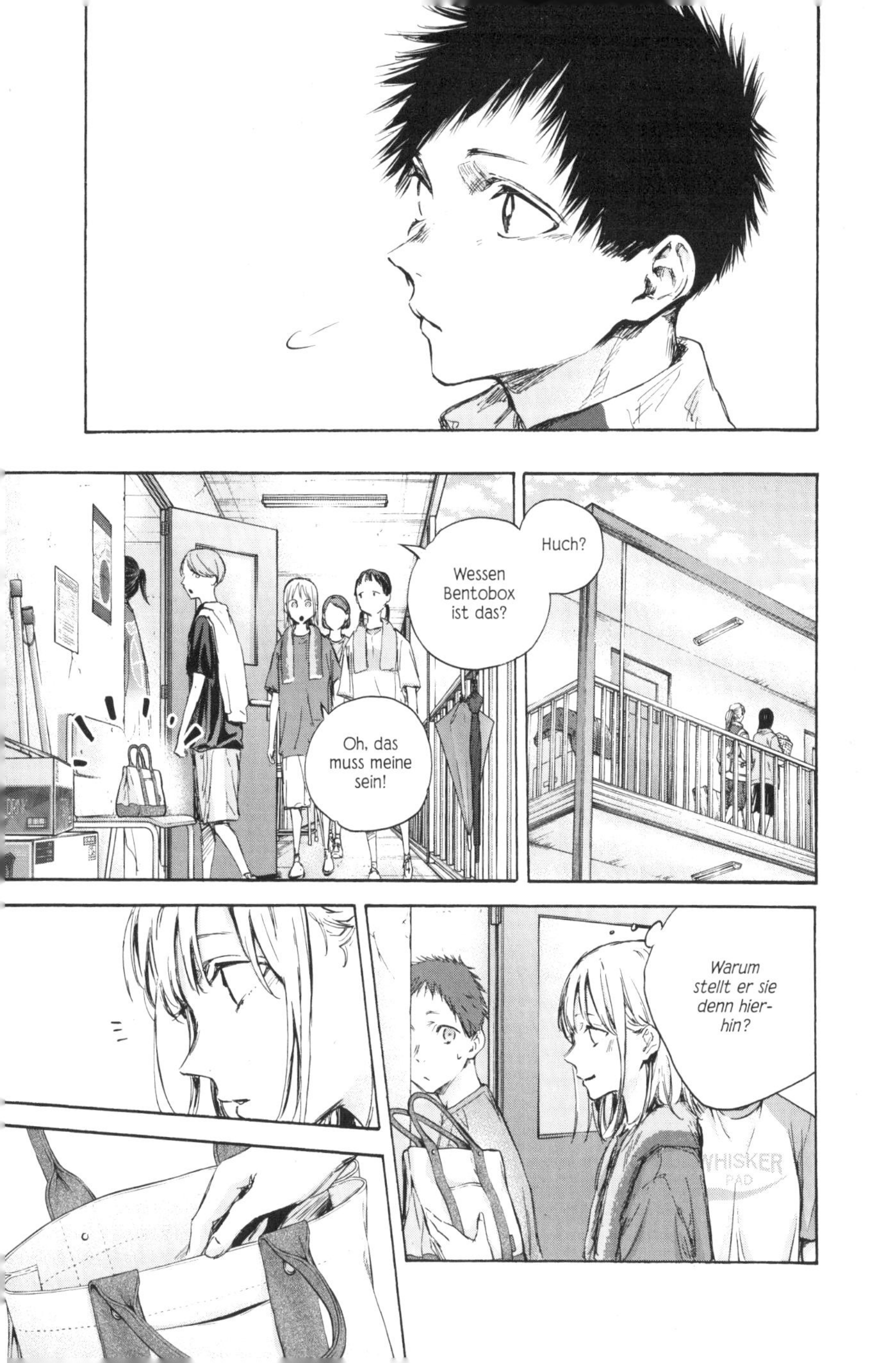
Huch?
Wessen Bentobox ist das?
Oh, das muss meine sein!
Warum stellt er sie denn hierhin?
WHISKER PAD

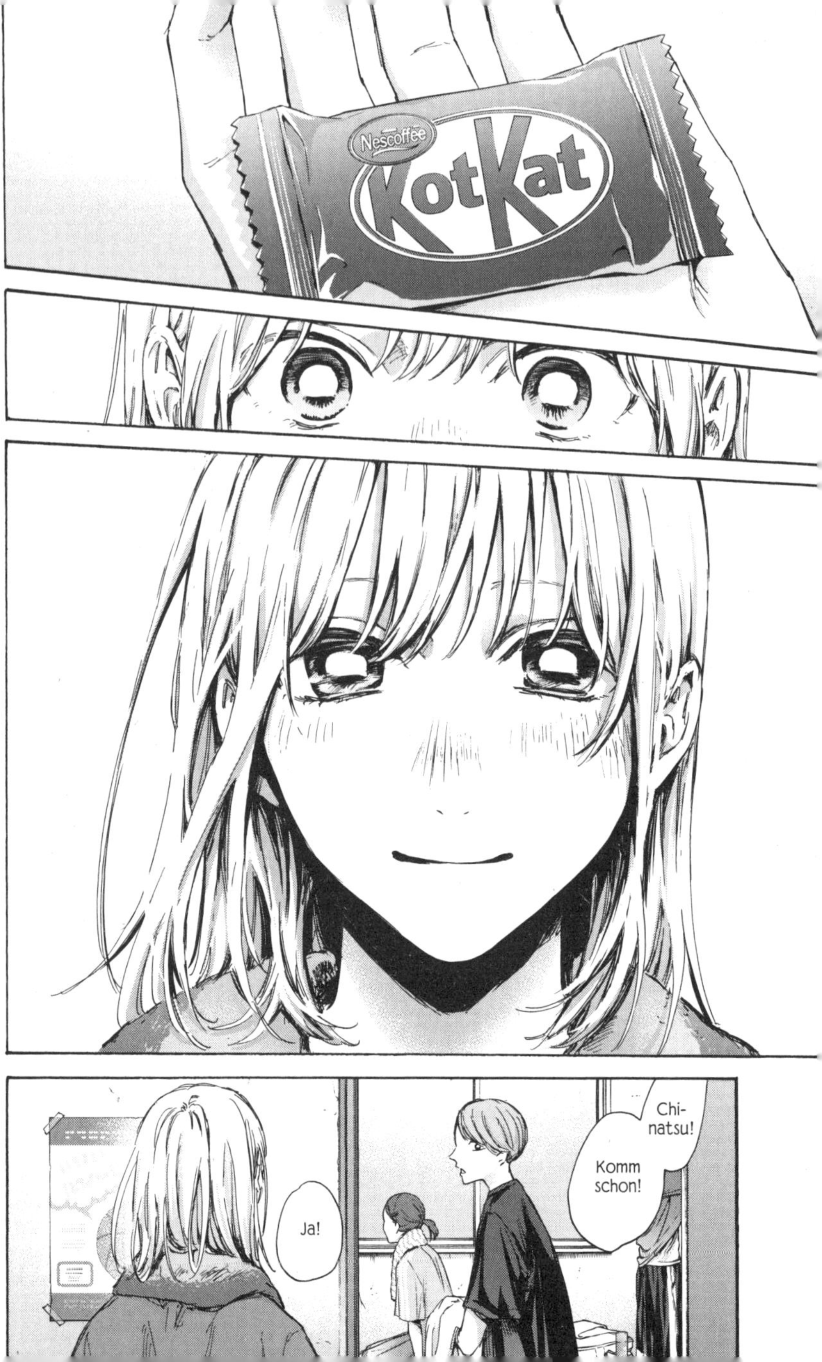
Nescoffee
KotKat
Chi-
natsu!
Komm
schon!
Ja!

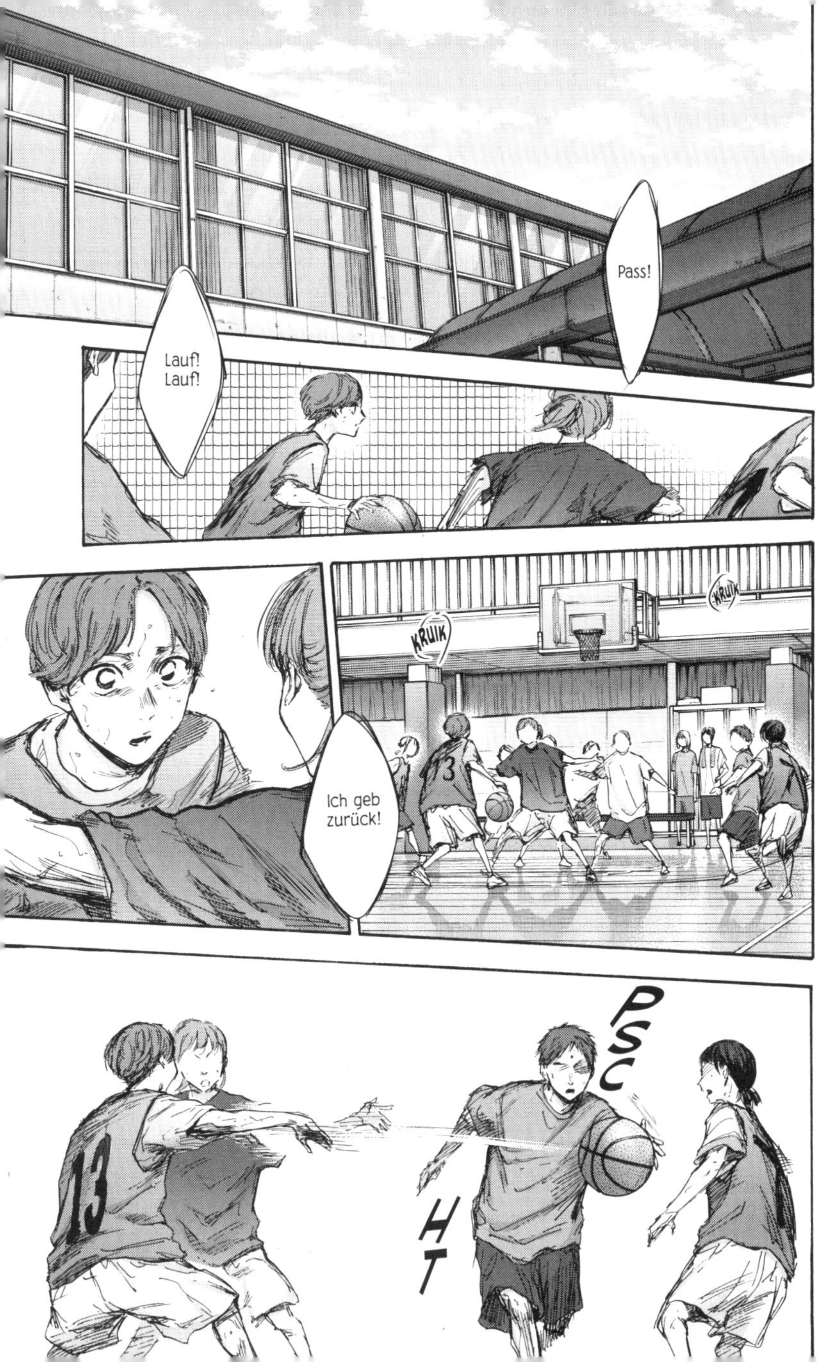
Pass!
Lauf! Lauf!
KRUIK
KRUIK
Ich geb zurück!
PSC
HT

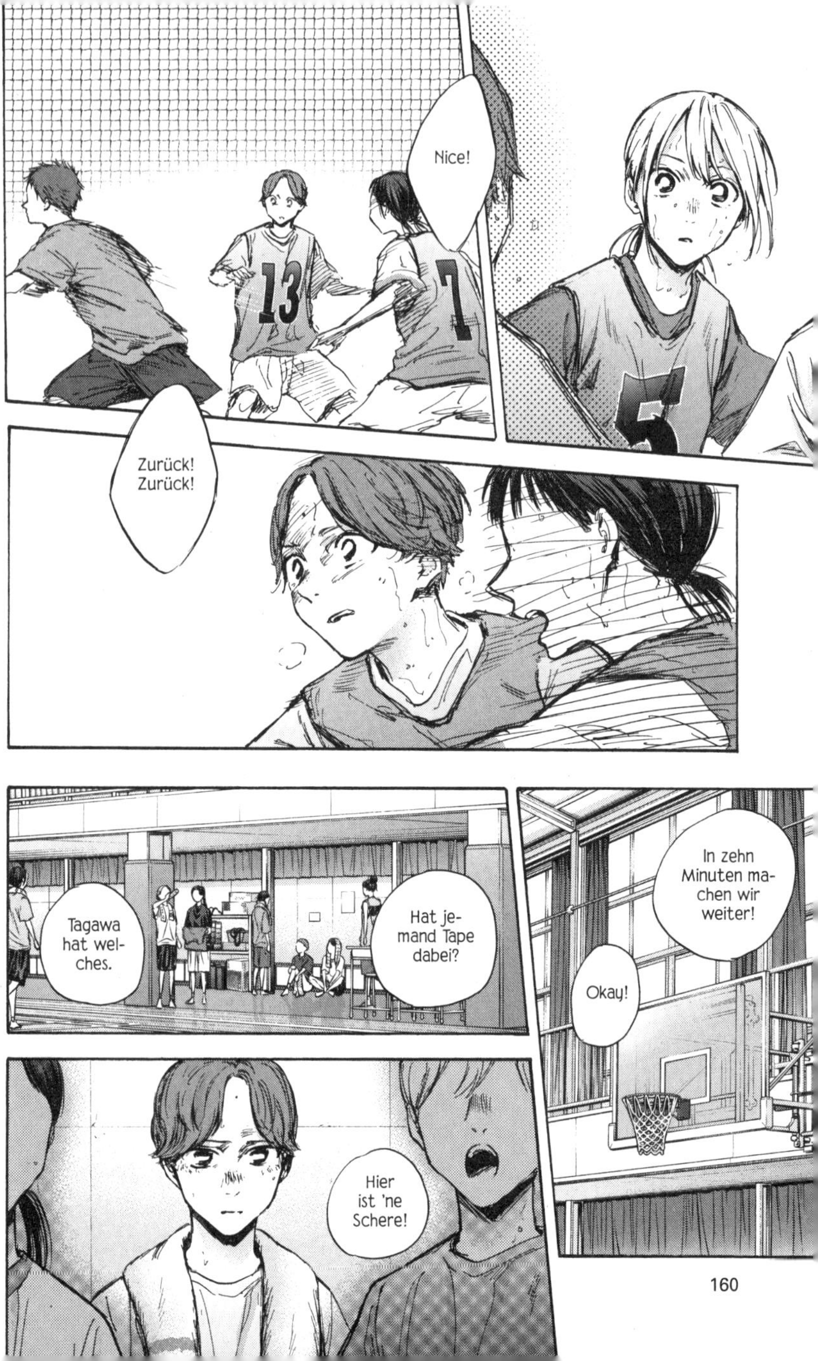
Nice!
Zurück! Zurück!
In zehn Minuten machen wir weiter!
Okay!
Hat jemand Tape dabei?
Tagawa hat welches.
Hier ist 'ne Schere!

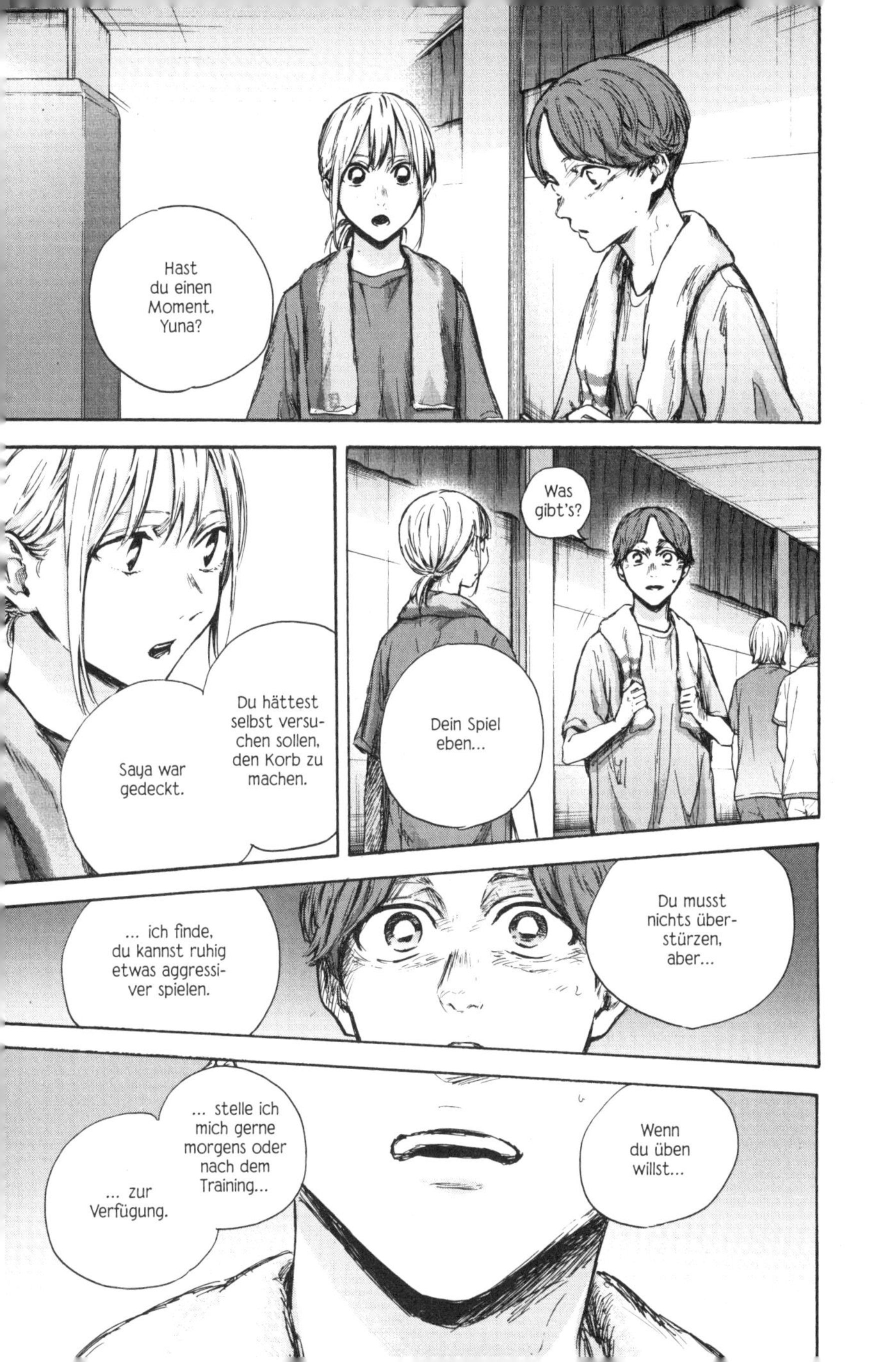
Hast du einen Moment, Yuna?
Was gibt's?
Dein Spiel eben...
Du hättest selbst versuchen sollen, den Korb zu machen.
Saya war gedeckt.
Du musst nichts überstürzen, aber...
... ich finde, du kannst ruhig etwas aggressiver spielen.
Wenn du üben willst...
... stelle ich mich gerne morgens oder nach dem Training...
... zur Verfügung.

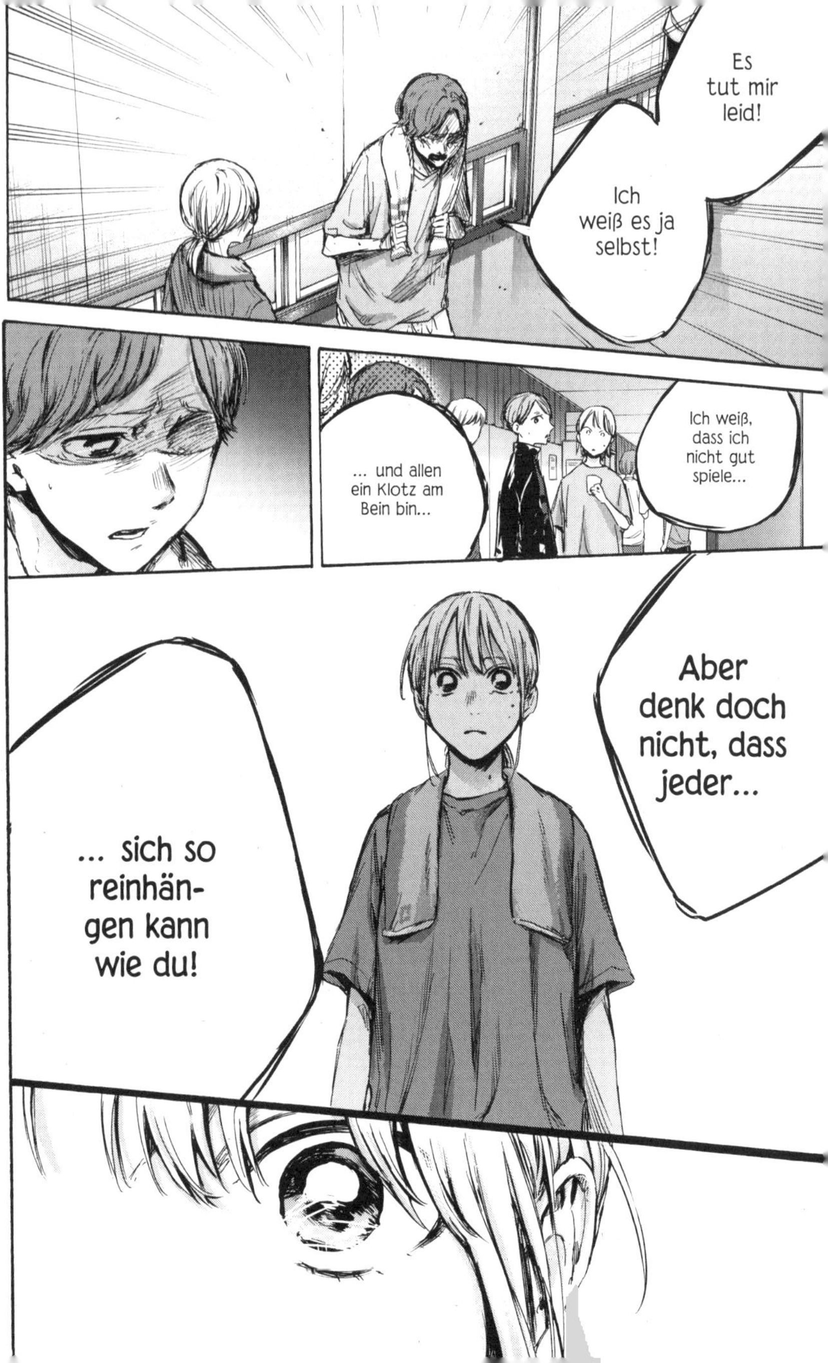
Es tut mir leid!
Ich weiß es ja selbst!
Ich weiß, dass ich nicht gut spiele...
... und allen ein Klotz am Bein bin...
Aber denk doch nicht, dass jeder...
... sich so reinhängen kann wie du!

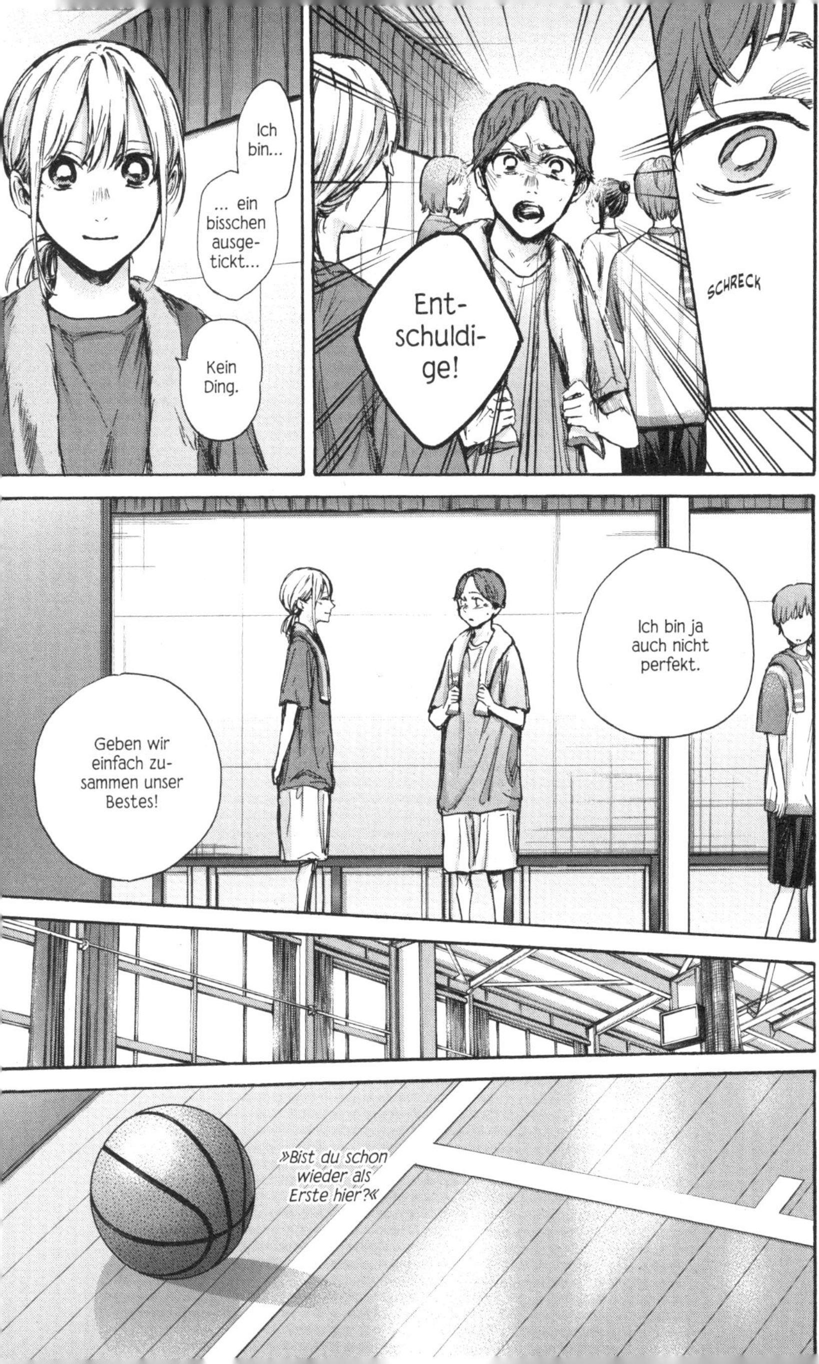
SCHRECK
Ent-schuldi-ge!
Ich bin...
... ein bisschen ausge-tickt...
Kein Ding.
Ich bin ja auch nicht perfekt.
Geben wir einfach zu-sammen unser Bestes!
»Bist du schon wieder als Erste hier?«

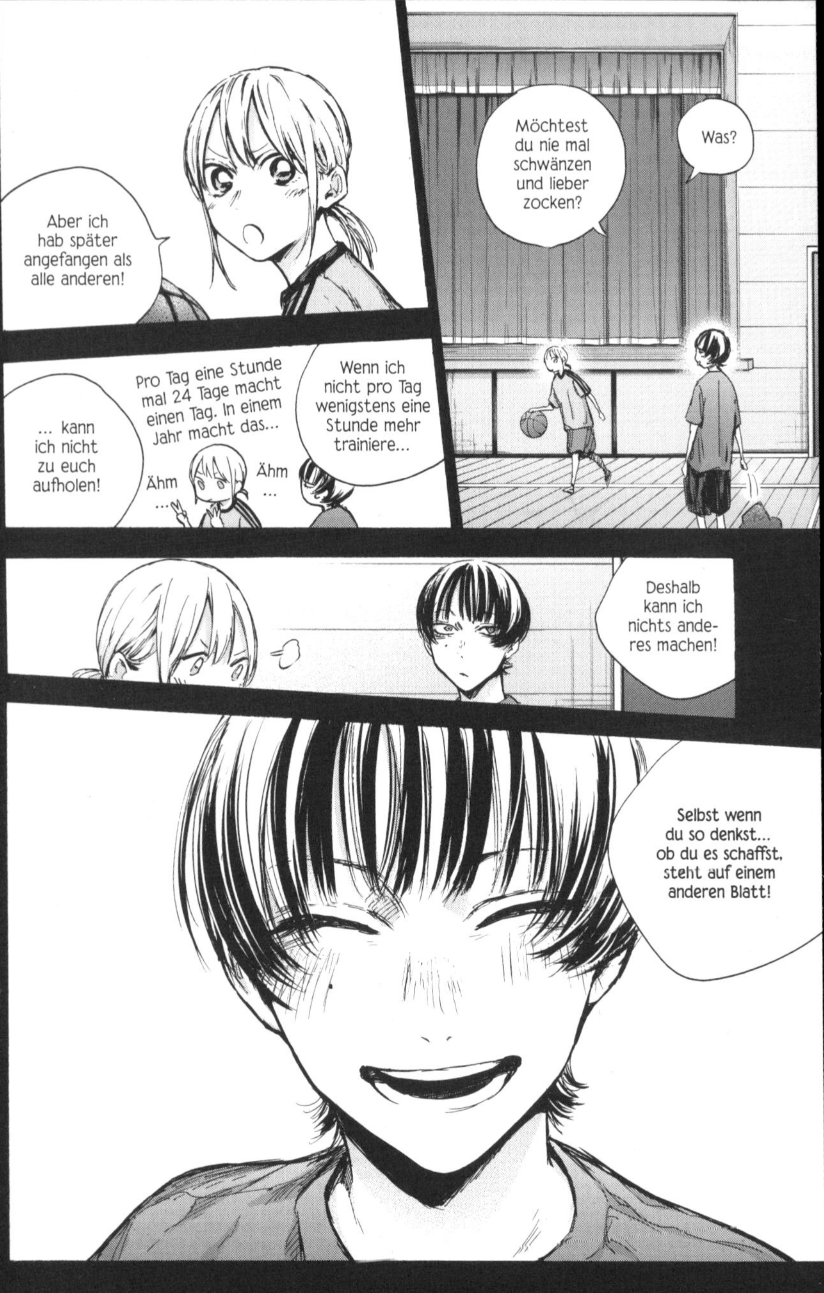
Was?
Möchtest du nie mal schwänzen und lieber zocken?
Aber ich hab später angefangen als alle anderen!
Wenn ich nicht pro Tag wenigstens eine Stunde mehr trainiere...
Pro Tag eine Stunde mal 24 Tage macht einen Tag. In einem Jahr macht das...
Ähm ...
Ähm ...
... kann ich nicht zu euch aufholen!
Deshalb kann ich nichts anderes machen!
Selbst wenn du so denkst... ob du es schaffst, steht auf einem anderen Blatt!

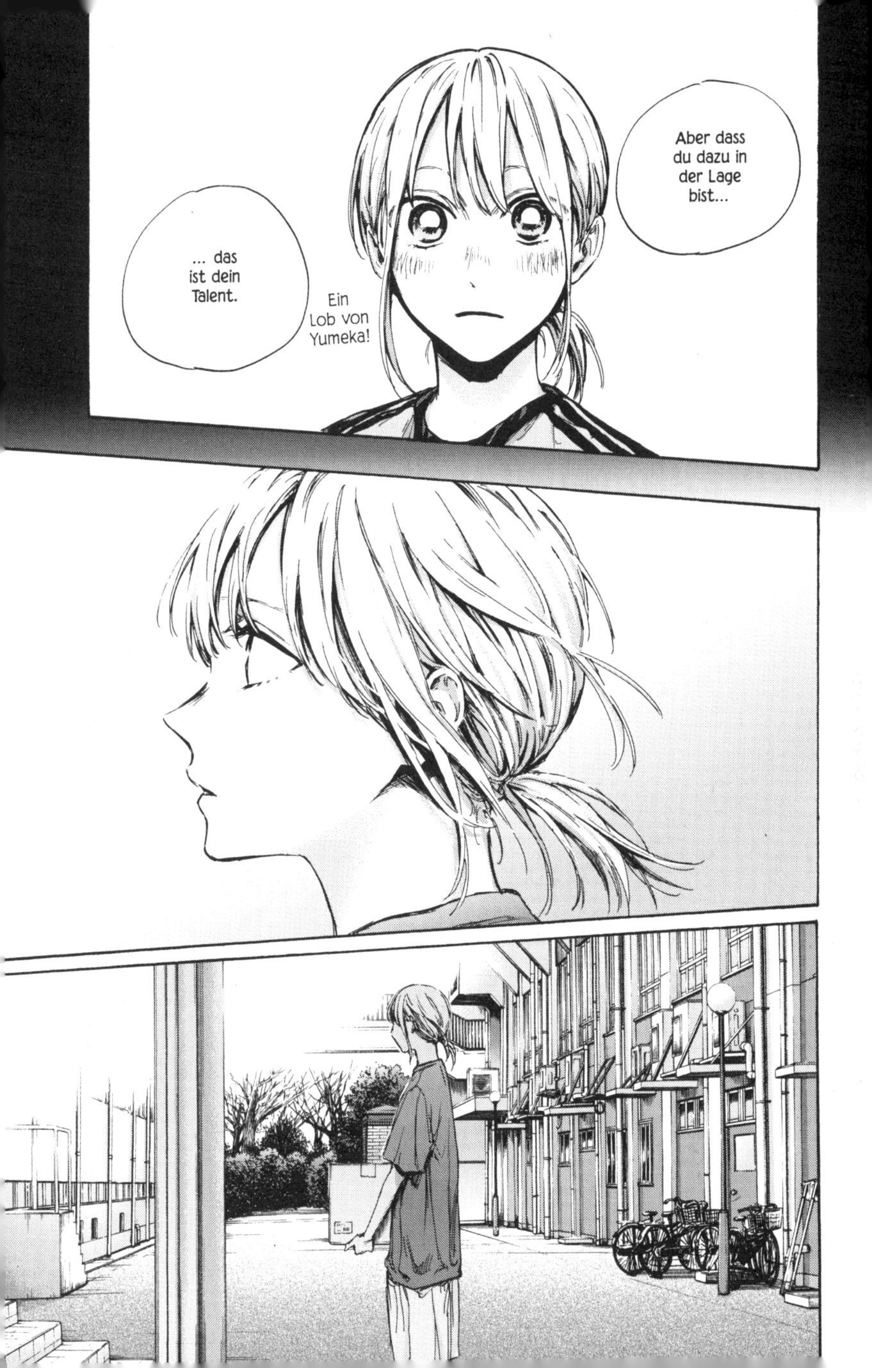
Aber dass du dazu in der Lage bist...
... das ist dein Talent.
Ein Lob von Yumeka!

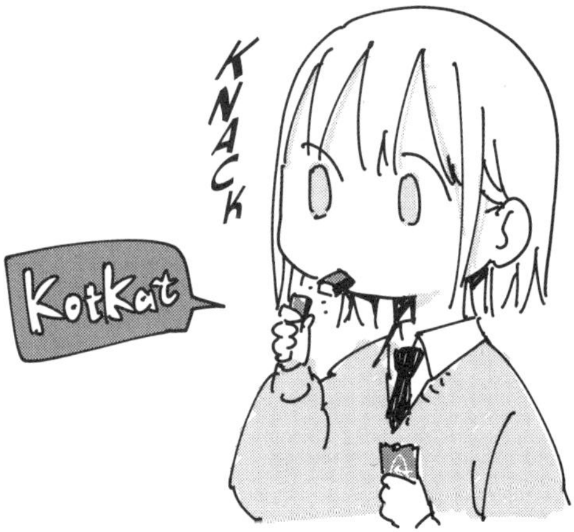
KNACK
KotKat

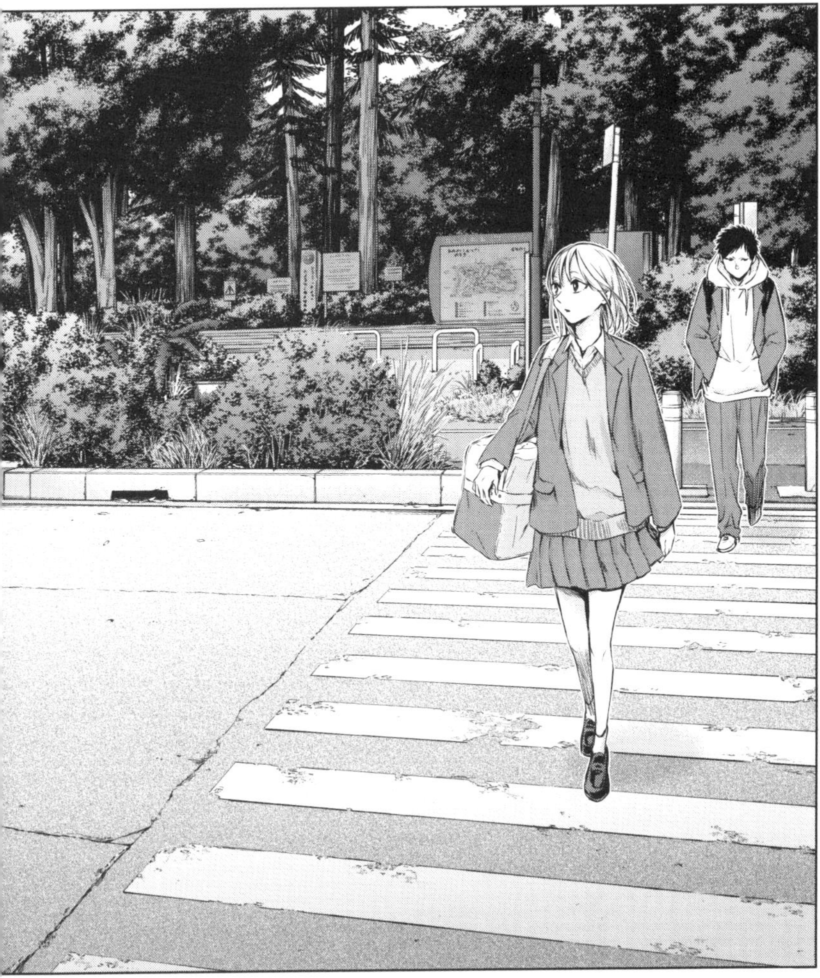

#89

Yumeka

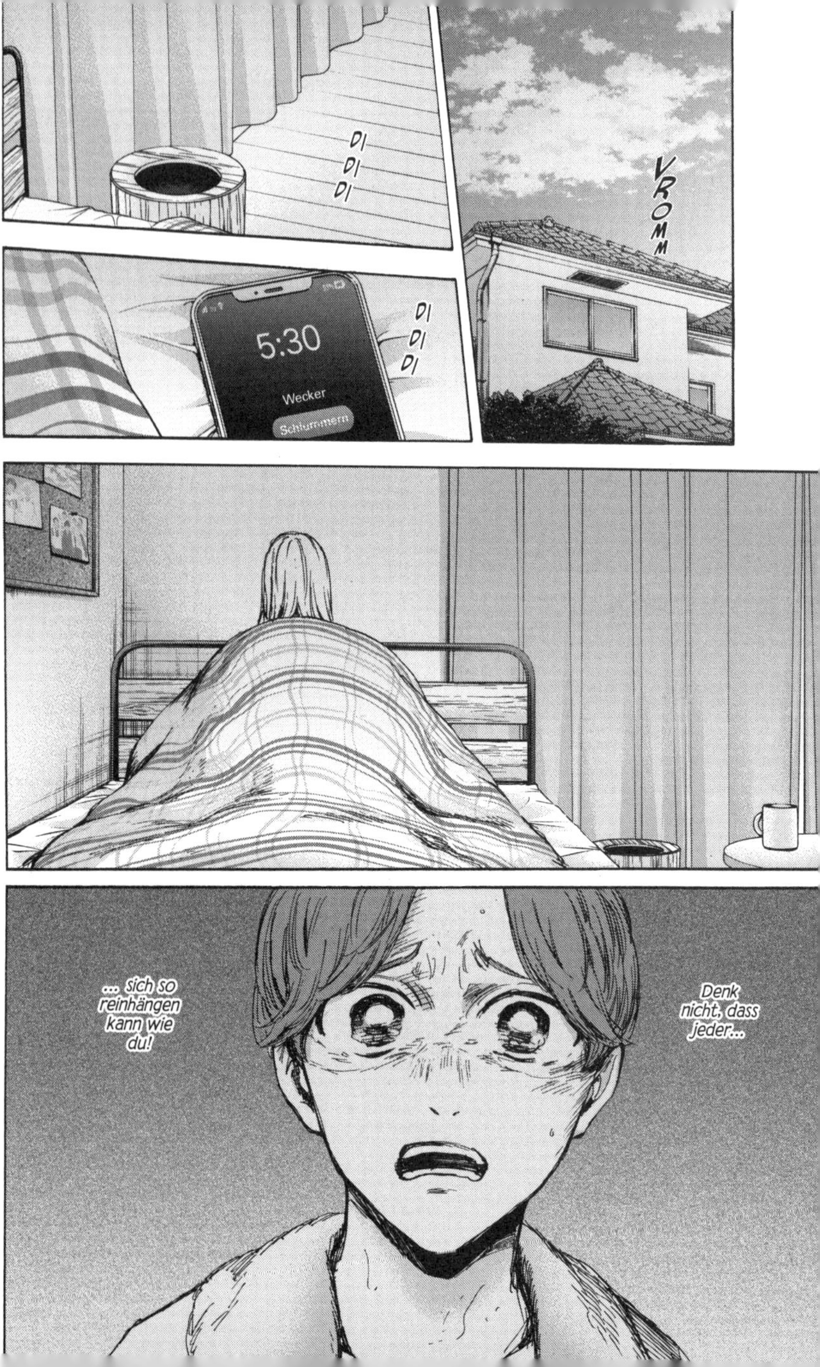
VROMM
DI DI DI
DI DI DI
5:30
Wecker
Schlummern
Denk nicht, dass jeder...
... sich so reinhängen kann wie du!

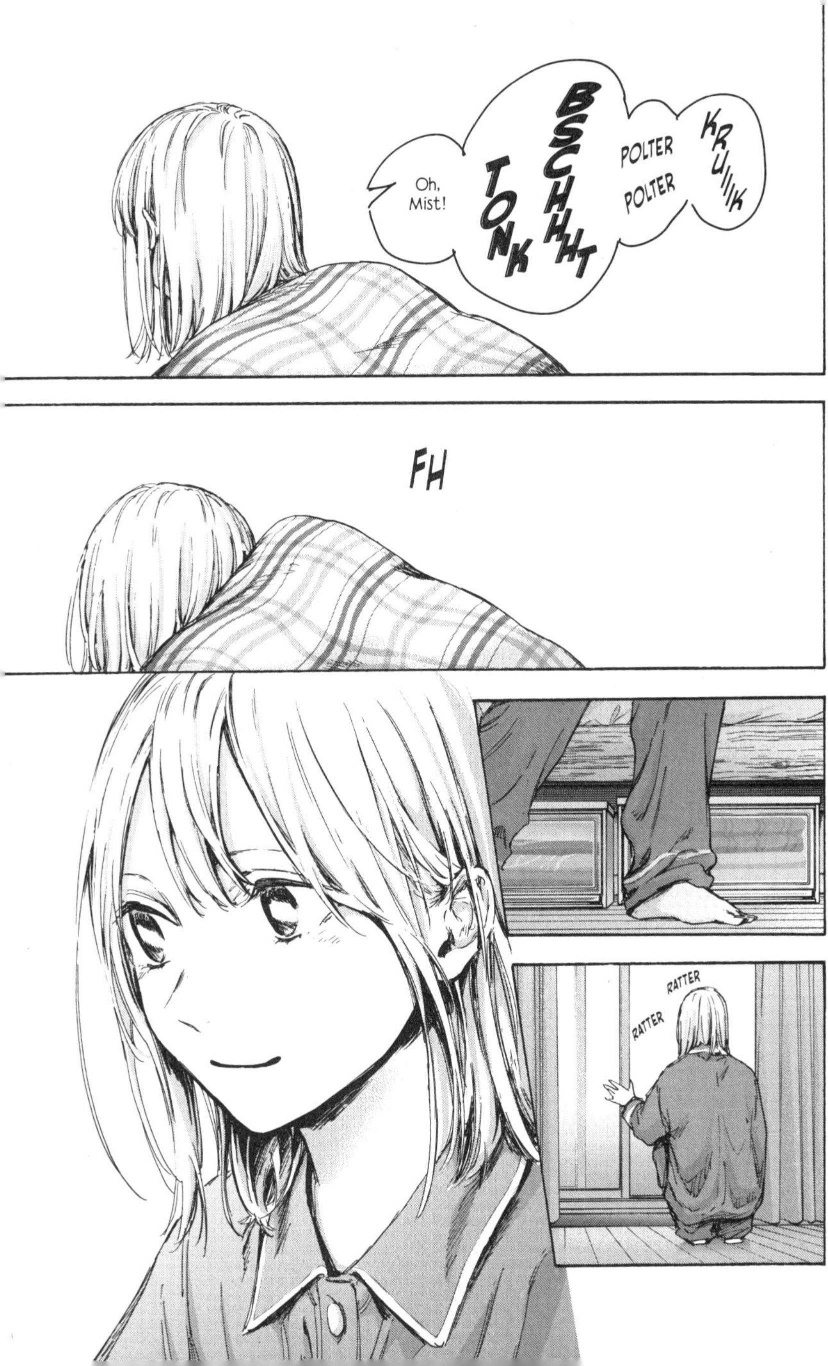
KRUIIIK
POLTER POLTER
BSCHHHHT
TONK
Oh, Mist!
FH
RATTER
RATTER

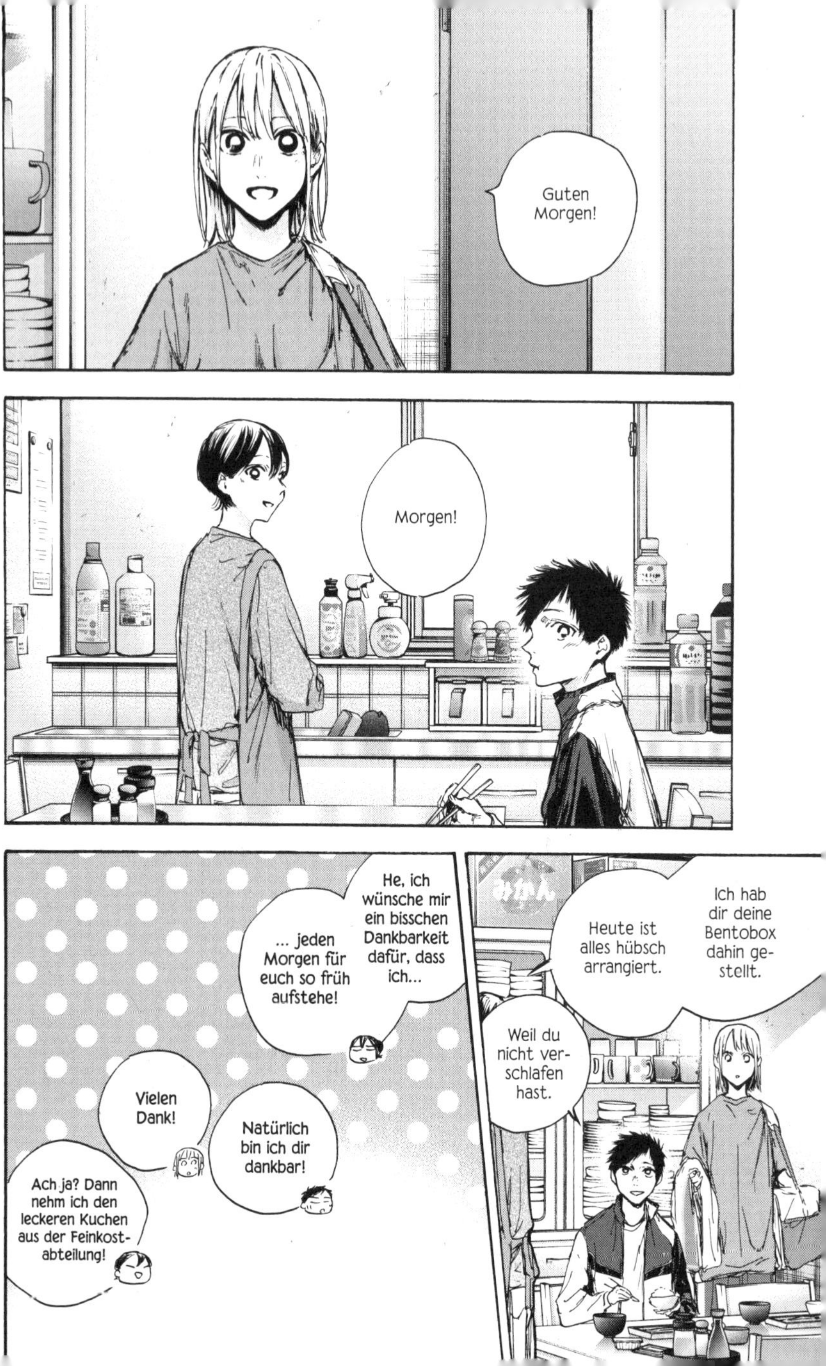
Guten Morgen!
Morgen!
みかん
Ich hab dir deine Bentobox dahin gestellt.
Heute ist alles hübsch arrangiert.
Weil du nicht verschlafen hast.
He, ich wünsche mir ein bisschen Dankbarkeit dafür, dass ich...
... jeden Morgen für euch so früh aufstehe!
Natürlich bin ich dir dankbar!
Vielen Dank!
Ach ja? Dann nehm ich den leckeren Kuchen aus der Feinkostabteilung!

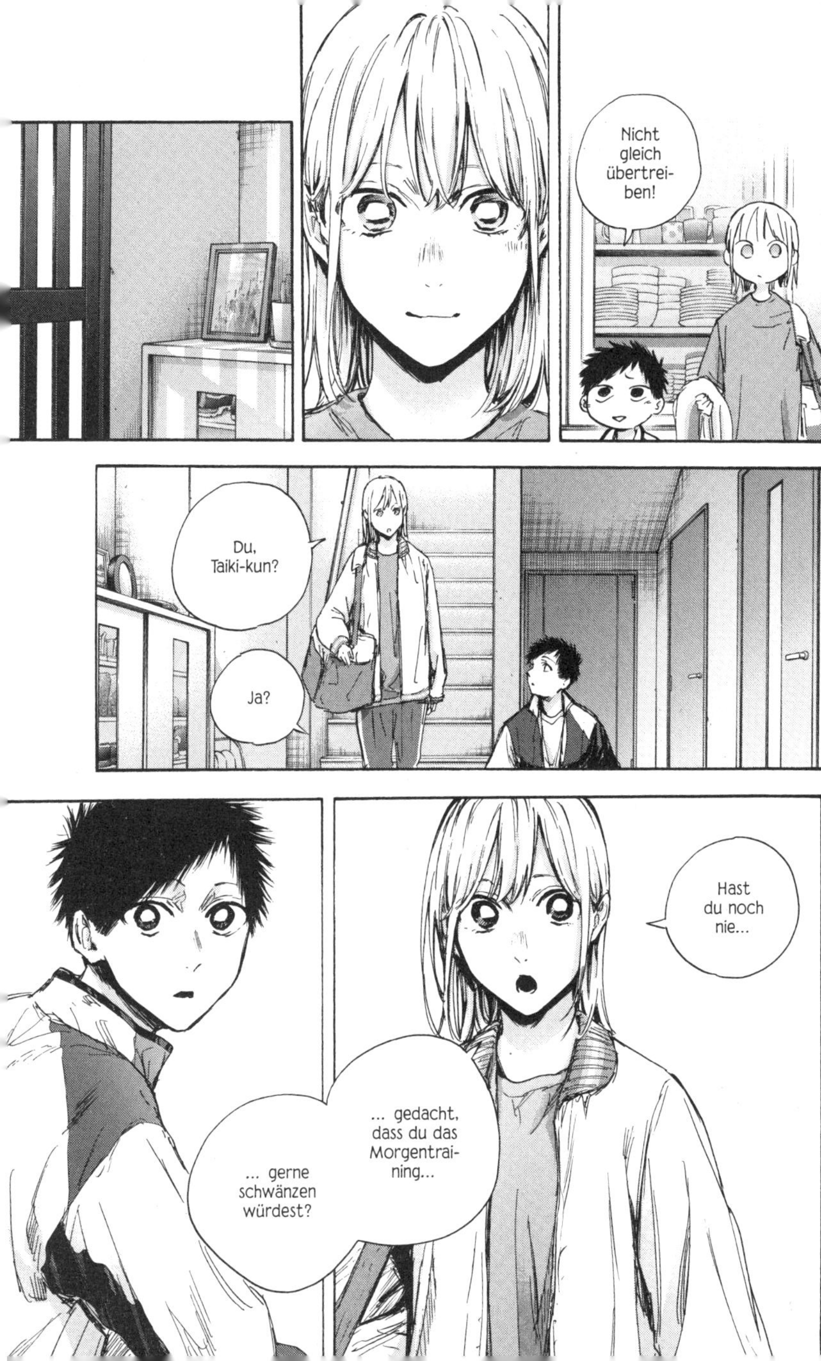
Nicht gleich übertrei-ben!
Du, Taiki-kun?
Ja?
Hast du noch nie...
... gedacht, dass du das Morgentrai-ning...
... gerne schwänzen würdest?

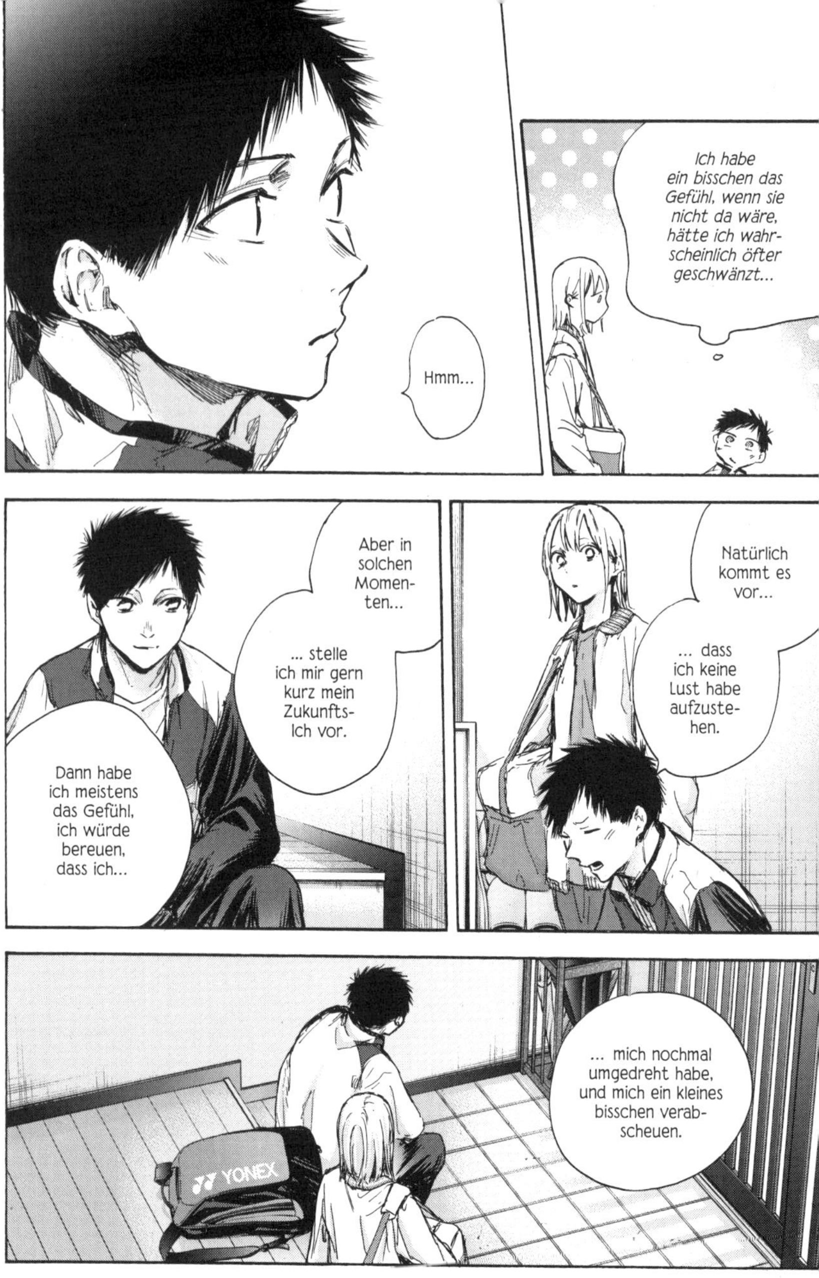
Ich habe ein bisschen das Gefühl, wenn sie nicht da wäre, hätte ich wahrscheinlich öfter geschwänzt...
Hmm...
Natürlich kommt es vor...
... dass ich keine Lust habe aufzustehen.
Aber in solchen Momenten...
... stelle ich mir gern kurz mein Zukunfts-Ich vor.
Dann habe ich meistens das Gefühl, ich würde bereuen, dass ich...
... mich nochmal umgedreht habe, und mich ein kleines bisschen verabscheuen.
YONEX

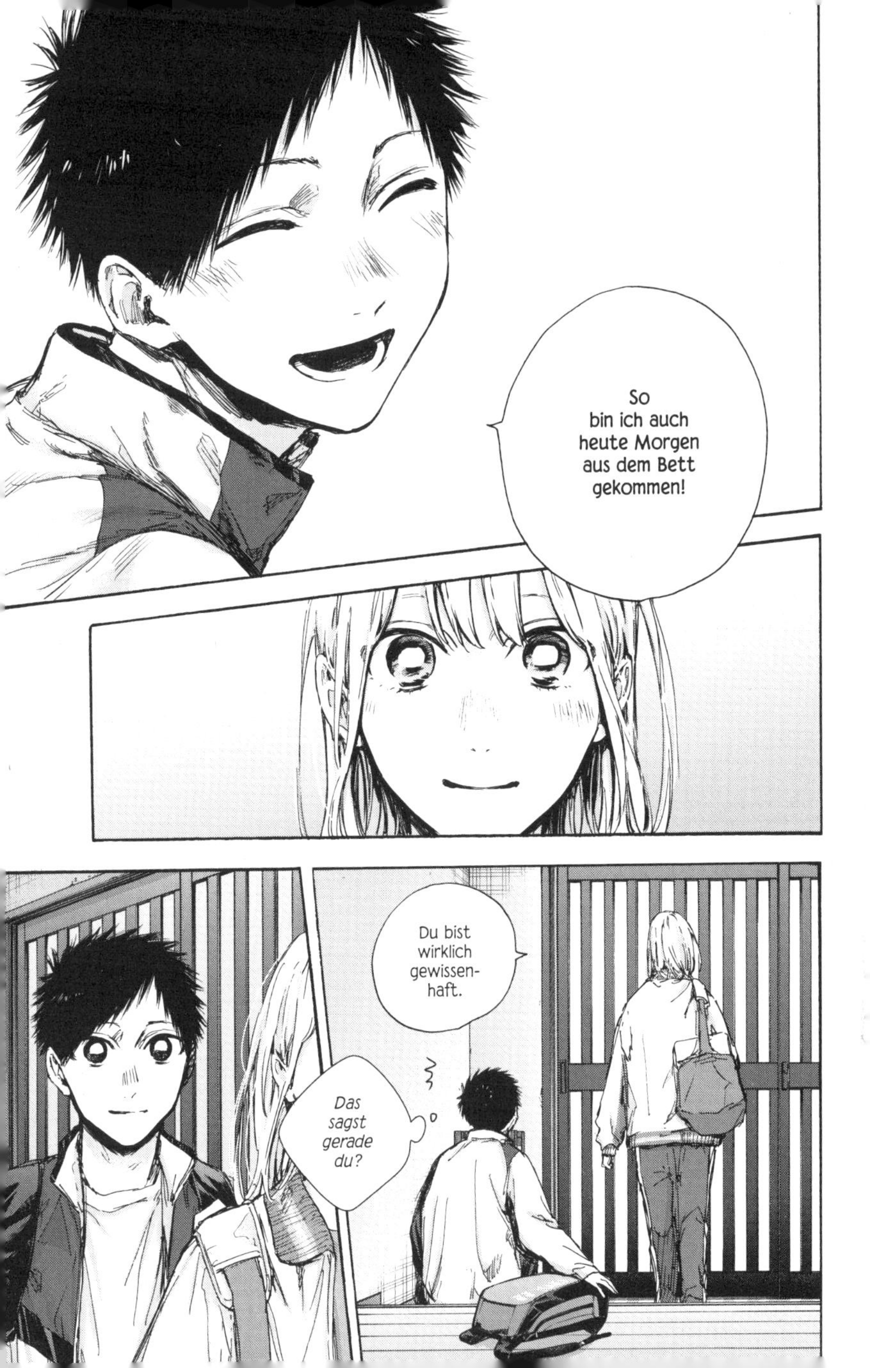
So bin ich auch heute Morgen aus dem Bett gekommen!
Du bist wirklich gewissenhaft.
Das sagst gerade du?

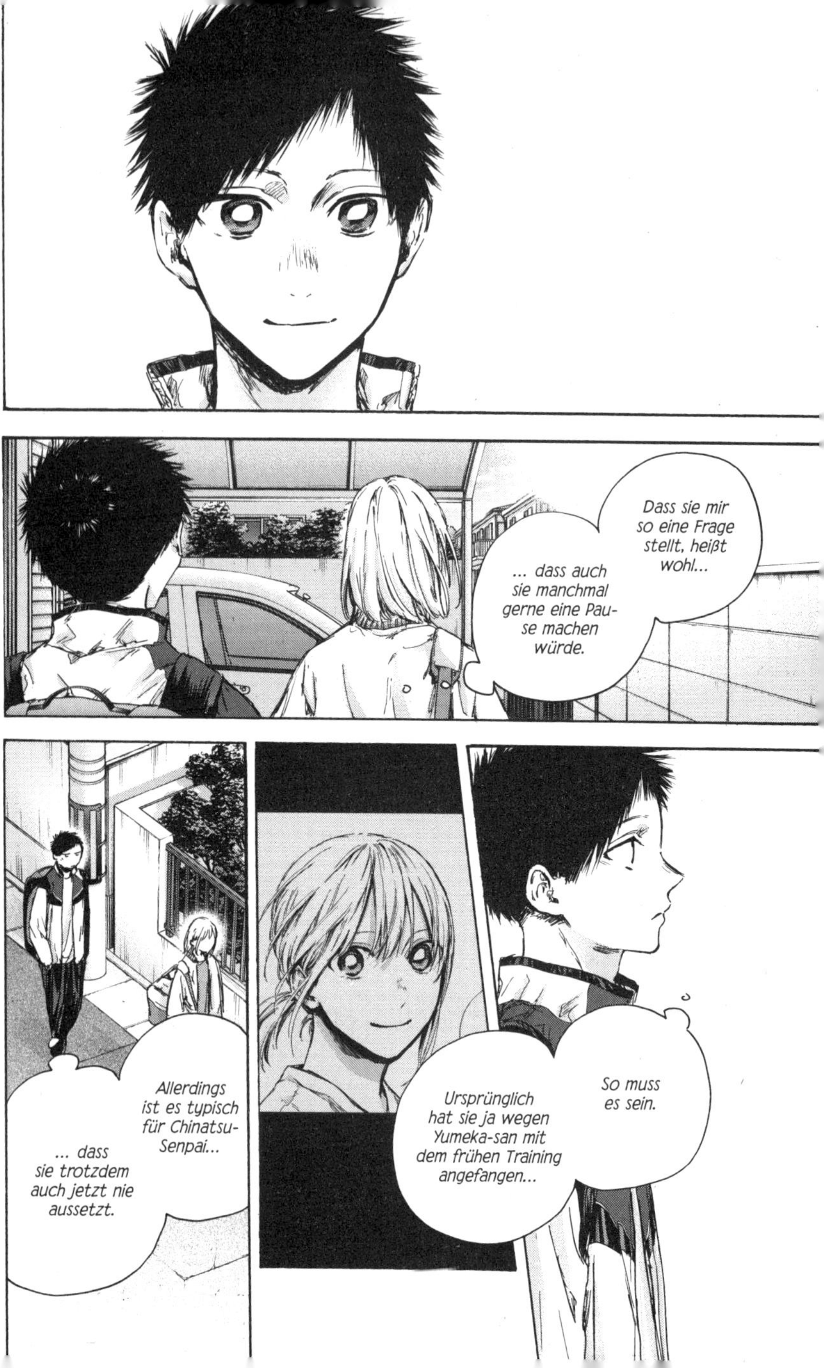
Dass sie mir so eine Frage stellt, heißt wohl...
... dass auch sie manchmal gerne eine Pause machen würde.
So muss es sein.
Ursprünglich hat sie ja wegen Yumeka-san mit dem frühen Training angefangen...
Allerdings ist es typisch für Chinatsu-Senpai...
... dass sie trotzdem auch jetzt nie aussetzt.

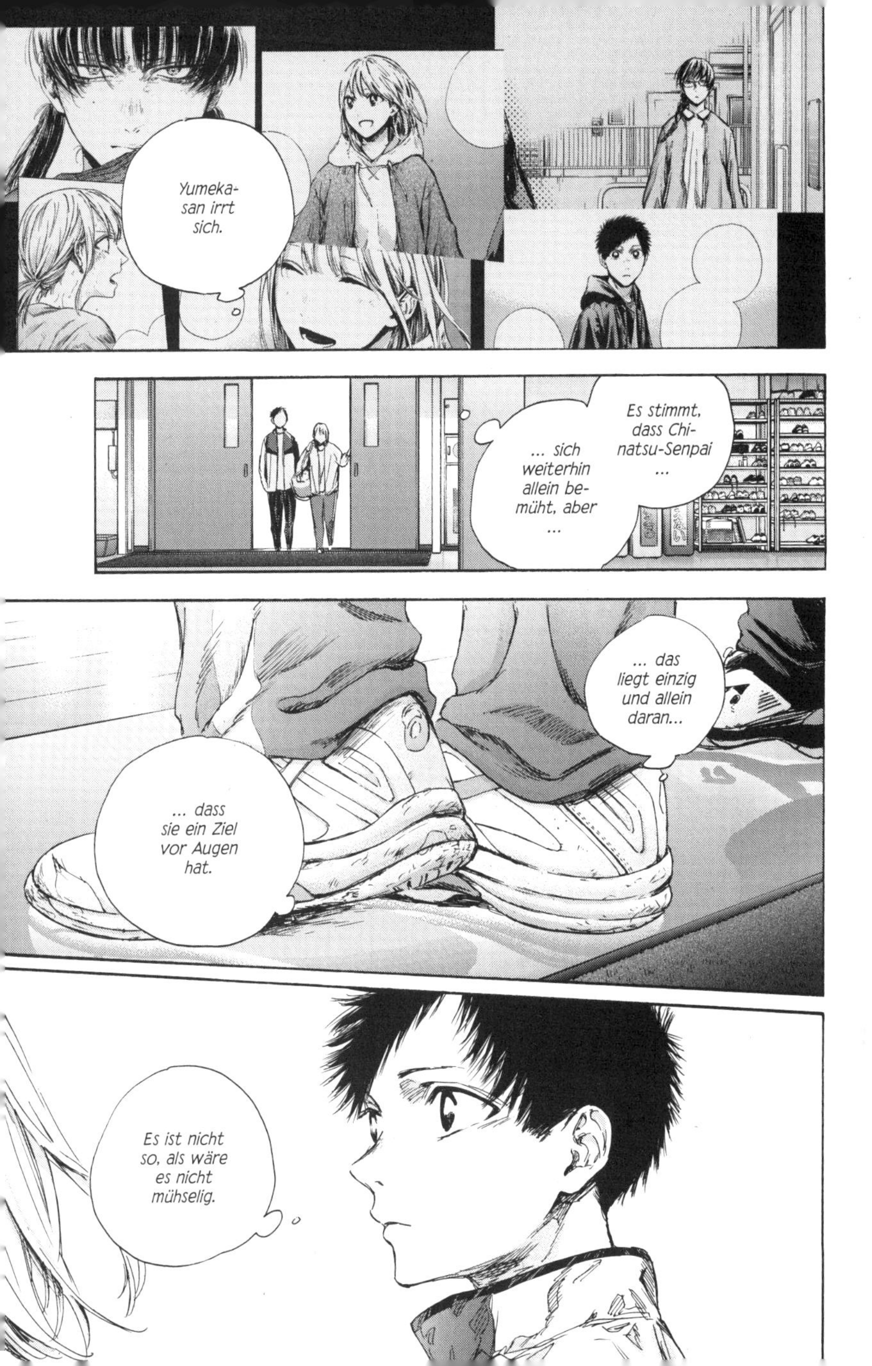
Yumeka-san irrt sich.
Es stimmt, dass Chinatsu-Senpai ...
... sich weiterhin allein bemüht, aber ...
... das liegt einzig und allein daran...
... dass sie ein Ziel vor Augen hat.
Es ist nicht so, als wäre es nicht mühselig.

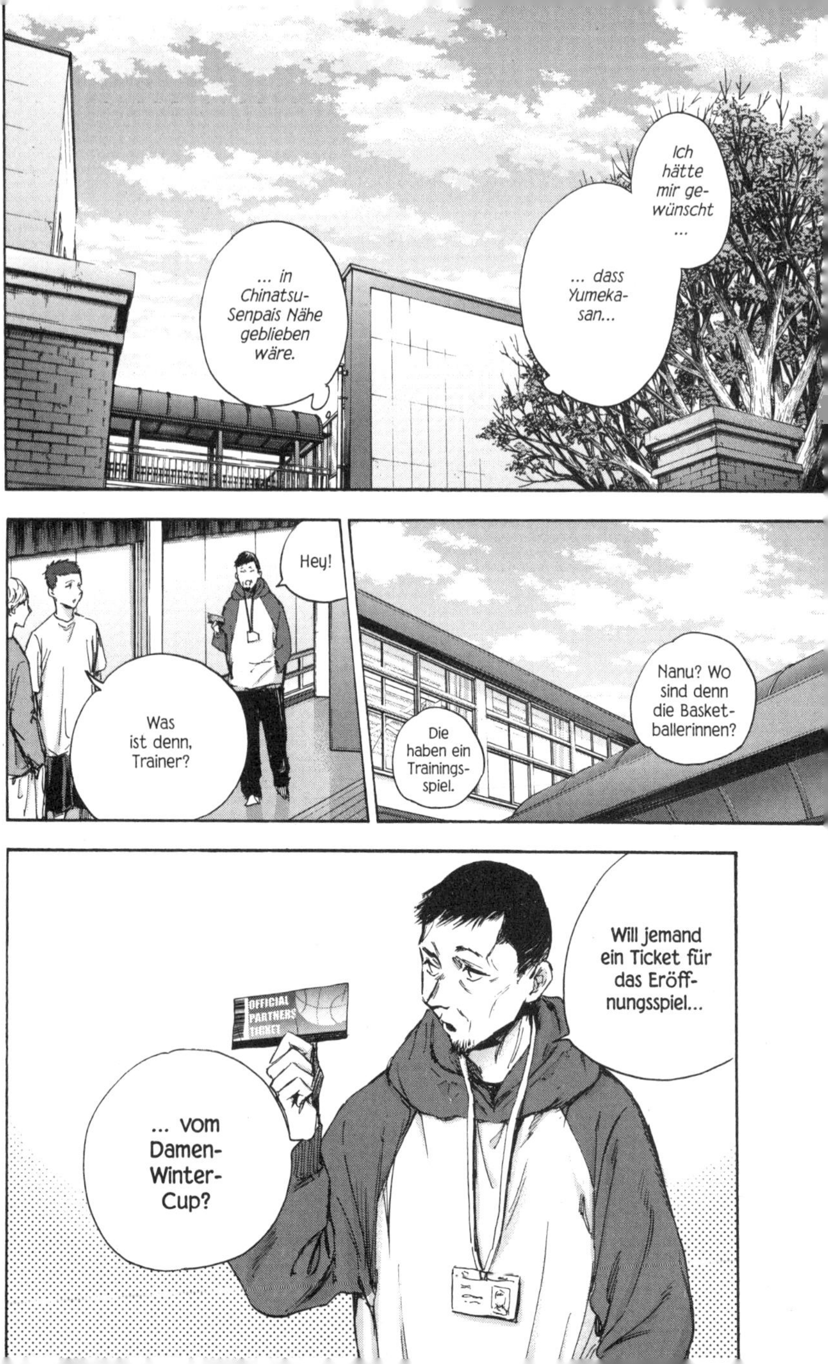
Ich hätte mir gewünscht ...
... dass Yumeka-san...
... in Chinatsu-Senpais Nähe geblieben wäre.
Nanu? Wo sind denn die Basketballerinnen?
Die haben ein Trainingsspiel.
Hey!
Was ist denn, Trainer?
Will jemand ein Ticket für das Eröffnungsspiel...
OFFICIAL PARTNERS TICKET
... vom Damen-Winter-Cup?

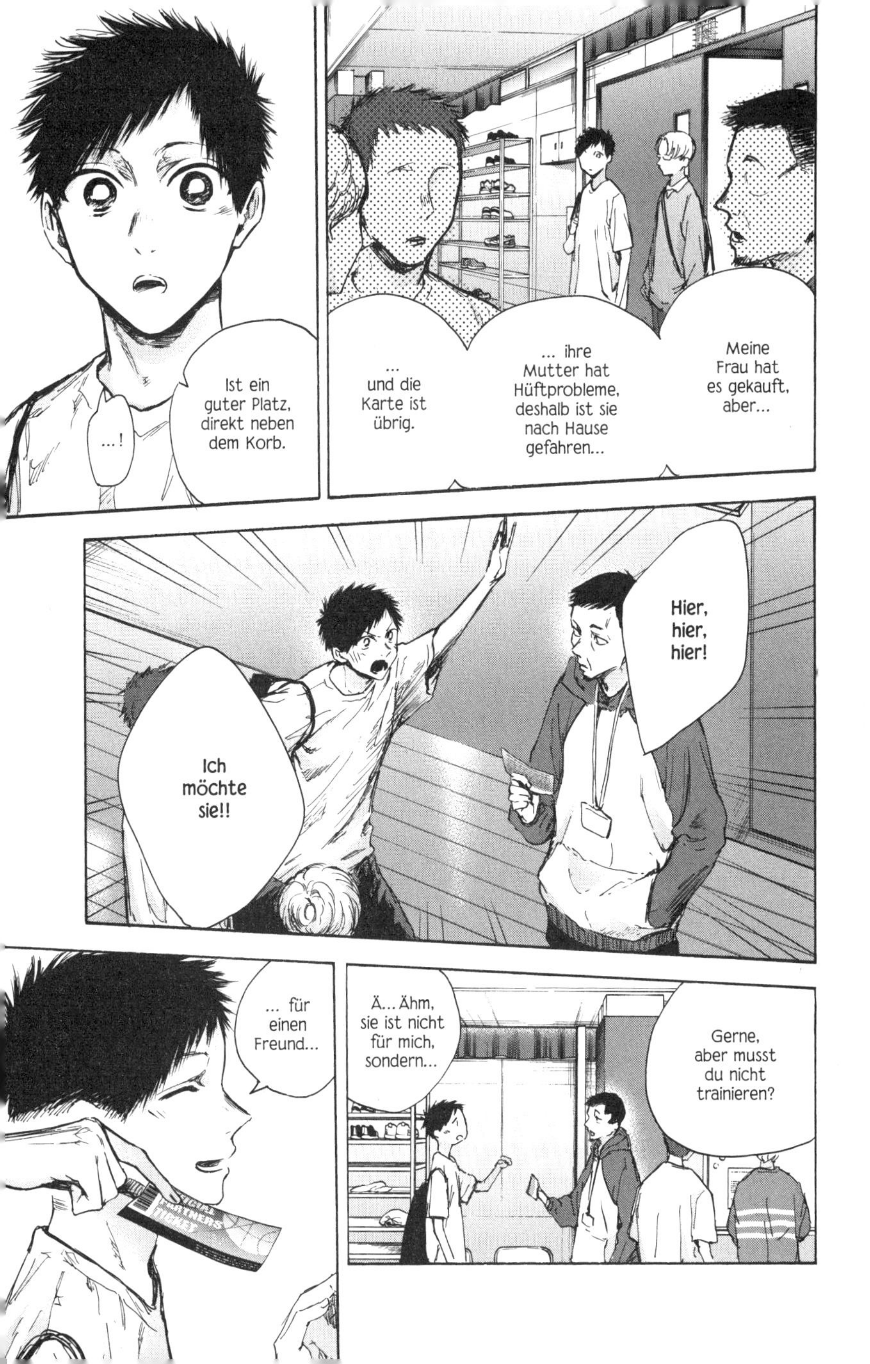

Meine Frau hat es gekauft, aber...
... ihre Mutter hat Hüftprobleme, deshalb ist sie nach Hause gefahren...
... und die Karte ist übrig.
Ist ein guter Platz, direkt neben dem Korb.
...!
Hier, hier, hier!
Ich möchte sie!!
Gerne, aber musst du nicht trainieren?
Ä... Ähm, sie ist nicht für mich, sondern...
... für einen Freund...

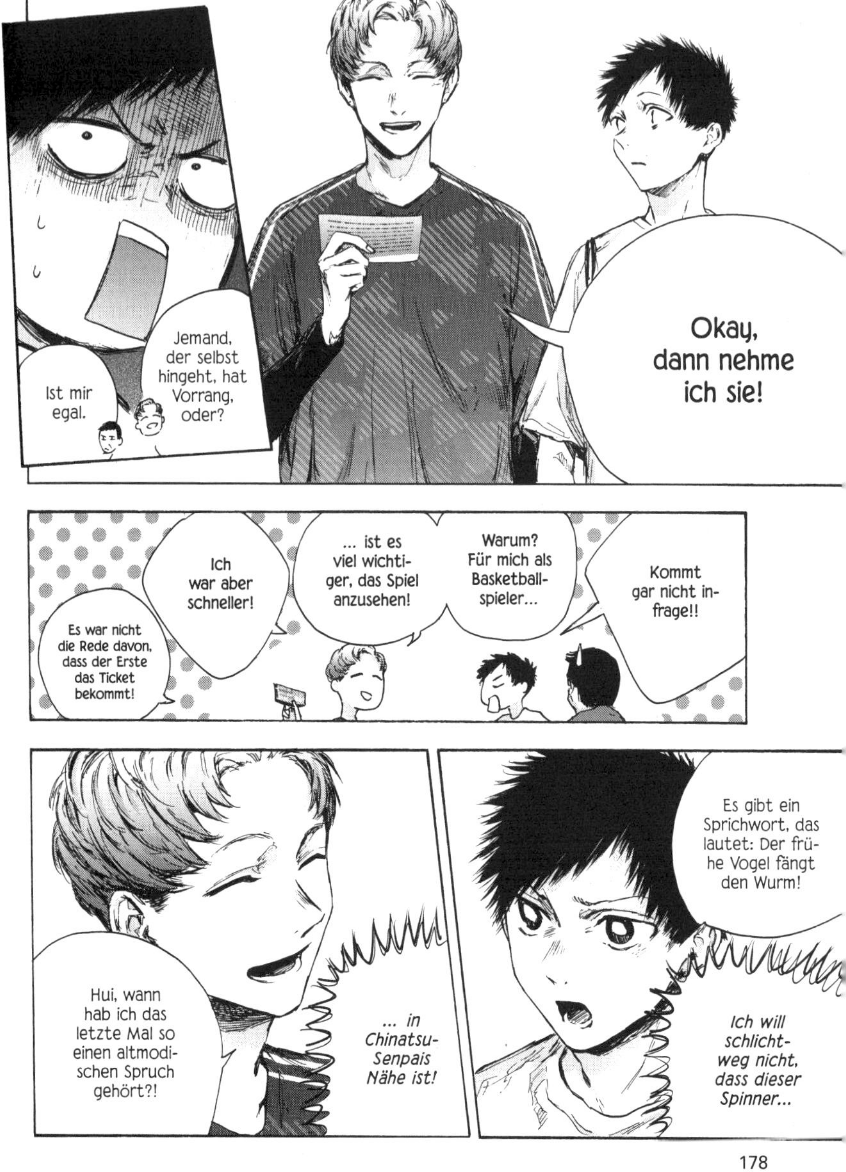
Okay, dann nehme ich sie!
Jemand, der selbst hingeht, hat Vorrang, oder?
Ist mir egal.
Kommt gar nicht infrage!!
Warum? Für mich als Basketballspieler...
... ist es viel wichtiger, das Spiel anzusehen!
Ich war aber schneller!
Es war nicht die Rede davon, dass der Erste das Ticket bekommt!
Es gibt ein Sprichwort, das lautet: Der frühe Vogel fängt den Wurm!
Ich will schlichtweg nicht, dass dieser Spinner...
... in Chinatsu-Senpais Nähe ist!
Hui, wann hab ich das letzte Mal so einen altmodischen Spruch gehört?!

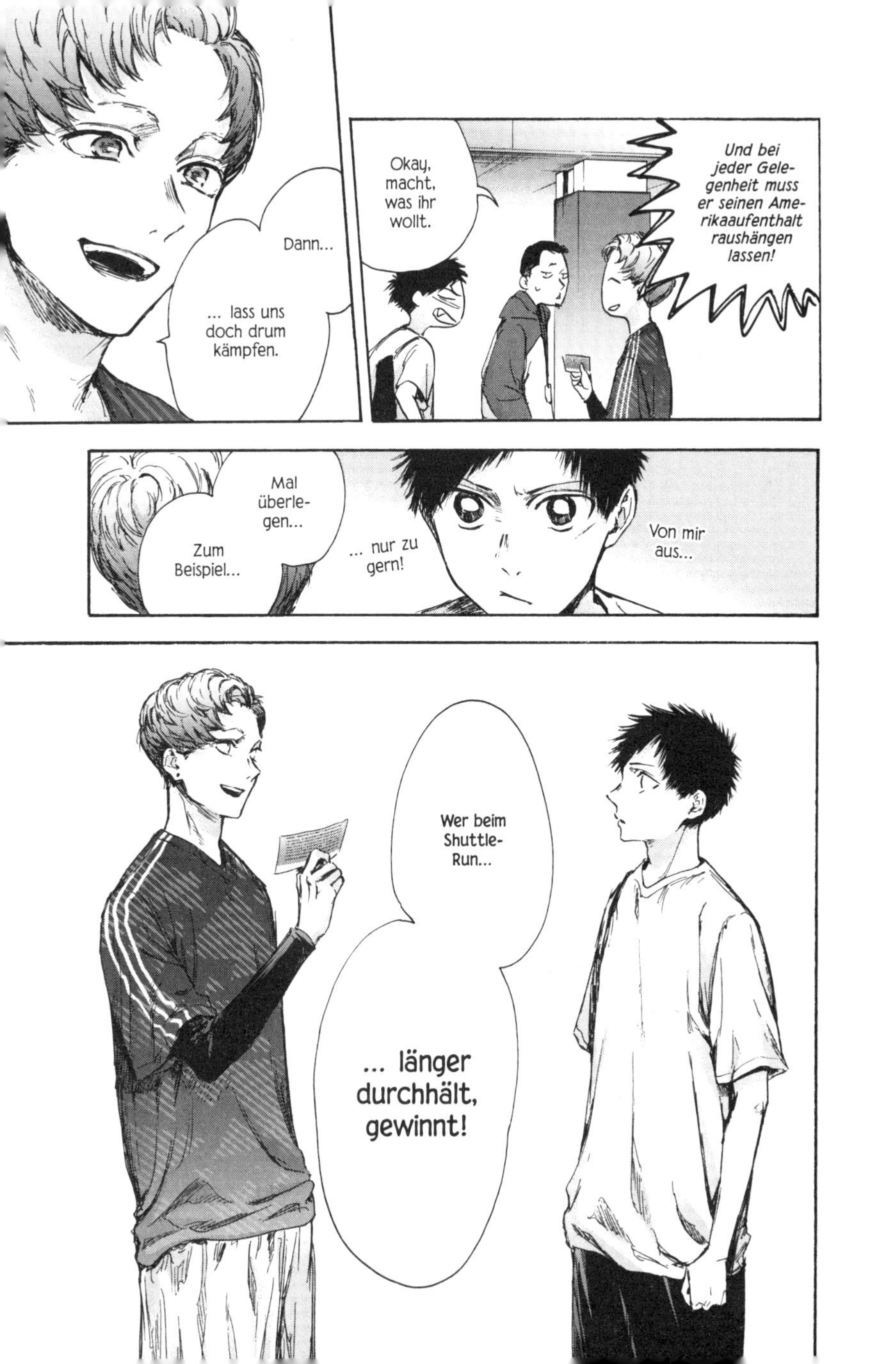
Und bei jeder Gelegenheit muss er seinen Amerikaaufenthalt raushängen lassen!
Okay, macht, was ihr wollt.
Dann...
... lass uns doch drum kämpfen.
Von mir aus...
... nur zu gern!
Mal überlegen...
Zum Beispiel...
Wer beim Shuttle-Run...
... länger durchhält, gewinnt!

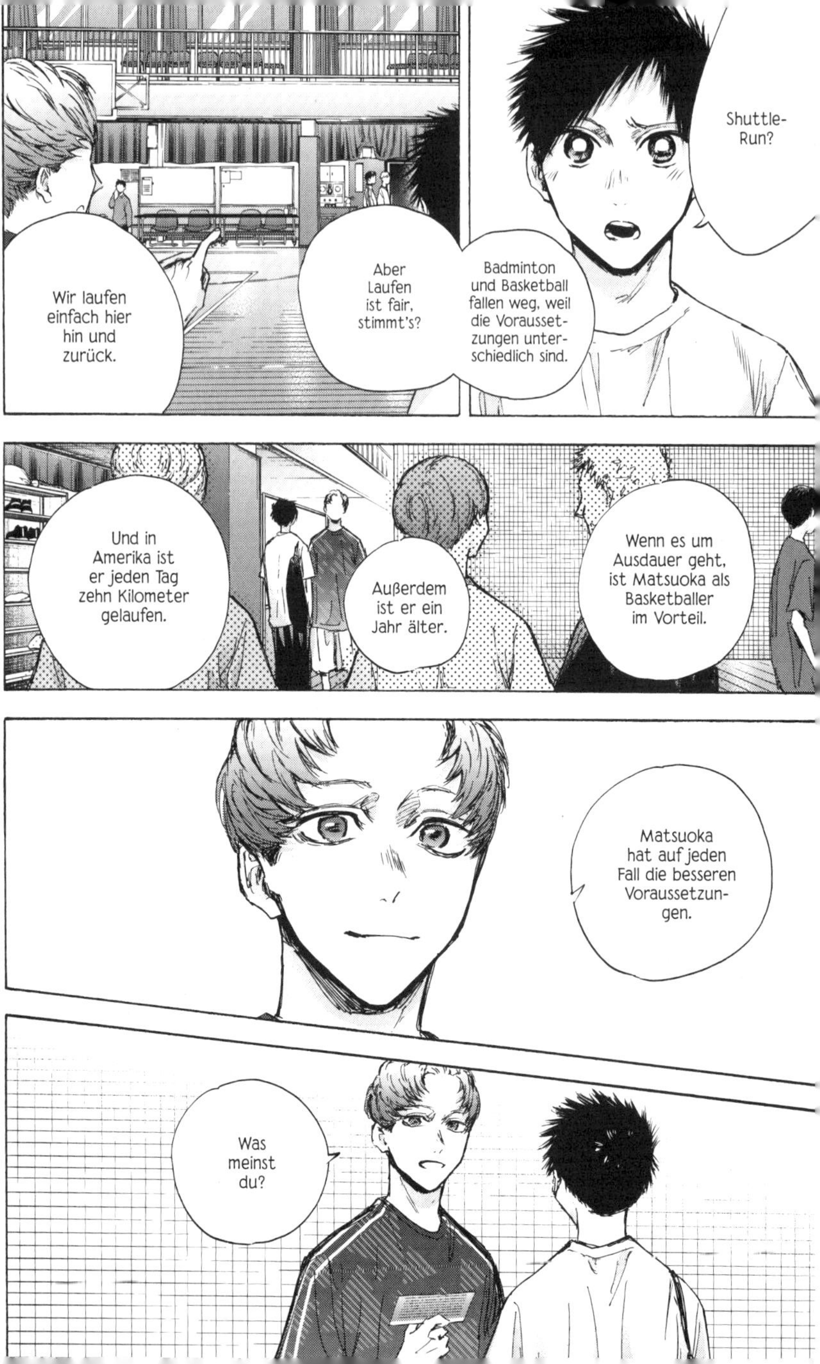
Shuttle-Run?
Badminton und Basketball fallen weg, weil die Voraussetzungen unterschiedlich sind.
Aber Laufen ist fair, stimmt's?
Wir laufen einfach hier hin und zurück.
Wenn es um Ausdauer geht, ist Matsuoka als Basketballer im Vorteil.
Außerdem ist er ein Jahr älter.
Und in Amerika ist er jeden Tag zehn Kilometer gelaufen.
Matsuoka hat auf jeden Fall die besseren Voraussetzungen.
Was meinst du?

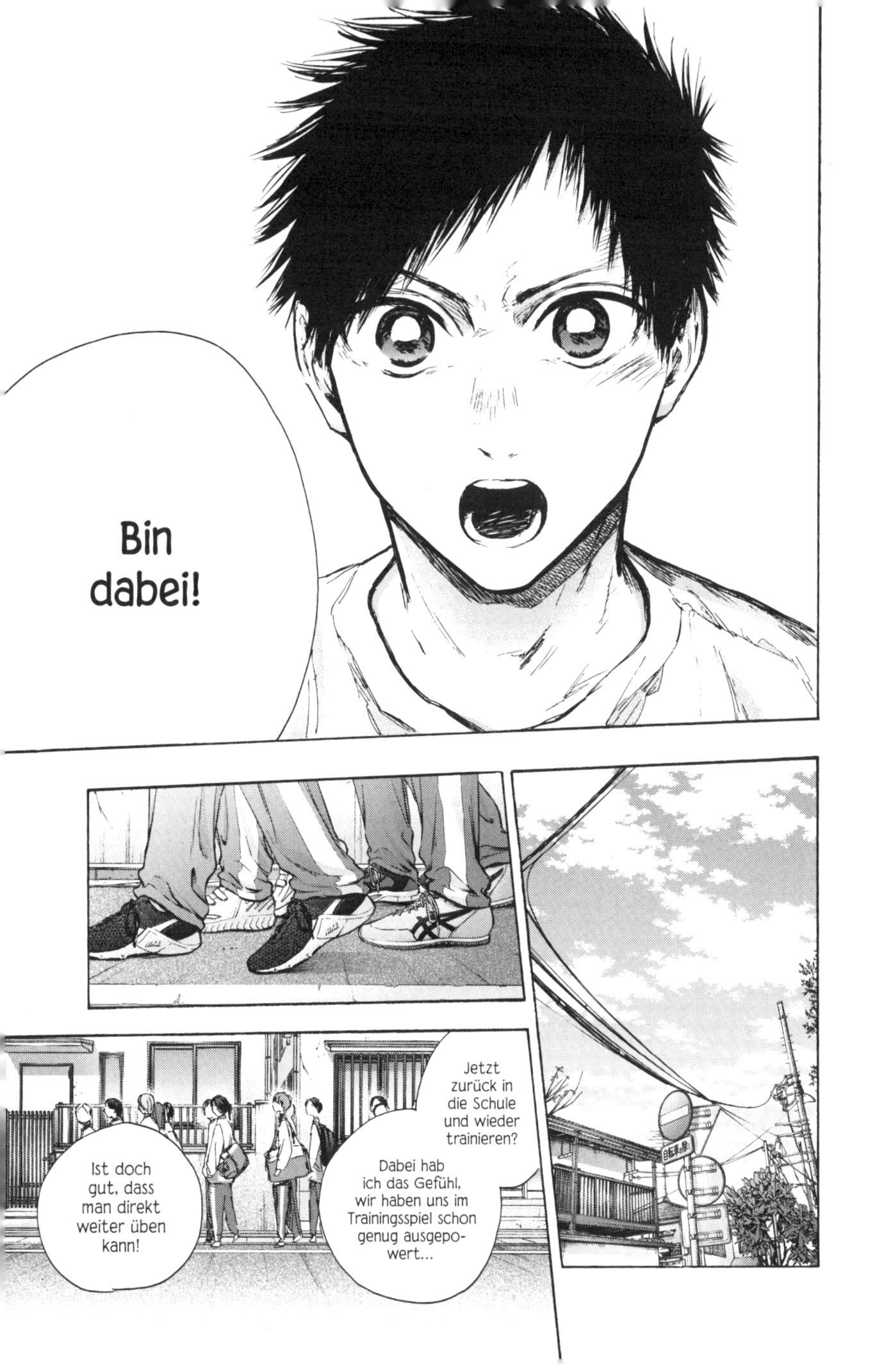
Bin dabei!
Jetzt zurück in die Schule und wieder trainieren?
Dabei hab ich das Gefühl, wir haben uns im Trainingsspiel schon genug ausgepowert...
Ist doch gut, dass man direkt weiter üben kann!

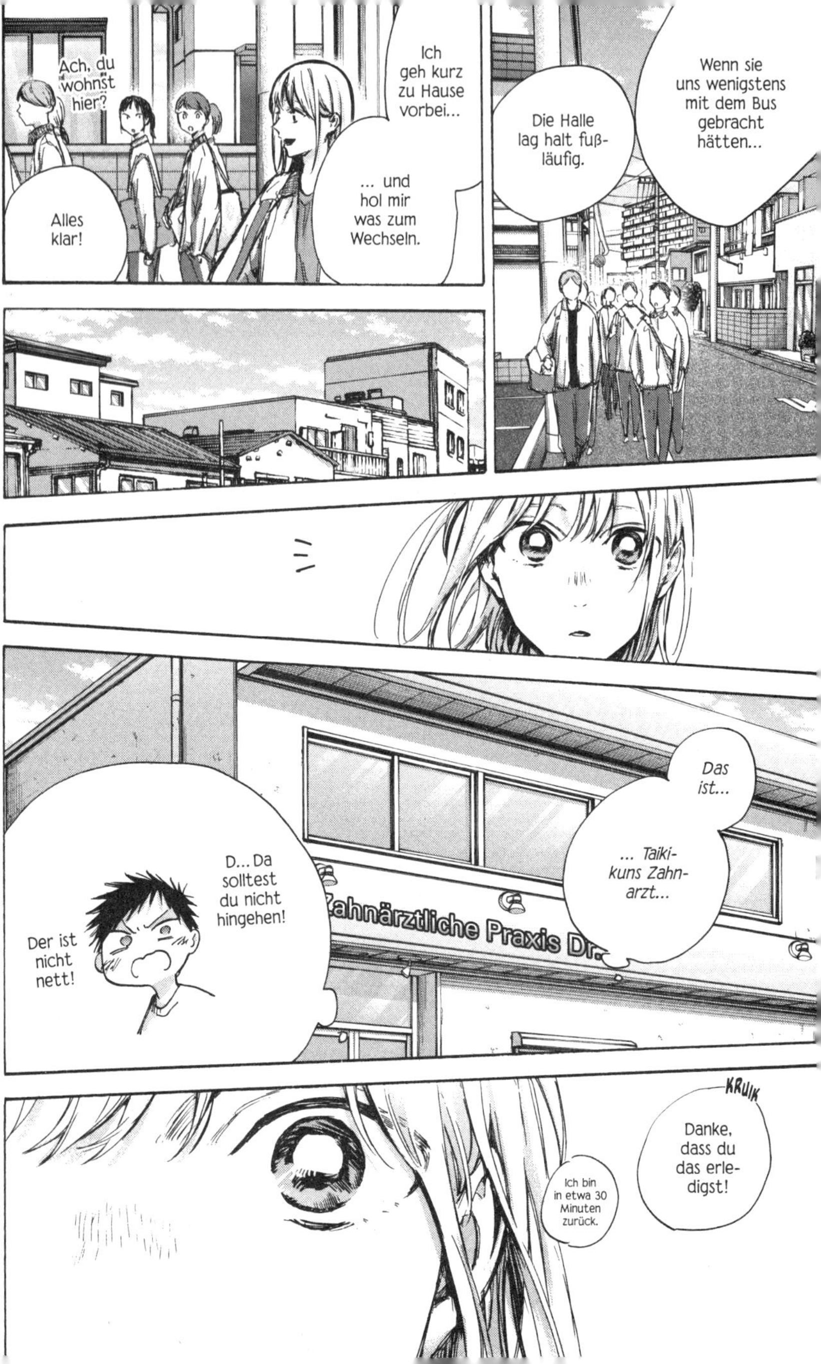

Wenn sie uns wenigstens mit dem Bus gebracht hätten...
Die Halle lag halt fuß-läufig.
Ich geh kurz zu Hause vorbei...
... und hol mir was zum Wechseln.
Ach, du wohnst hier?
Alles klar!
Das ist...
... Taiki-kuns Zahn-arzt...
D... Da solltest du nicht hingehen!
Der ist nicht nett!
Zahnärztliche Praxis Dr.
KRUIK
Danke, dass du das erle-digst!
Ich bin in etwa 30 Minuten zurück.

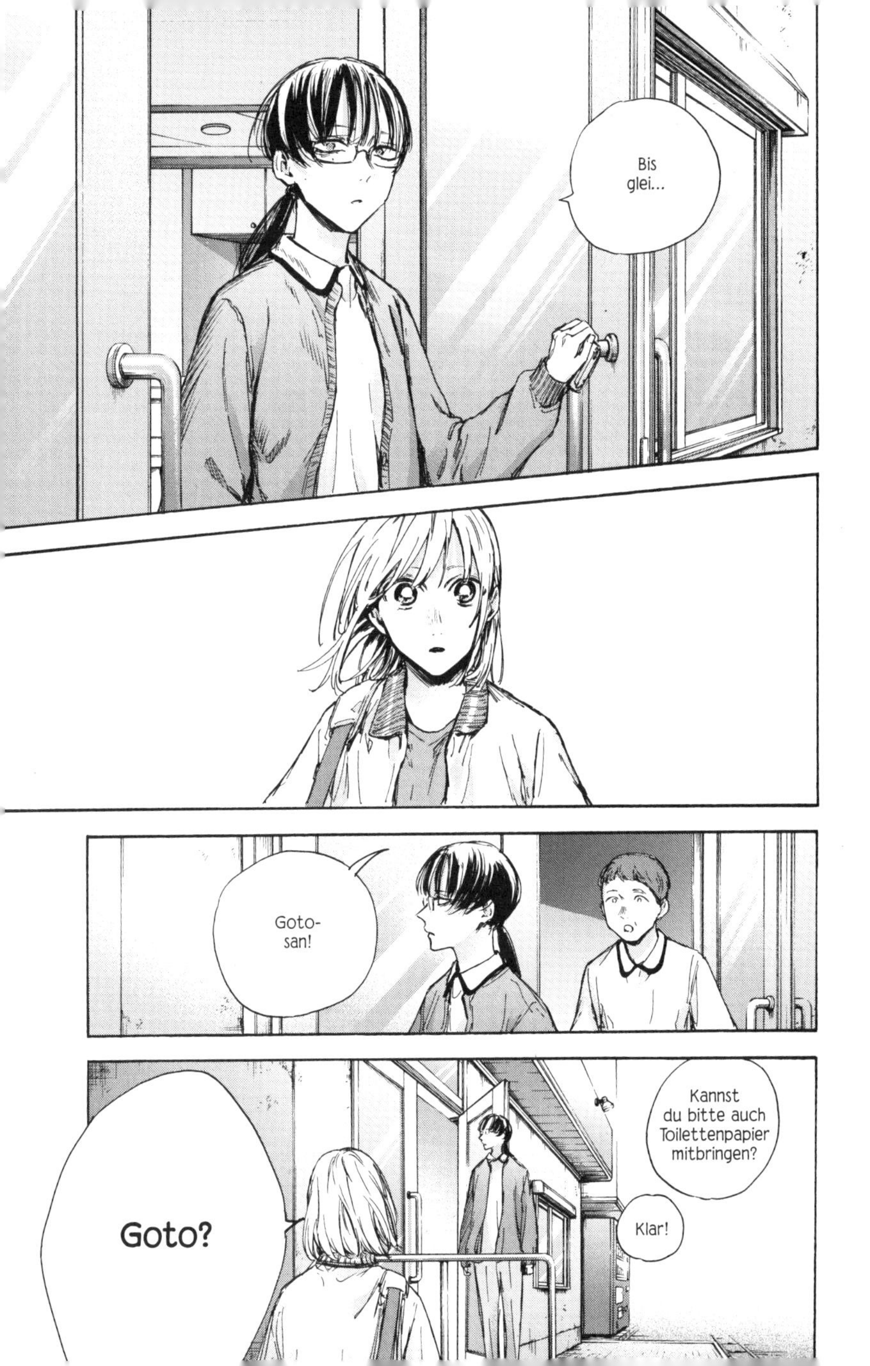

Bis glei...
Goto-san!
Kannst du bitte auch Toilettenpapier mitbringen?
Klar!
Goto?

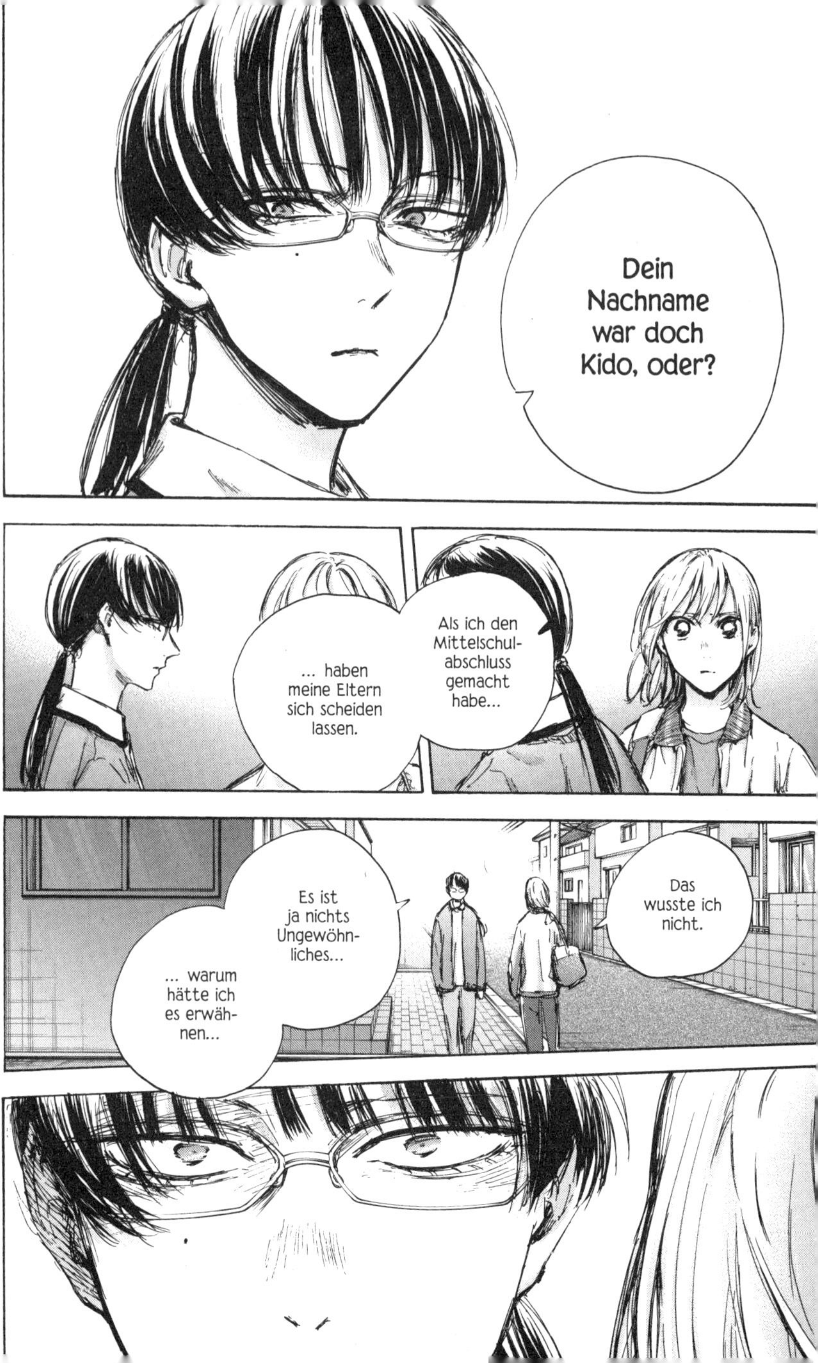
Dein Nachname war doch Kido, oder?
Als ich den Mittelschul-abschluss gemacht habe...
... haben meine Eltern sich scheiden lassen.
Das wusste ich nicht.
Es ist ja nichts Ungewöhn-liches...
... warum hätte ich es erwäh-nen...

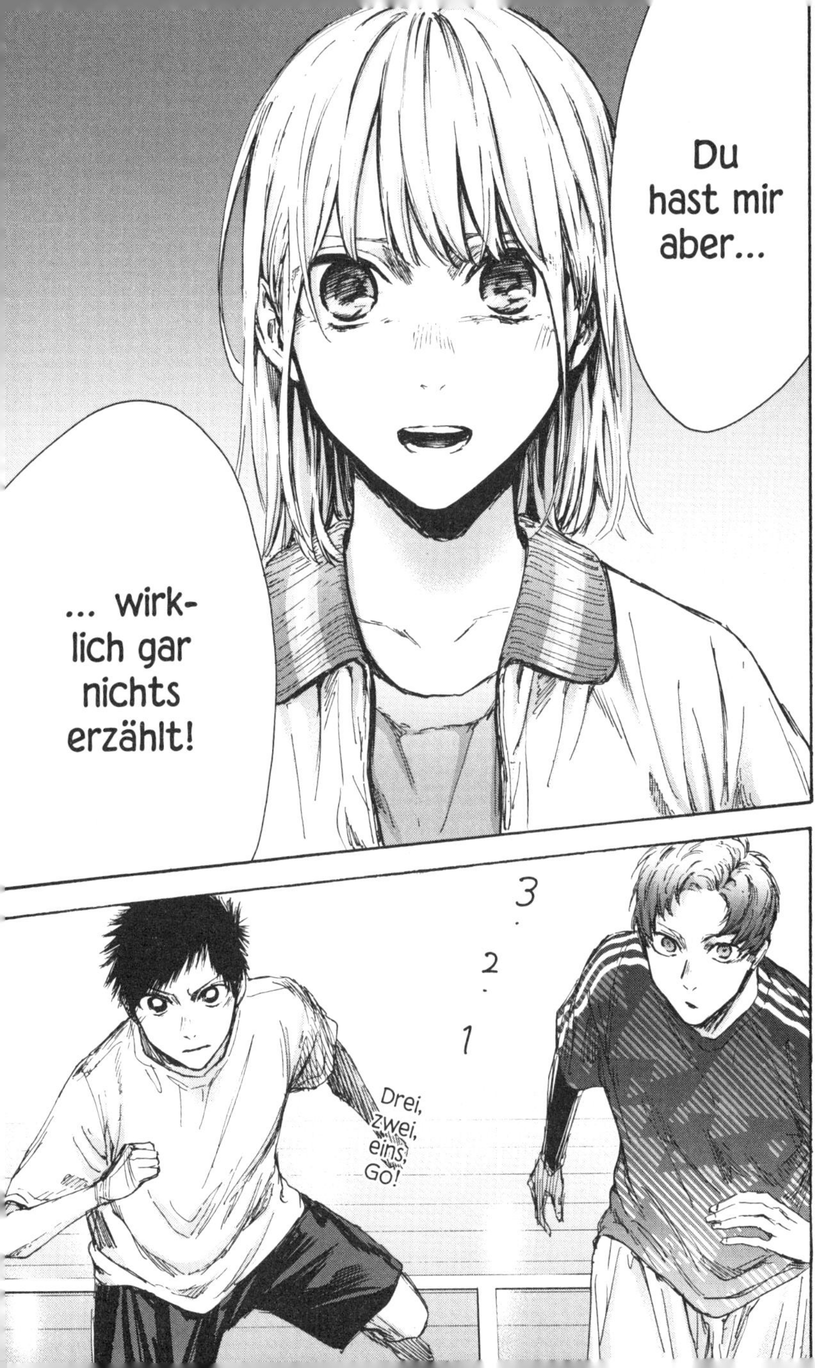
Du hast mir aber...
... wirk- lich gar nichts erzählt!
3 . 2 . 1
Drei, zwei, eins, Go!

Special Thanks!!!

Aragaki Okino Takeuchi
Hinohara Watanabe

Murakoshi Chiba Tsuji

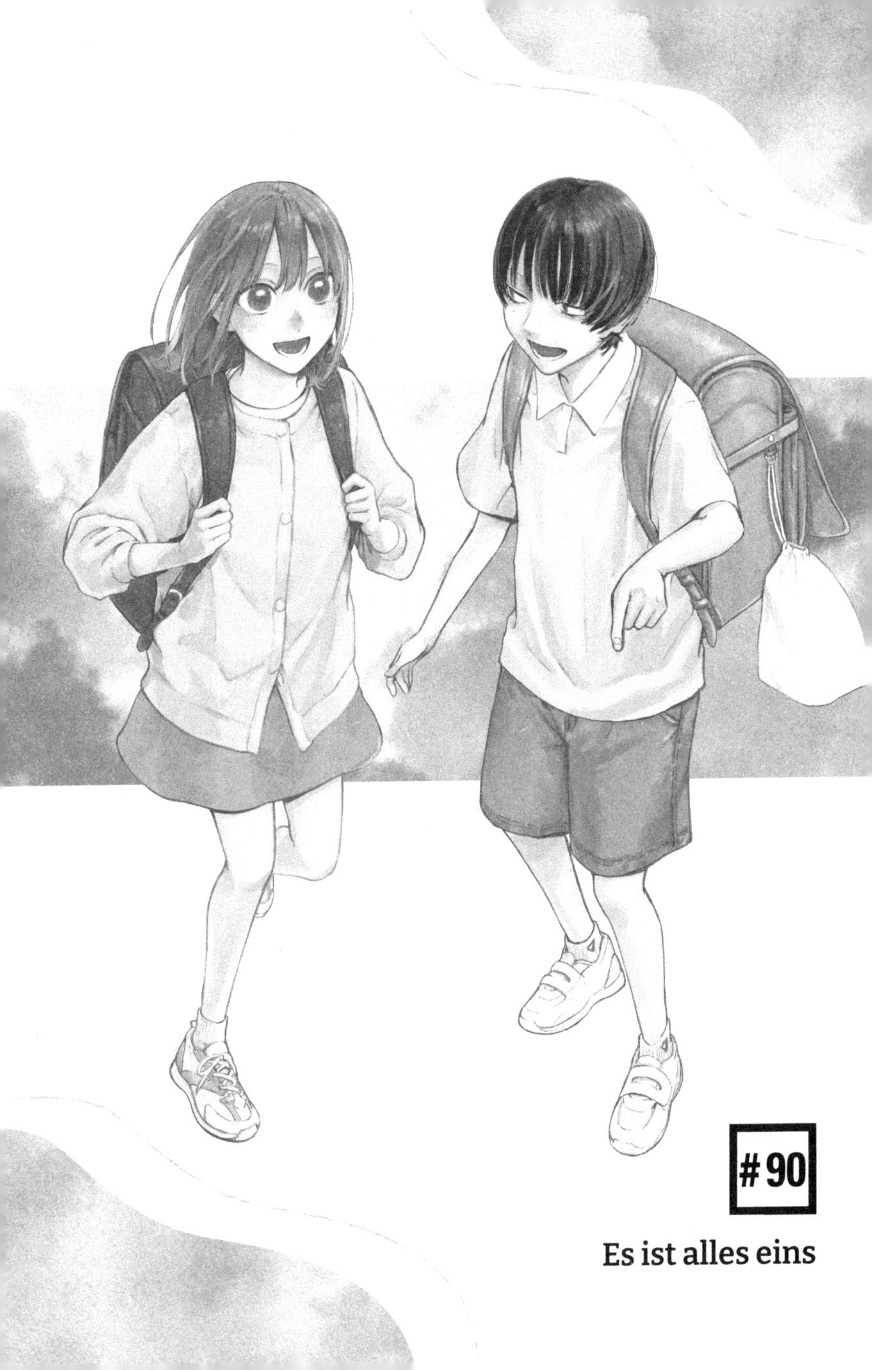

#90

Es ist alles eins

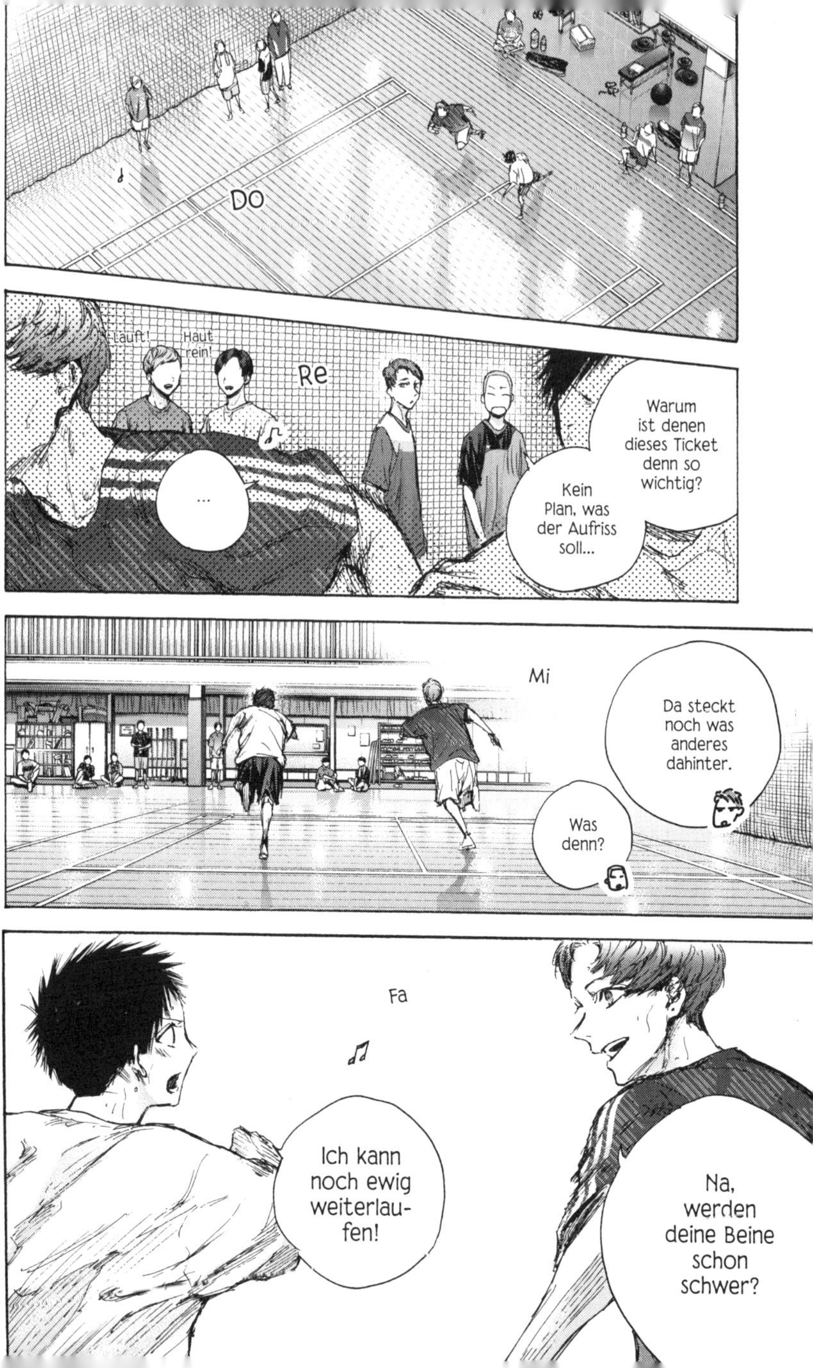
DO
Läuft!
Haut rein!
Re
Warum ist denen dieses Ticket denn so wichtig?
Kein Plan, was der Aufriss soll...
...
Mi
Da steckt noch was anderes dahinter.
Was denn?
Fa
Na, werden deine Beine schon schwer?
Ich kann noch ewig weiterlaufen!

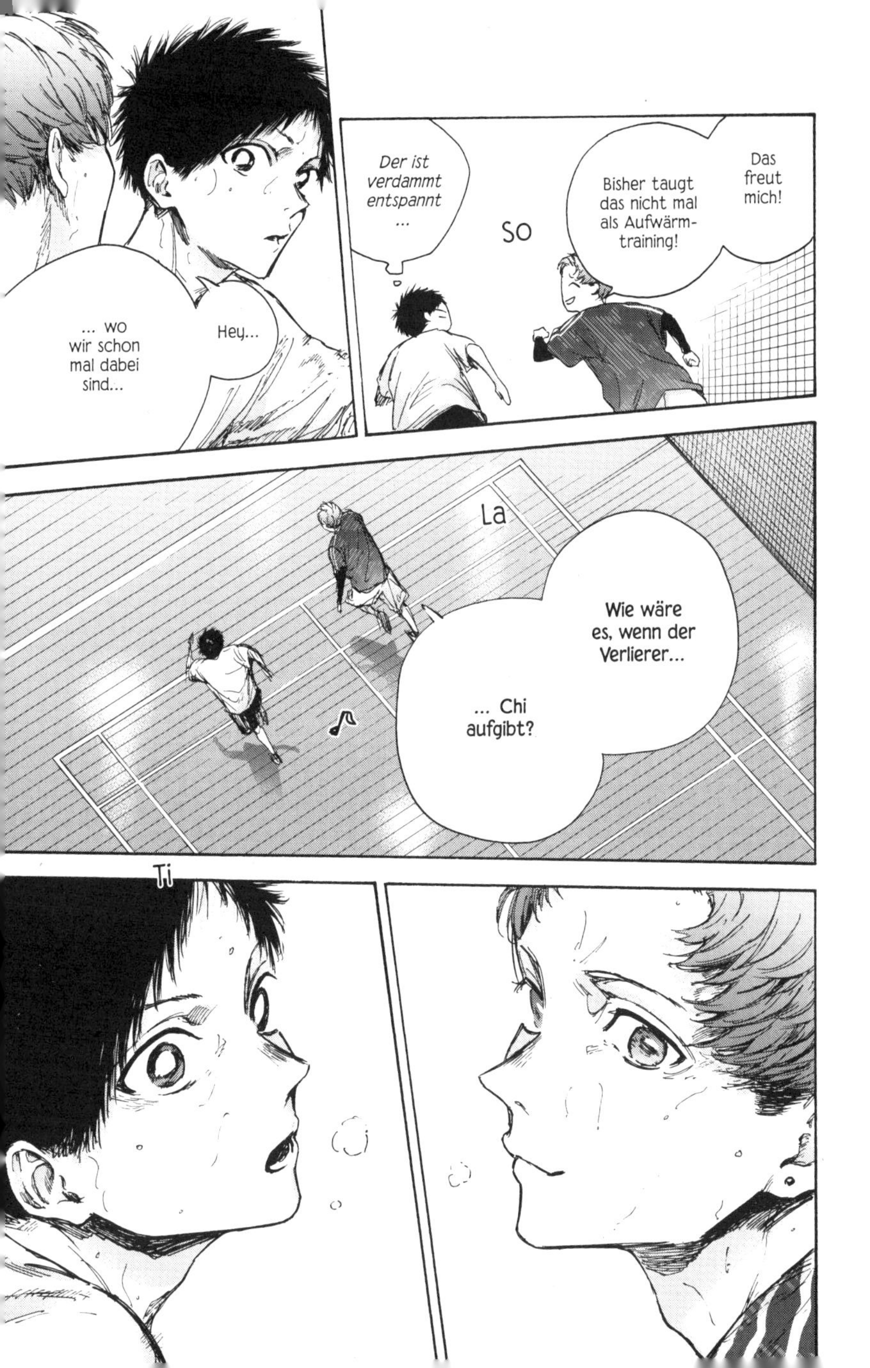
Das freut mich!
Bisher taugt das nicht mal als Aufwärm-training!
So
Der ist verdammt entspannt ...
Hey...
... wo wir schon mal dabei sind...
La
Wie wäre es, wenn der Verlierer...
... Chi aufgibt?
Ti

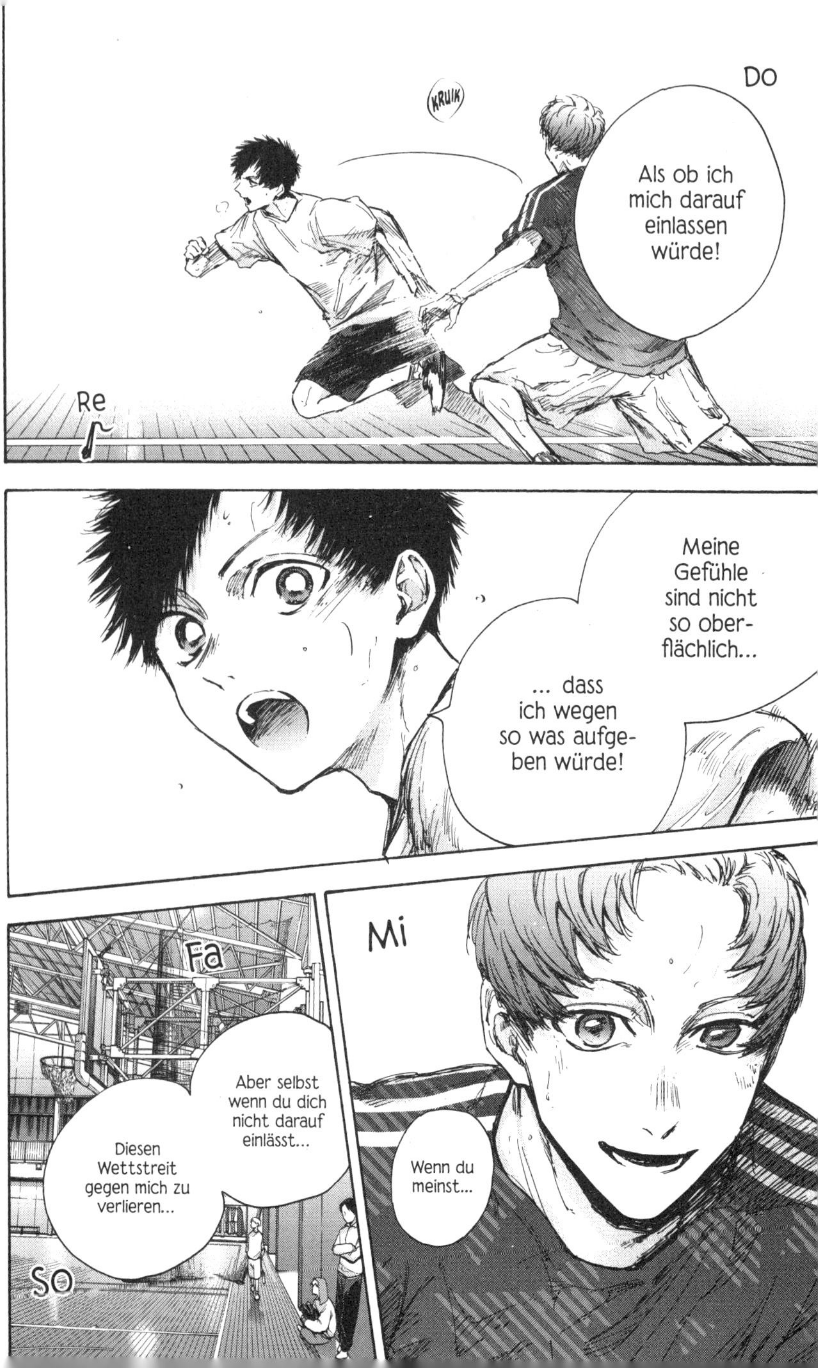
DO
Als ob ich mich darauf einlassen würde!
KRUIK
Re
Meine Gefühle sind nicht so oberflächlich...
... dass ich wegen so was aufgeben würde!
Mi
Wenn du meinst...
Fa
Aber selbst wenn du dich nicht darauf einlässt...
Diesen Wettstreit gegen mich zu verlieren...
So

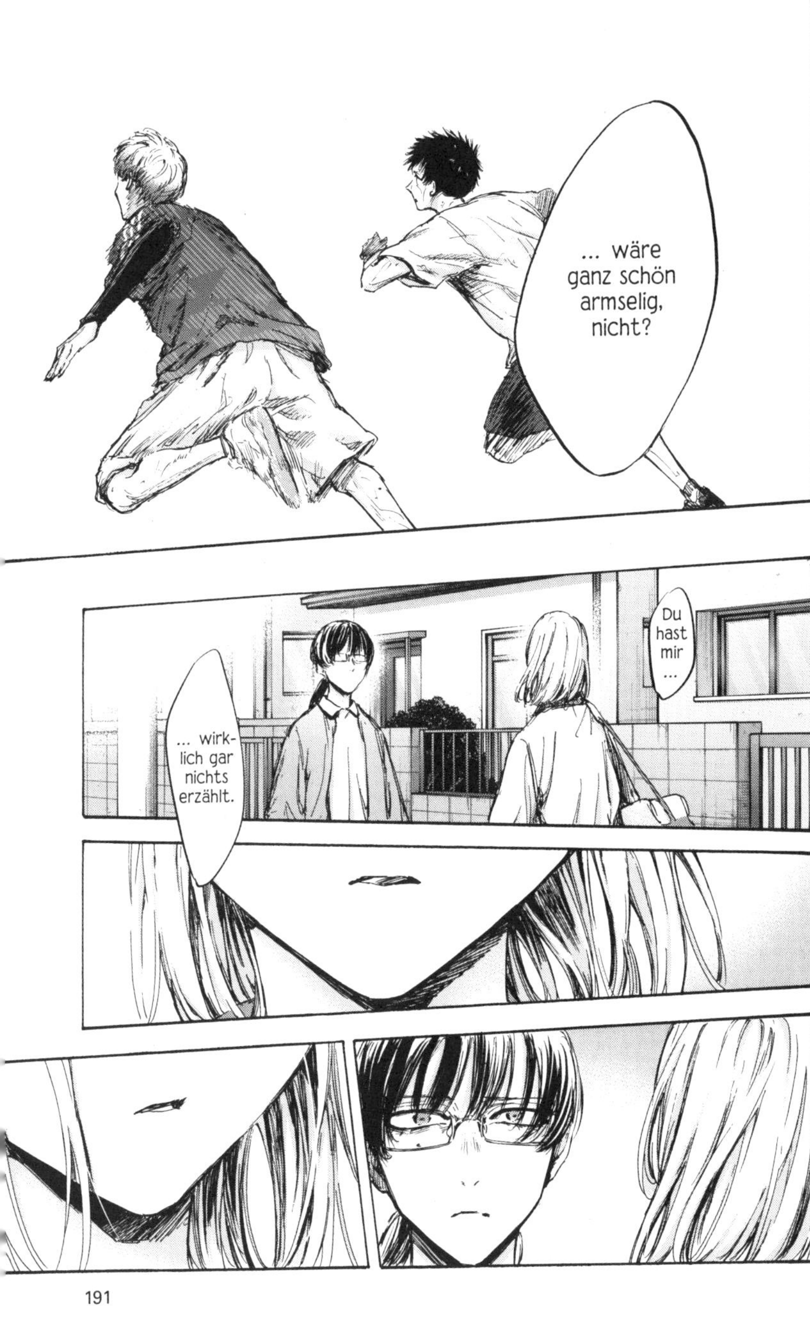
... wäre ganz schön armselig, nicht?
Du hast mir ...
... wirklich gar nichts erzählt.

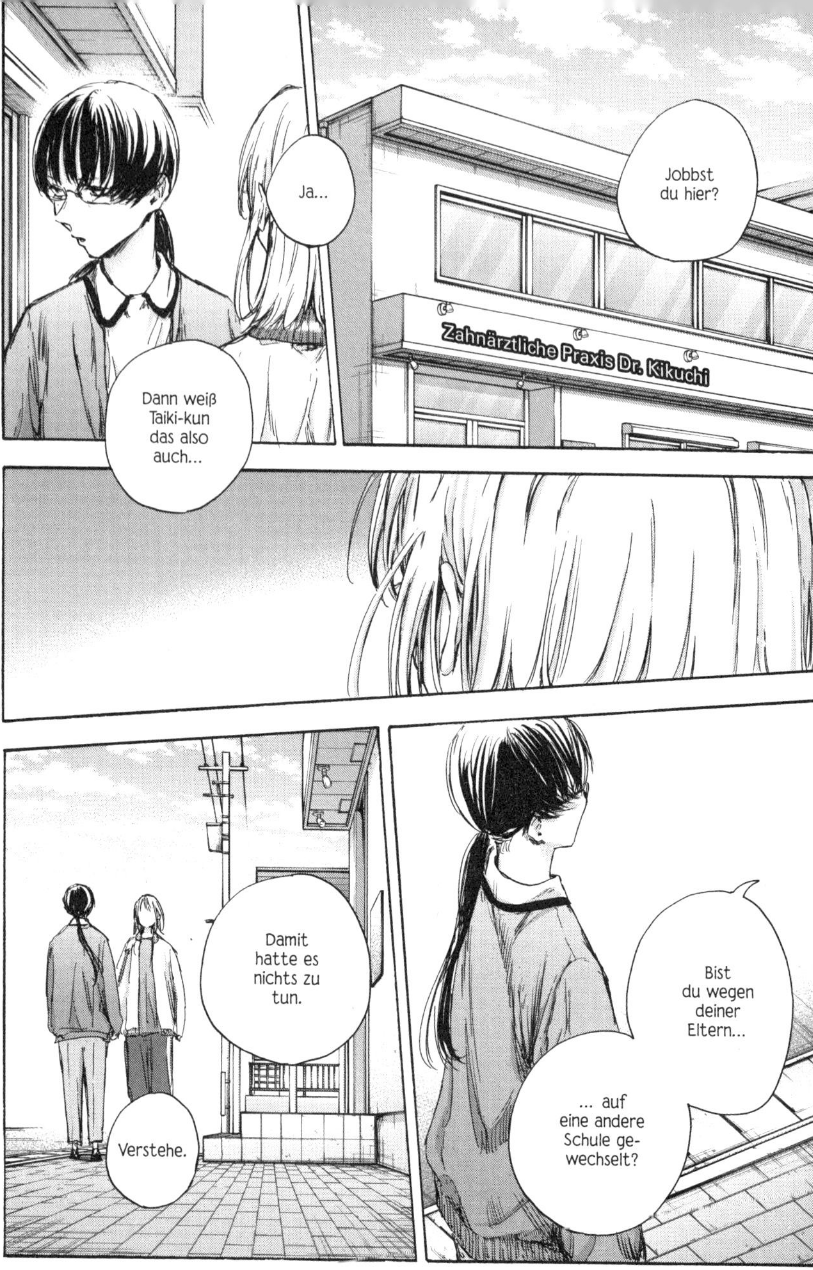
Jobbst du hier?
Ja...
Zahnärztliche Praxis Dr. Kikuchi
Dann weiß Taiki-kun das also auch...
Bist du wegen deiner Eltern...
... auf eine andere Schule gewechselt?
Damit hatte es nichts zu tun.
Verstehe.

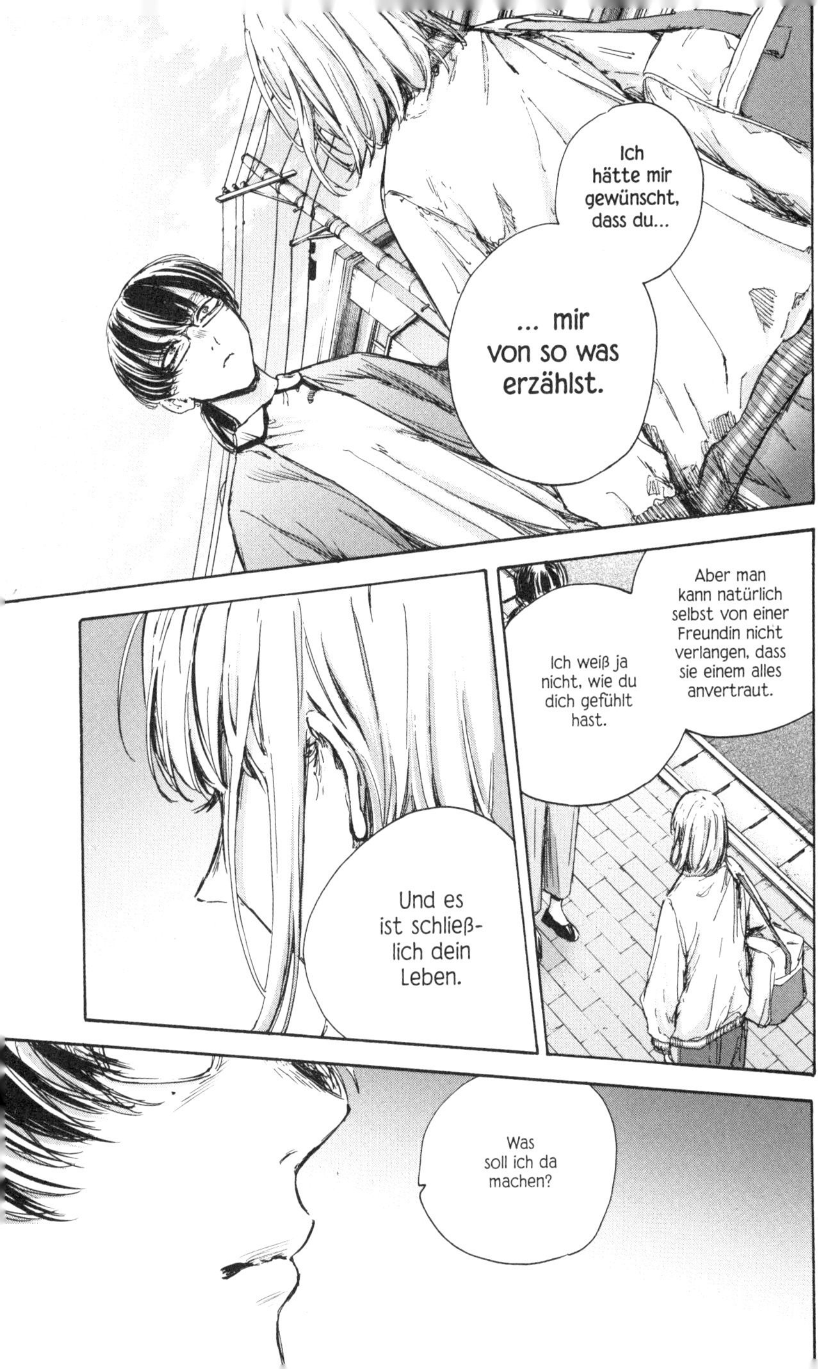
Ich hätte mir gewünscht, dass du...
... mir von so was erzählst.
Aber man kann natürlich selbst von einer Freundin nicht verlangen, dass sie einem alles anvertraut.
Ich weiß ja nicht, wie du dich gefühlt hast.
Und es ist schließlich dein Leben.
Was soll ich da machen?

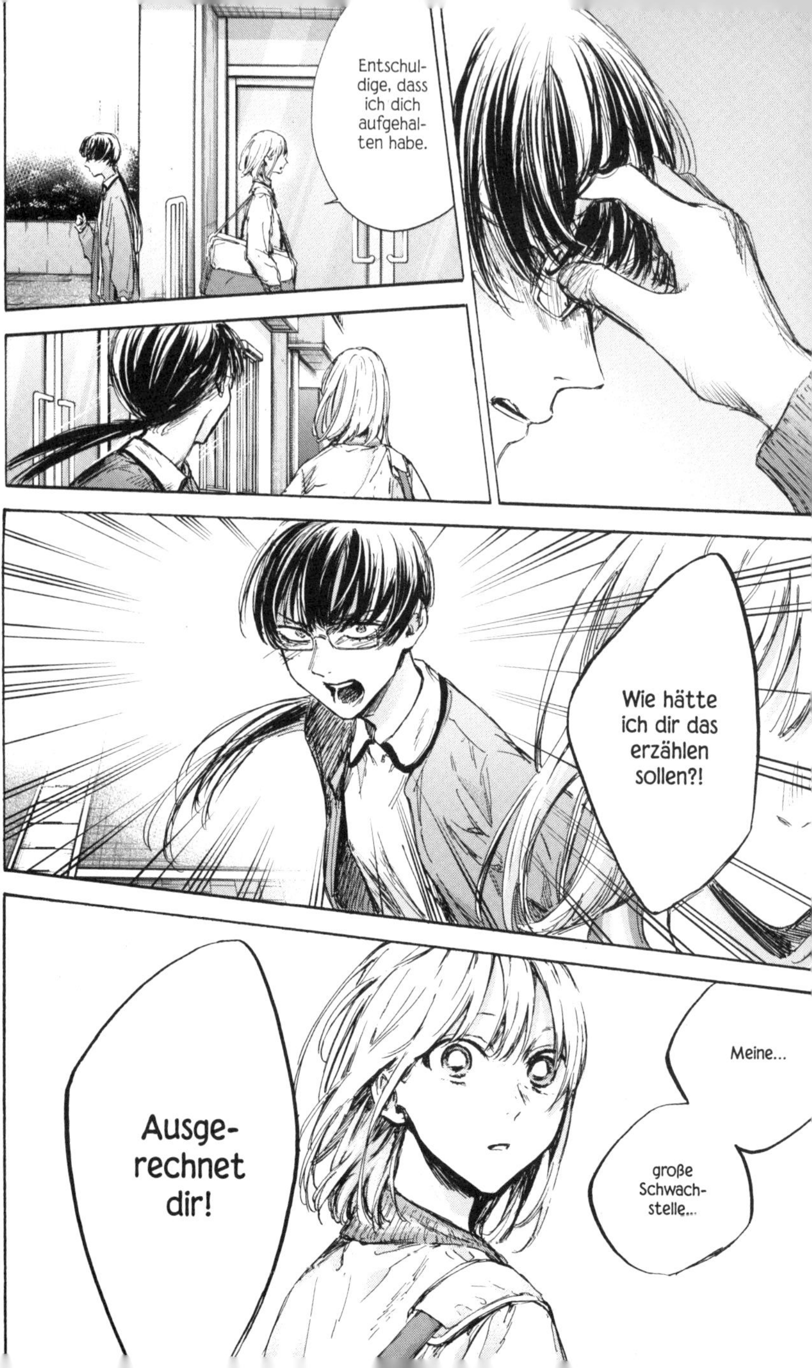
Entschuldige, dass ich dich aufgehalten habe.
Wie hätte ich dir das erzählen sollen?!
Meine...
große Schwachstelle...
Ausgerechnet dir!

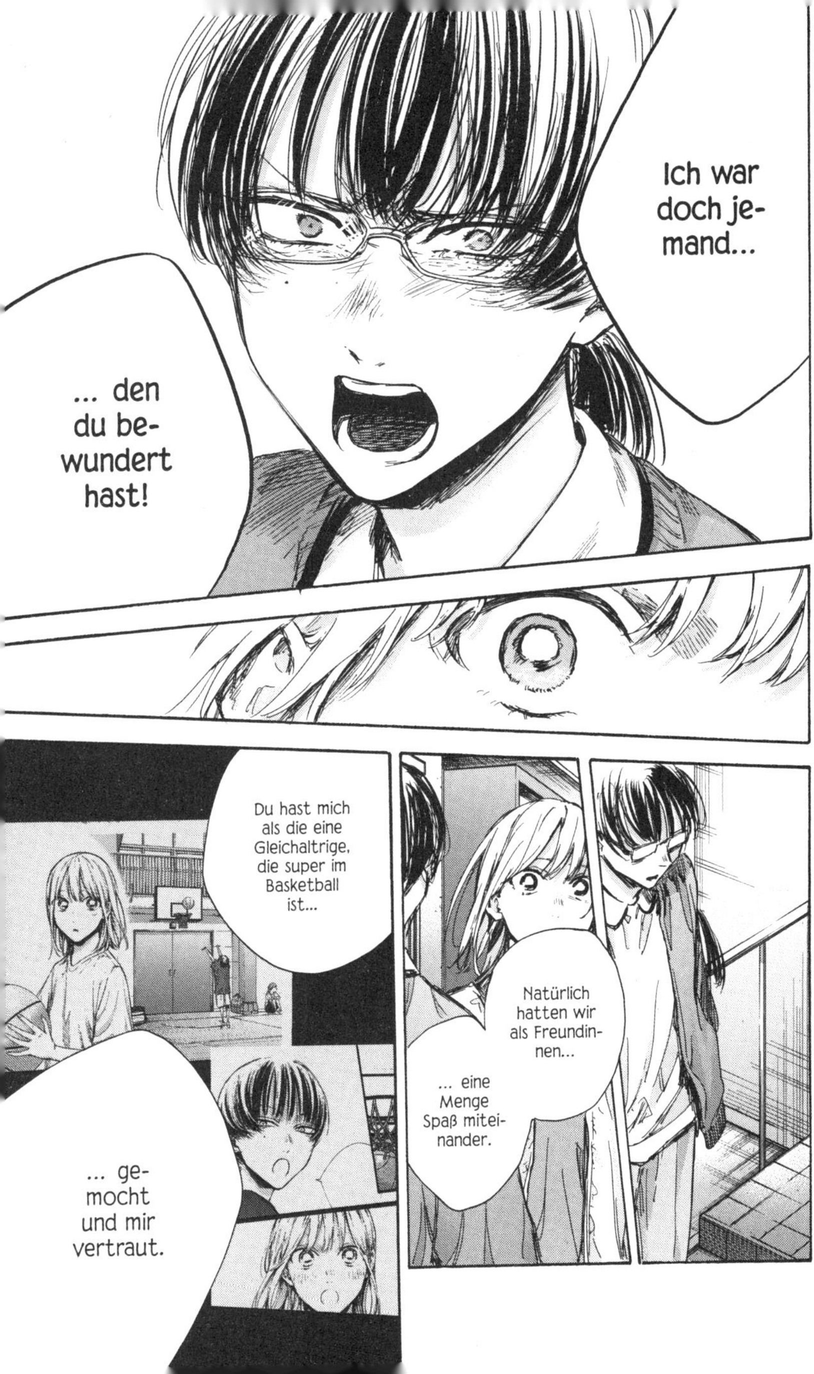
Ich war doch je-
mand...
... den
du be-
wundert
hast!
Natürlich
hatten wir
als Freundin-
nen...
... eine
Menge
Spaß mitei-
nander.
Du hast mich
als die eine
Gleichaltrige,
die super im
Basketball
ist...
... ge-
mocht
und mir
vertraut.

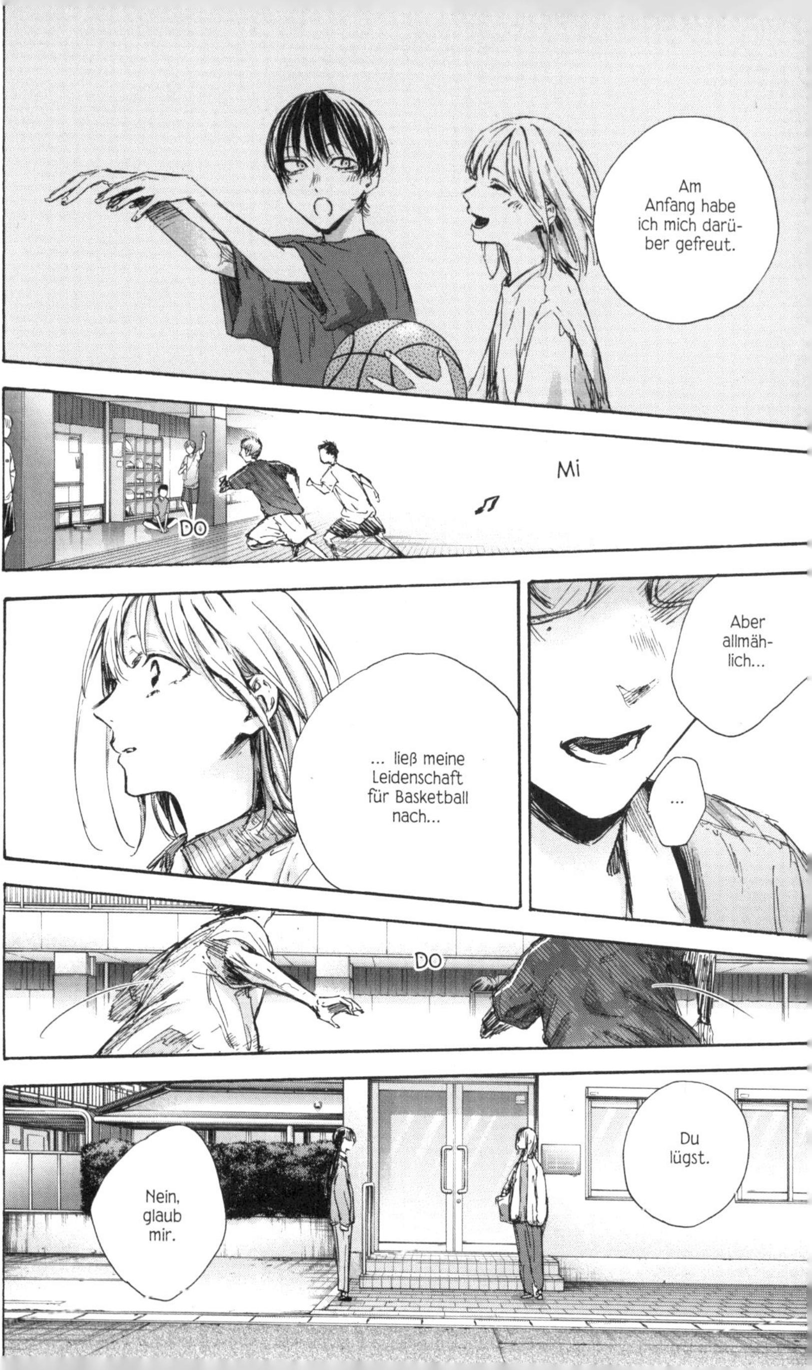
Am Anfang habe ich mich darüber gefreut.
Mi
DO
Aber allmählich...
...
... ließ meine Leidenschaft für Basketball nach...
DO
Du lügst.
Nein, glaub mir.

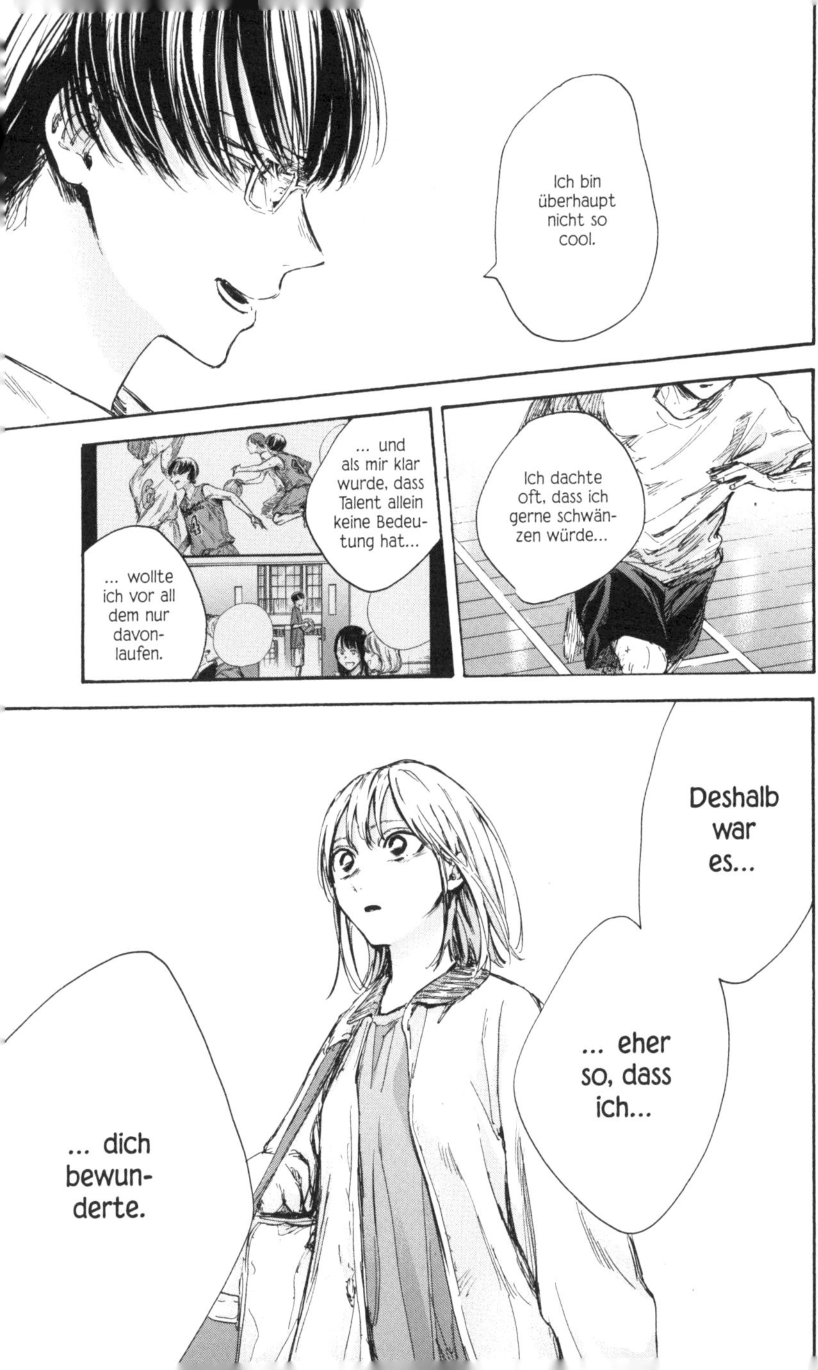
Ich bin überhaupt nicht so cool.
Ich dachte oft, dass ich gerne schwänzen würde...
... und als mir klar wurde, dass Talent allein keine Bedeutung hat...
... wollte ich vor all dem nur davonlaufen.
Deshalb war es...
... eher so, dass ich...
... dich bewunderte.

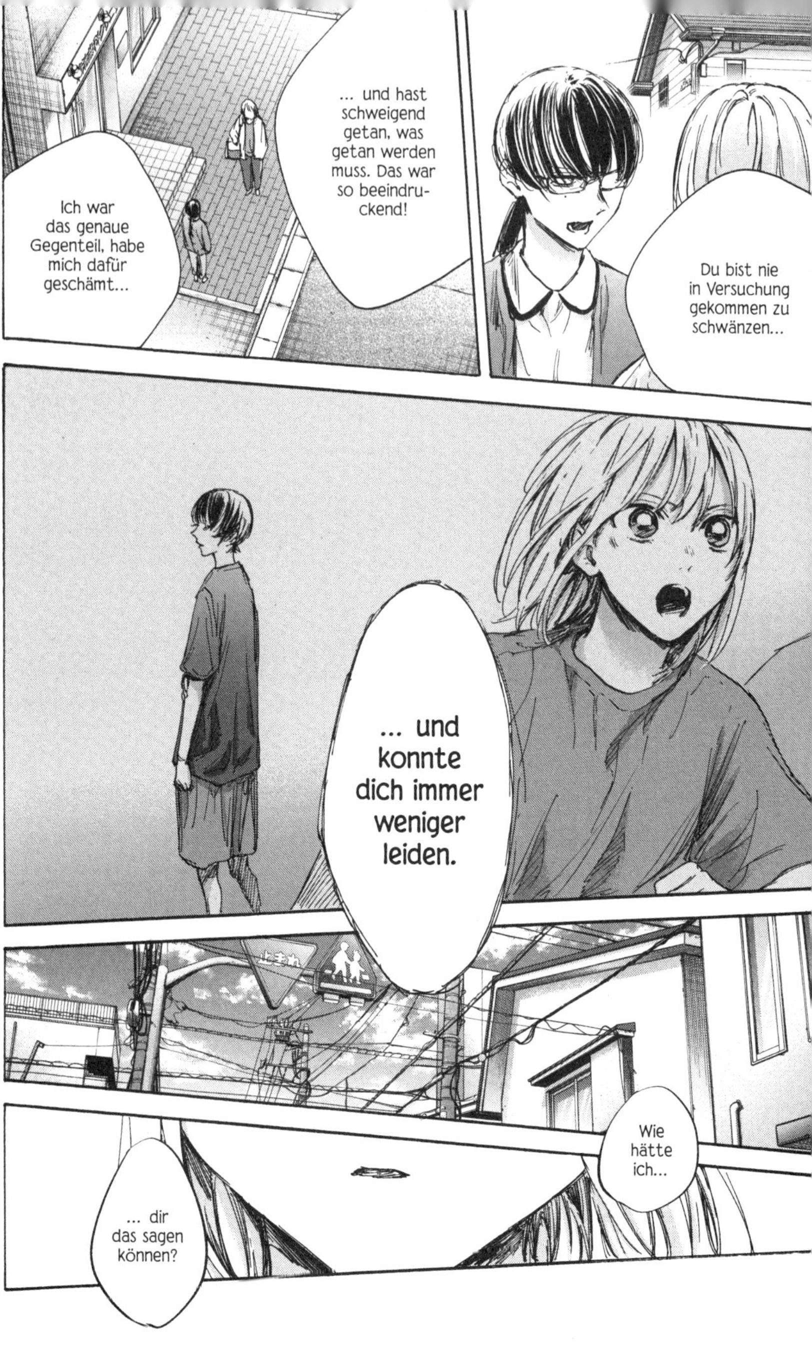
Du bist nie in Versuchung gekommen zu schwänzen...
... und hast schweigend getan, was getan werden muss. Das war so beeindruckend!
Ich war das genaue Gegenteil, habe mich dafür geschämt...
... und konnte dich immer weniger leiden.
Wie hätte ich...
... dir das sagen können?

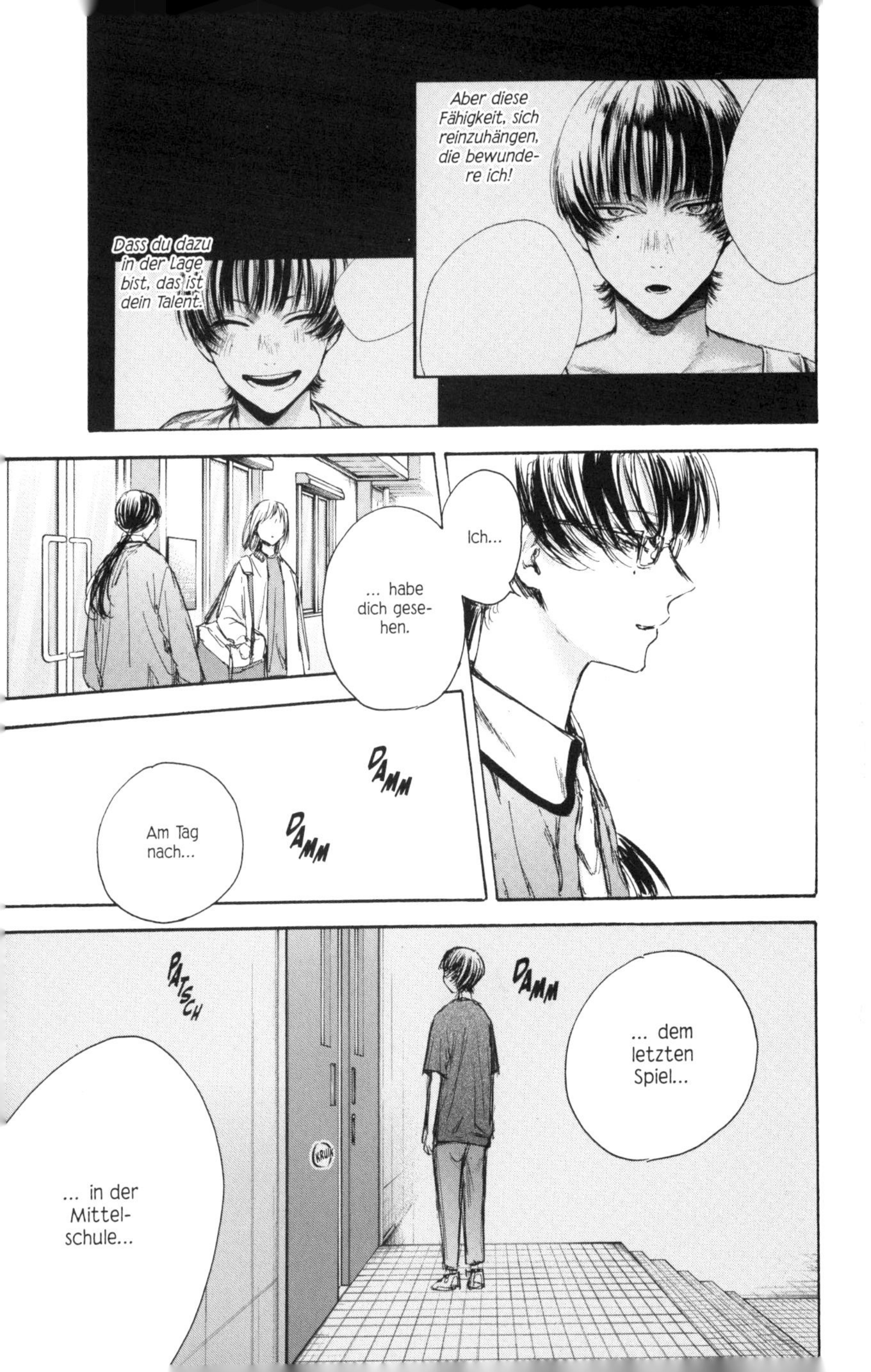

Aber diese Fähigkeit, sich reinzuhängen, die bewundere ich!
Dass du dazu in der Lage bist, das ist dein Talent.
Ich...
... habe dich gesehen.
DAMM
DAMM
Am Tag nach...
DAMM
... dem letzten Spiel...
PATSCH
KNUFF
... in der Mittelschule...

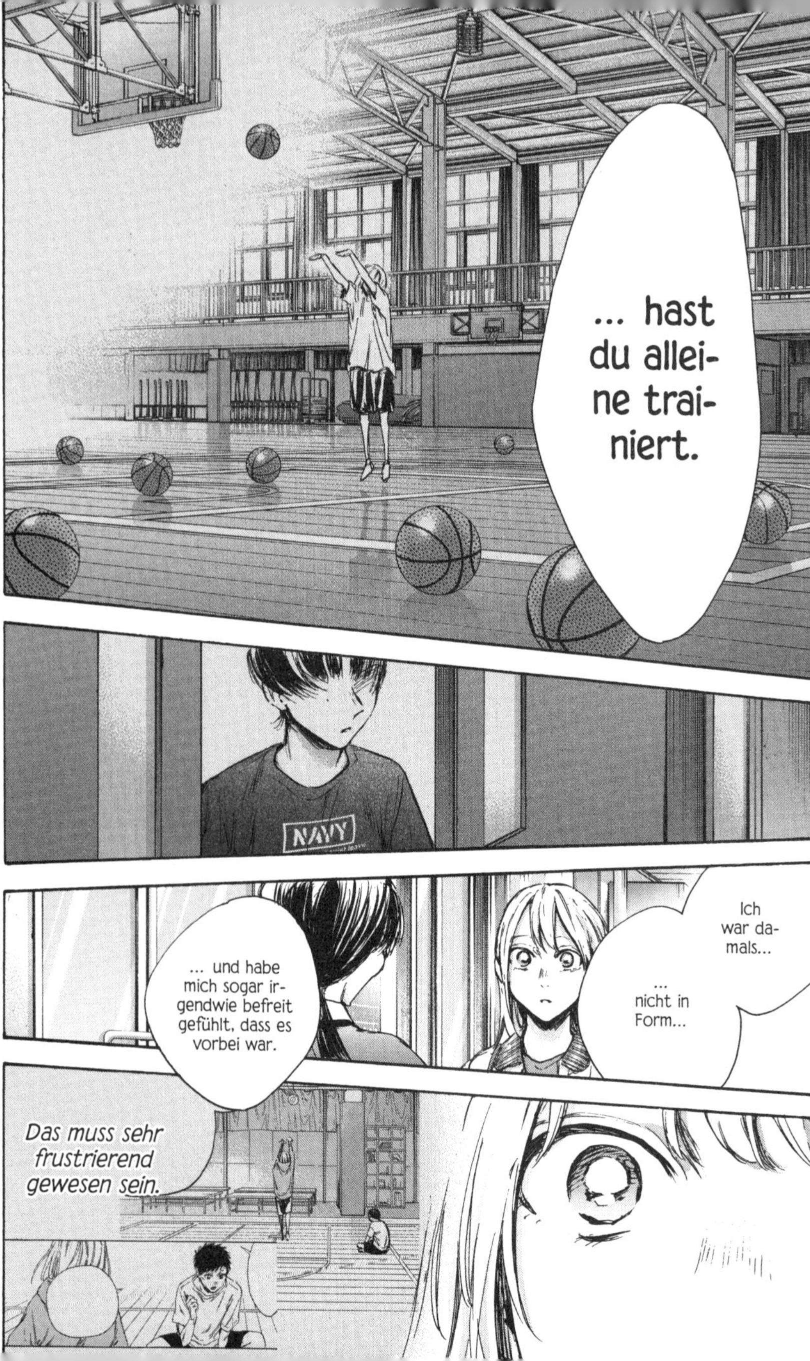
... hast du alleine trainiert.
Ich war damals...
... nicht in Form...
... und habe mich sogar irgendwie befreit gefühlt, dass es vorbei war.
Das muss sehr frustrierend gewesen sein.

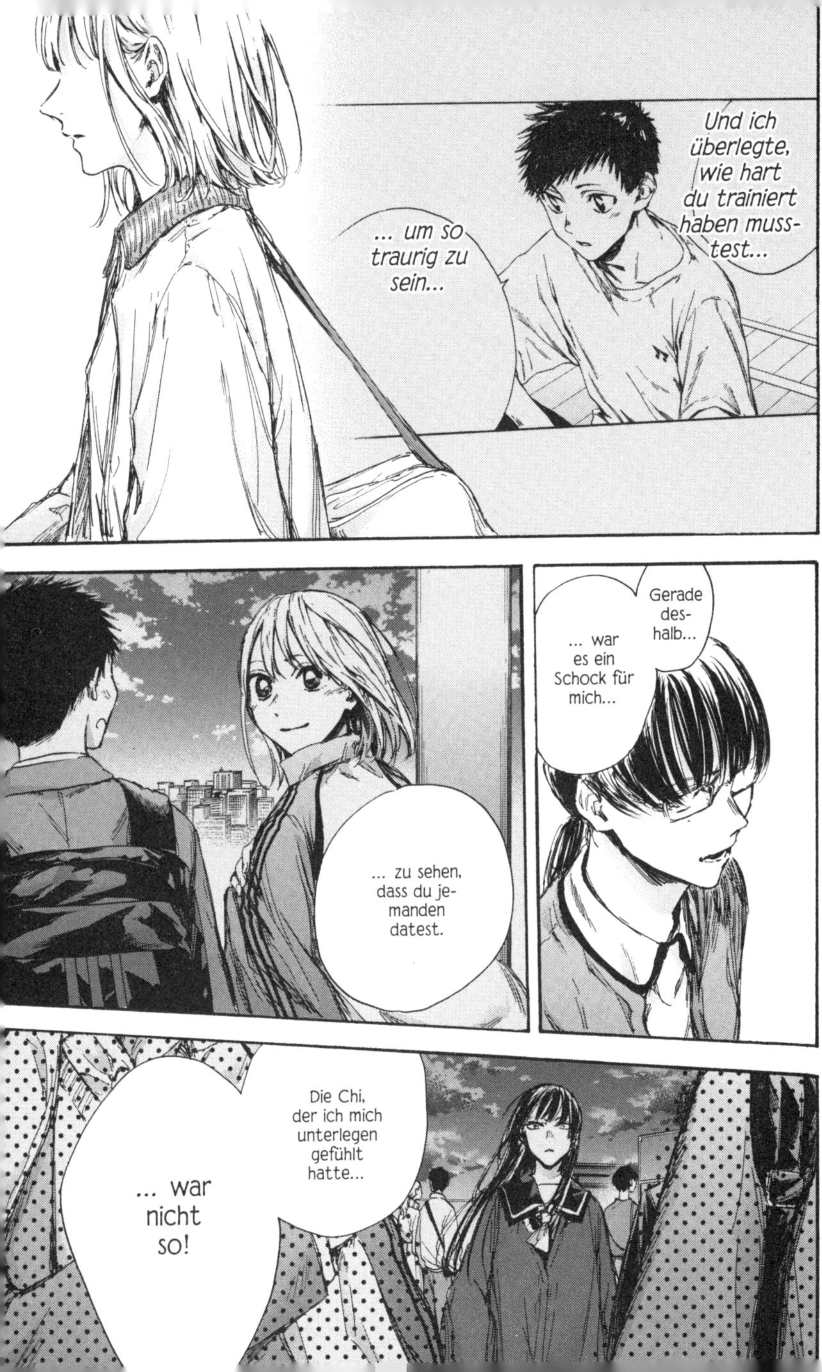
Und ich überlegte, wie hart du trainiert haben musstest...
... um so traurig zu sein...
Gerade deshalb...
... war es ein Schock für mich...
... zu sehen, dass du jemanden datest.
Die Chi, der ich mich unterlegen gefühlt hatte...
... war nicht so!

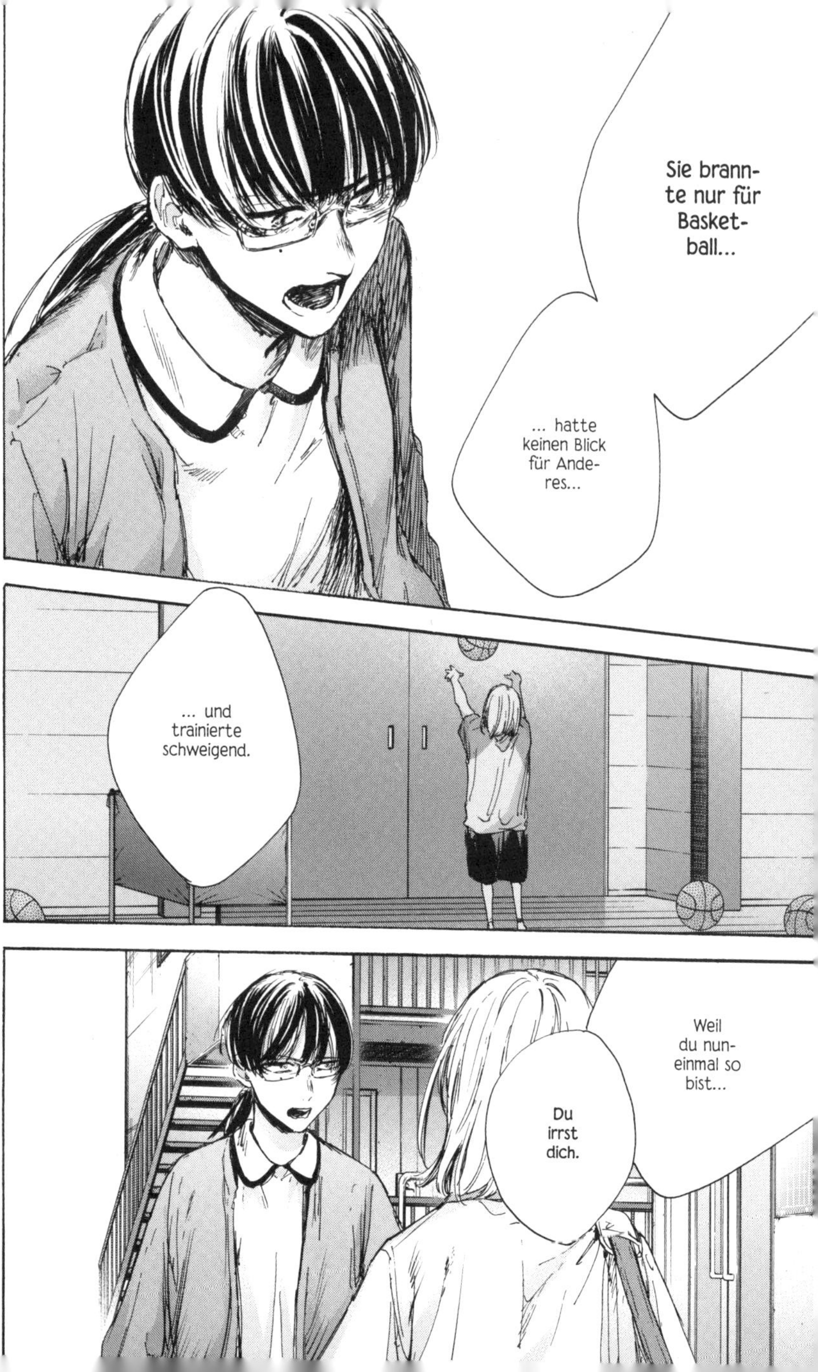
Sie brannte nur für Basketball...
... hatte keinen Blick für Anderes...
... und trainierte schweigend.
Weil du nuneinmal so bist...
Du irrst dich.

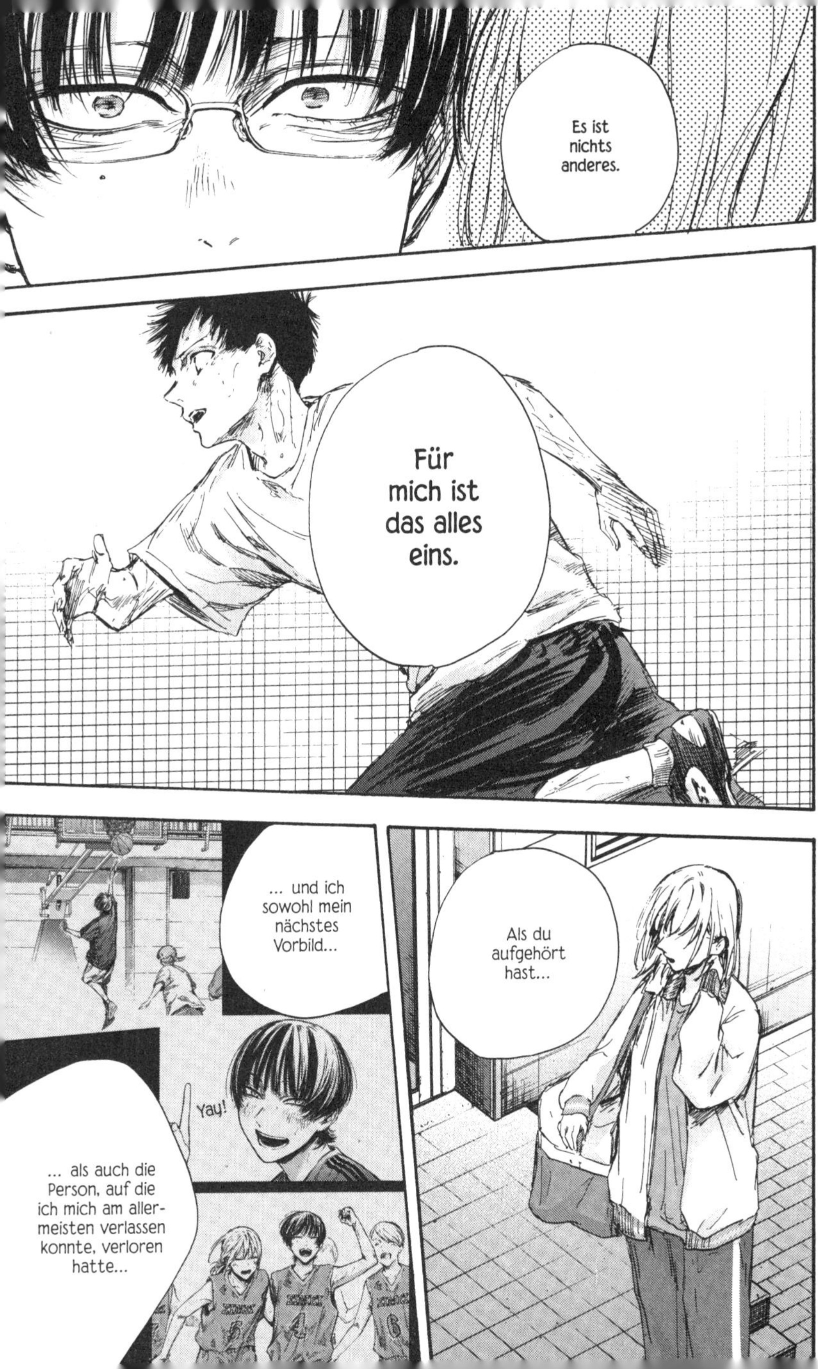
Es ist nichts anderes.
Für mich ist das alles eins.
Als du aufgehört hast...
... und ich sowohl mein nächstes Vorbild...
Yay!
... als auch die Person, auf die ich mich am allermeisten verlassen konnte, verloren hatte...

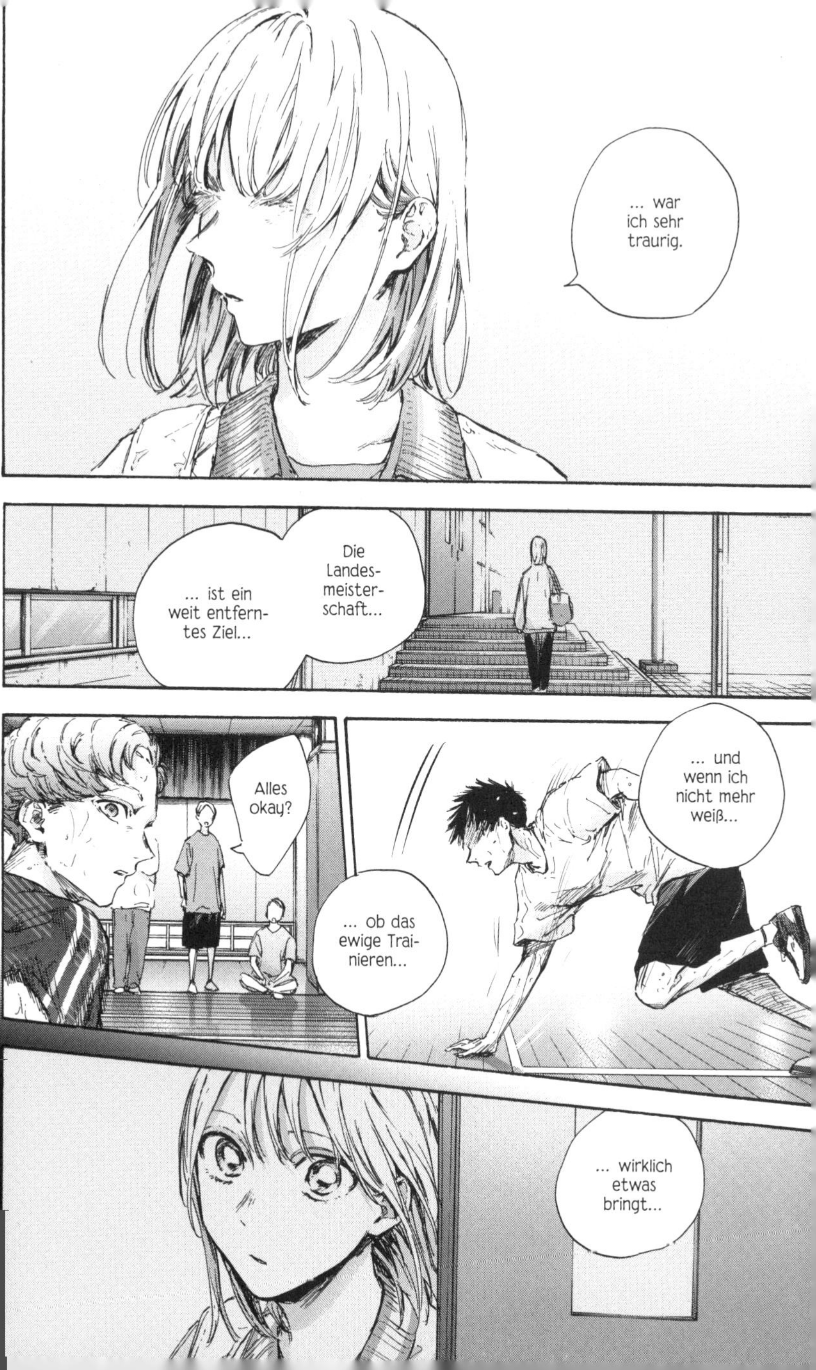
... war ich sehr traurig.
Die Landesmeisterschaft...
... ist ein weit entferntes Ziel...
... und wenn ich nicht mehr weiß...
... ob das ewige Trainieren...
Alles okay?
... wirklich etwas bringt...

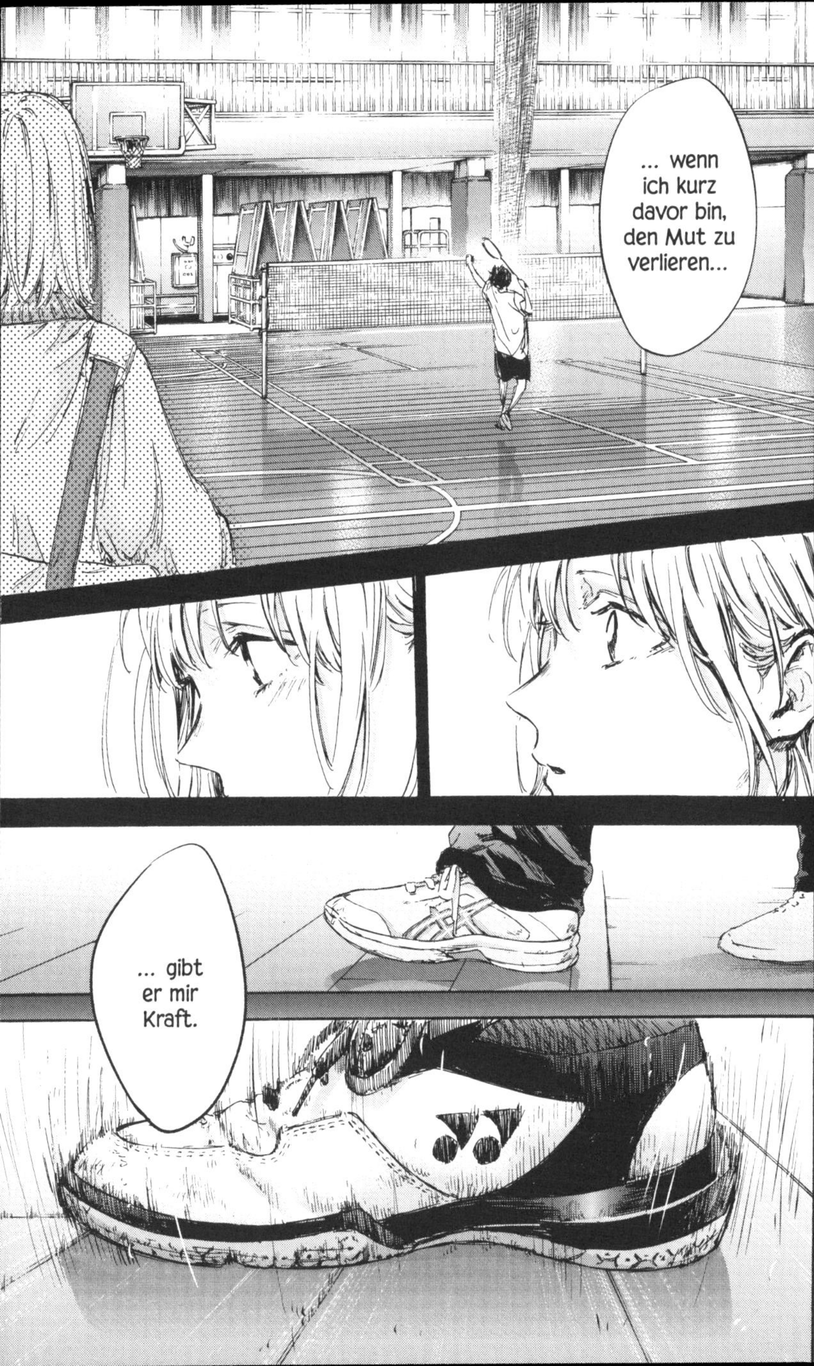
... wenn ich kurz davor bin, den Mut zu verlieren...
... gibt er mir Kraft.

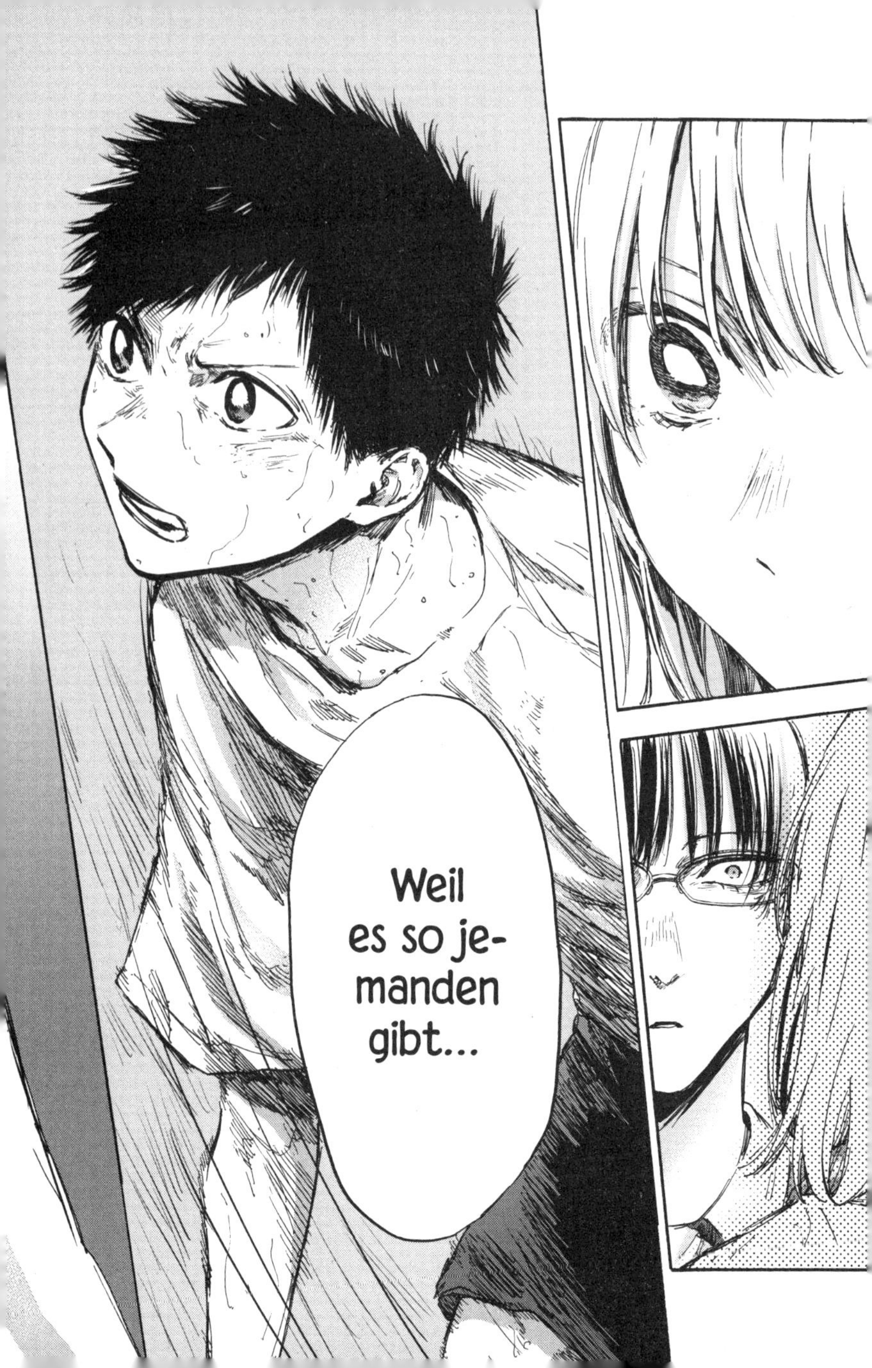
Weil es so jemanden gibt...

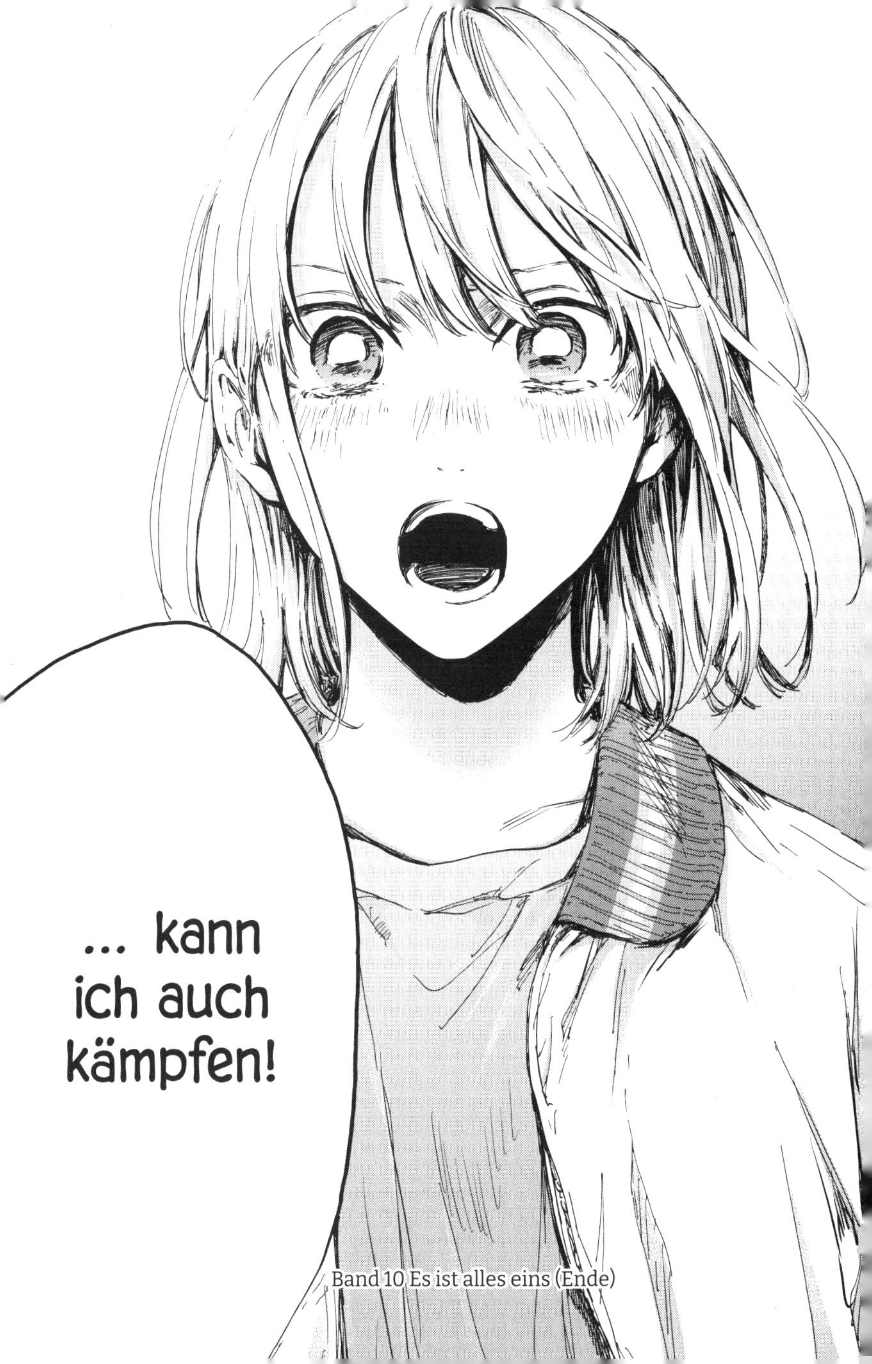
… kann ich auch kämpfen!
Band 10 Es ist alles eins (Ende)

HALT!

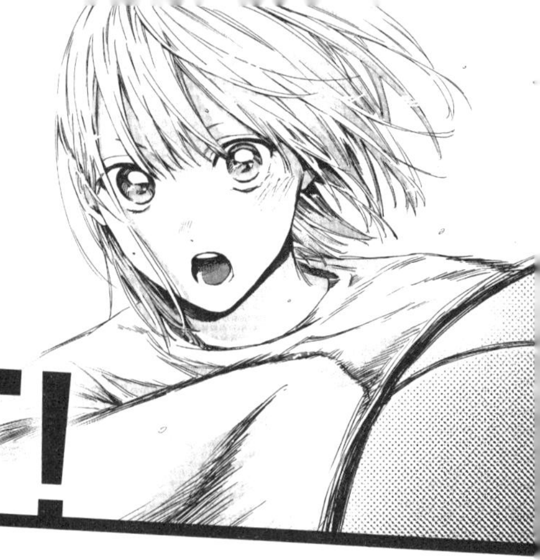

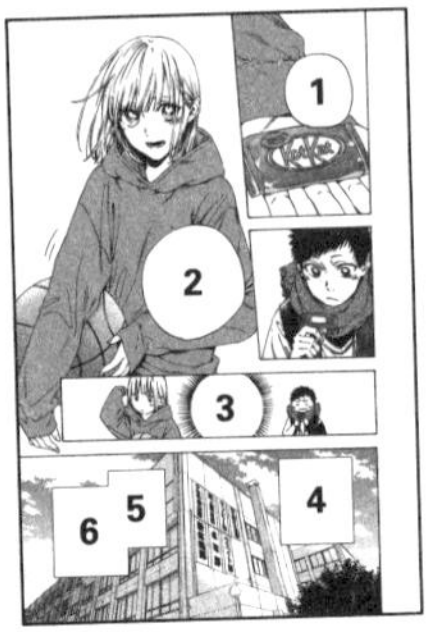

BLUE BOX ist ein japanischer Comic, und in Japan wird von »hinten« nach »vorn« und von rechts nach links gelesen. Man muss diesen Manga also »hinten« aufschlagen und Seite für Seite nach »vorn« weiterblättern. Auch die Bilder auf jeder Seite und die Sprechblasen innerhalb der Bilder werden von rechts oben nach links unten gelesen, so wie in der Grafik gezeigt.

Viel Spaß mit **BLUE BOX**!

Carlsen Manga! News – jeden Monat neu per E-Mail!
www.carlsenmanga.de
www.carlsen.de

CARLSEN MANGA
Deutsche Ausgabe/German Edition

Völckersstraße 14–20, 22765 Hamburg
Aus dem Japanischen von Antje Bockel

First published in Japan in 2021 by SHUEISHA Inc., Tokyo.
German translation rights in Germany, Austria, Luxembourg and German-speaking Switzerland arranged by SHUEISHA Inc. through VME PLB SAS, France.
Redaktion: Patricia Janzen
Textbearbeitung: Theresa Behle

ISBN: 978-3-551-79966-1